深中通道
方案设计国际竞赛

陈伟乐　宋神友　周兴林◎主编
邓小华　邵长宇◎主审

人民交通出版社
北京

内 容 提 要

为将深中通道建设成世界一流的跨海通道，深中通道管理中心在国际范围内公开组织开展了方案设计国际竞赛，集思广益、博采众长，通过竞赛来倡导设计创作、提升设计水平，将竞赛优胜方案作为设计基础参考方案，突破了国内先选设计单位再选设计方案的惯例。本书记载了方案设计国际竞赛的历程及各个设计方案的亮点、重点，可为类似工程提供参考。本书可供公路工程管理、设计、施工人员及高校相关专业师生学习、参考。

图书在版编目(CIP)数据

深中通道方案设计国际竞赛 / 陈伟乐，宋神友，周兴林主编. — 北京：人民交通出版社股份有限公司，2020.4(2025.3 重印)

ISBN 978-7-114-16261-9

Ⅰ. ①深… Ⅱ. ①陈… ②宋… ③周… Ⅲ. ①跨海峡桥—方案设计—广东 Ⅳ. ①U448.192.5

中国版本图书馆 CIP 数据核字(2020)第 009893 号

审图号：GS(2019)6289 号

SHEN-ZHONG TONGDAO FANG'AN SHEJI GUOJI JINGSAI

书　　名：深中通道方案设计国际竞赛
著 作 者：陈伟乐　宋神友　周兴林
责任编辑：朱明周
责任校对：孙国靖　扈　婕
责任印制：刘高彤
出版发行：人民交通出版社
地　　址：(100011)北京市朝阳区安定门外外馆斜街 3 号
网　　址：http://www.ccpcl.com.cn
销售电话：(010)85285857
总 经 销：人民交通出版社发行部
经　　销：各地新华书店
印　　刷：北京交通印务有限公司
开　　本：787 × 1092　1/16
印　　张：17.5
字　　数：370 千
版　　次：2020 年 4 月　第 1 版
印　　次：2025 年 3 月　第 2 次印刷
书　　号：ISBN 978-7-114-16261-9
定　　价：98.00 元

序　一

备受瞩目的深中通道项目已于2016年底正式开工建设，对于期盼已久的珠江口两岸人民来说，这是一件振奋人心的事情。该项目是继港珠澳大桥之后我国又一世界级的“桥、岛、隧及水下互通”集群工程，作为珠江口及南部沿海重要的东西向战略大通道，它必将成为粤港澳大湾区乃至全国的标志性工程，对大湾区的社会经济全面发展产生重大的推动作用。作为生于斯长于斯并长期在岭南地区工作的建筑师，我对这片土地的建设发展有着深厚的感情。深中通道项目业主在建设前期举办了一次方案设计国际竞赛，我认为这是一件极好的事情，反映项目建设方希望将该通道打造成世界一流可持续跨海通道和珠江口百年门户工程的雄心壮志，并付诸行动。竞赛分两阶段进行，本人有幸被邀请作为美学方面专家参与了两阶段竞赛设计成果的评审，有机会为这个项目的方案筹划贡献一点力量。

深中通道项目的建设面临许多挑战和局限，建设条件异常复杂、苛刻。同时，该项目处于粤港澳大湾区的几何中心，连接深圳前海新区、广州南沙新区和中山翠亨新区，紧邻深圳机场，毗邻广州港和珠海横琴新区，周边自然环境优美，海、陆、空三位一体视点丰富，对项目的景观要求极高。上述因素决定了本项目的设计方案应当是独一无二的，各类构筑物必须是地标性的，项目须成为与周边环境和谐的珠江口门户工程。要实现上述目标，必须借鉴国际上大型工程设计的成功经验，将结构师和建筑师联合起来并通力合作，打造出有品位的设计作品。

建筑美学建立在建筑学与美学的基础上，是研究建筑领域里的美和审美问题的一门新型学科。美国现代建筑学家托伯特·哈姆林提出了现代建筑技术美的十大法则（统一、均衡、比例、尺度、韵律、布局中的序列、规则和不规则的序列设计、性格、风格、色彩），较全面地概括了建筑美学的基本内容。随着我国经济与社会的不断发展，业主和公众变得越来越重视建筑环境质量，这种趋势正延伸至桥梁和其他公共工程等广义建筑领域，建筑师也越来越多地介入这些工程的设计中，开始用设计竞赛来满足公众对地标性结构的期望，以期获得具有创新性的、视觉上有吸引力的桥梁、人工岛及其他构筑物的建筑美学设计。

本次设计方案国际竞赛提交的作品均有建筑师的身影，在美学及结构上均有一定的独特性、创新性和可行性，令我印象深刻。特别是优胜方案，其设计大气、优雅、简洁，整体感和标志性强，整个通道建筑设计手法统一、一气呵成，体现了力与美的平衡，具有很强的视觉张力。主引桥的搭配富有韵律感，整体轻盈飘逸；形似灯塔的主桥桥塔及借鉴风筝造型的西人工岛门户形象突出，同时与开阔的海面、两岸时尚现代的都市群景观融为一体。

由陈伟乐、宋神友、周兴林主编的《深中通道方案设计国际竞赛》一书，对项目背景、竞赛模式、参赛方案进行了系统介绍，特别是从结构与美学两大方面对竞赛作品进行了系统梳理，使方案论述条理分明，深入浅出，是一本非常值得一读的优秀书籍。本次方案设计国际竞赛的开展模式及方案设计成果均可为同类工程提供有益借鉴。

中国工程院院士
全国勘察设计大师

序　　二

随着中国现代化建设事业不断发展,交通建设事业也从江河逐渐走入海洋,建造了一批举世闻名的跨海工程,积累了丰富的设计、施工、管理经验。然而,许多跨海通道工程往往对全寿命周期总体功能需求、建筑美学等方面重视不够,使整个工程无法实现运营期服务质量优质、各构件易于养护、结构外观凸显平衡与和谐,因此普遍留有一定的遗憾。

深中通道项目位于珠江口东四口门出海口的河口湾,处在深圳机场南侧,跨越世界最繁忙航道之一的伶仃航道及矾石水道,所在区域为中华白海豚洄游区,环保要求高,建设条件异常复杂、苛刻,面临众多挑战,受到诸多局限。这既是挑战也是机遇,设计师必须突破习惯思维,才能发掘出最适合本项目建设条件的设计方案。此外,深中通道处于粤港澳大湾区的几何中心,该区域是目前中国乃至全球最发达、最具经济活力的地带之一,是中国改革开放以来锐意进取、奋起直追、经济社会发展取得巨大成就的代表,是经济全球化造就区域繁荣的生动实例,同时也是粤港澳三地互惠合作、互利共赢、经济社会文化深度融合的典范。在这样一个重要区域建设这样一个跨海通道工程,一定要匹配得上这个区域在全球范围内应有的地位,那就是要使得深中通道在工程与美学上均是独一无二的。所以项目业主提出了“建世界一流可持续跨海通道、创珠江口百年门户工程”的建设目标,为此做了周密的筹划。深中通道方案设计国际竞赛就是在项目建设前期实施的一个有价值的举措。

众所周知,设计是工程项目的灵魂,只有将设计这个头开好了,项目的品质才能得到保证。由于历史惯性的原因,目前中国交通基础设施项目的设计主要由国内公路专业设计院主导,国际公司参与度不高;同时,设计人员主要是结构工程师,建筑师极少有机会参与设计过程。因此,很多项目大而不精,在总体设计、可持续性设计和建筑景观设计方面有一些缺憾。放眼全球,像跨海通道这样的复杂集群工程,往往通过方案征集来获取设计方案,参与团队基本都是由建筑师和工程师(涉及结构、管养各专业)联合组成的团队,他们共同制定的方案一般都具备结构和美学的双重优势。深中通道管理中心充分借鉴国际成功经验，对本项目方案设计国际竞赛的开展模式进行了大胆而有益的尝试，在全球范围内公开举办方案设计竞赛，以期获得最好的、最适合本项目的设计方案。参赛单位均为国内外知名的设计公司，所推出的方案也都是经过慎重思考且具有针对性的原创方案，部分参赛方案虽然排名不佳，但不乏具有启发性的思路及亮点。本人有幸参与了两个阶段设计成果的评审，看到了国内外各优秀设计团队的作品。这些作品都有其独到之处，方方面面考虑得很周全，是结构和美学充分融合的好方案。项目业主通过这次竞赛实现了他们的初衷，他们也准备将竞赛优胜方案作为设计基础参考方案。

竞赛结束以后，项目业主觉得有必要系统梳理、总结这次竞赛，因此他们百忙之中组织编著了《深中通道方案设计国际竞赛》一书，系统介绍了竞赛过程及竞赛方案，以技术、美学为主线对参赛方案进行了系统归纳、总结、凝练，使该书深入浅出，条理清晰，引人入胜，具有很强的可读性，是一本对桥、岛、隧工程建设者极具价值的参考书。

希望方案设计国际竞赛模式能在国内大型工程中推广，满足公众在物质生活日益丰富情况下对地标性建筑的更高要求，为中国建造增加含金量，使中国交通建设事业更上一层楼。

中国工程院院士 钱七虎

前　　言

粤港澳大湾区城市群的建设是新时代推动形成全面改革开放格局的国家战略。基础设施的互联互通是经济社会发展的先导。深中通道工程位于粤港澳大湾区核心区域，是虎门口下游约60km范围及珠三角两大功能组团“深、莞、惠”与“珠、中、江”之间唯一的公路直连通道。深中通道的建设对促进珠三角经济、社会发展一体化，加强粤东与粤西的交通联系，加快广州南沙新区、深圳前海新区、珠海横琴新区和中山翠亨新区的发展有着重要意义。

深中通道位于珠江口东四口门出海口的河口湾，处在深圳机场南侧，跨越世界最繁忙航道之一的伶仃西航道及矾石水道，所在区域为中华白海豚洄游区，环保要求高，建设条件异常复杂和苛刻。跨海通道工程一般是集群工程，涉及专业众多，包括海工工程、岩土工程、隧道工程、桥梁工程、水文、地质、泥沙运动、气象、防洪水利、环保、水土、通风防灾、交通工程等数十个专业，目前国内各设计单位专业化程度较高但拓展面较窄，有跨海通道集群工程设计经验的单位相对较少，某一家设计单位很难满足整个项目的专业需求。此外，国内设计单位一般以结构功能设计为主，往往是结构工程师主导总体设计，对总体、可持续性设计、建筑美学等方面考虑不足。

为将深中通道建设成世界一流的跨海通道，使其在技术与美学上均能卓然超群，并实现与周边自然环境总体和谐，同时引进全球先进的跨海通道设计理念，获得世界各国在大跨径桥梁、超长海底隧道方面的建设经验，把握桥、岛、隧集群工程建设发展趋势，集思广益、博采众长，深中通道管理中心在国际范围内公开组织开展了方案设计国际竞赛，旨在突破国内先选设计单位再选设计方案的惯例，通过竞赛来引导设计创作，提升工程品位，将竞赛优胜方案作为设计基础参考方案，设计中标单位在设计阶段着重解决结构设计精细化问题。

本着公正、公平、公开的原则举行方案设计国际竞赛，方案评审过程中行业主管部门、业主均不参加，充分发挥评审专家的独立性、专业性和权威性。本次竞赛受到了国内外工程界和建筑界的高度关注，一批顶级学者在收到邀请后欣然应允前来参与评审，他们中有建筑学家何镜堂院士、郑时龄院士；隧道专家钱七虎院士、赵坚先生（国际隧道学会执行主席）；桥梁专家邓文中院士、郑皆连院士、Jacques Combault 先生（国际桥协前主席）、葛耀君教授（国际桥协主席）等。诸位专家在评审阶段充分发挥自己的专业特长和经验，秉持客观、公正、严谨、科学的治学态度，认真审阅了每一个竞赛成果文件，不但评选出优胜方案，还对本项目提出了很多有价值的建议，为后续工程方案的制定贡献良多，在这里对各位专家表示感谢。

本次方案竞赛是改进目前国内设计工作开展模式的一次有力尝试。本书记载了竞赛的历程及各个设计方案的亮点、重点，希望其竞赛模式、设计方案可为类似工程提供参考。

本书由我和深中通道管理中心宋神友及上海市政工程设计研究总院（集团）有限公司周兴林主编，广东省交通集团有限公司邓小华及上海市政工程设计研究总院（集团）有限公司邵长宇主审。深中通道管理中心吴玲正参与了本书的编写策划、资料收集、部分章节的编写及成稿校核。参与编写的其他人员还有：金文良、刘健、戴建国、施江涛等。

感谢丹麦 COWI 公司及丹麦 DISSING + WEITLING architecture 建筑事务所、中交公路规划设计院有限公司、中铁大桥勘测设计院集团有限公司等在本书成稿期间所做的贡献。同时，也感谢各参赛团队在赛期的辛勤工作，各团队主创人员为本次竞赛倾注了大量心血，提交高质量的设计成果，体现当今世界跨海通道集群工程设计应有的技术水平和前瞻性，各方案所蕴含的技术亮点和创新性对后续正式设计有很大的启发和参考借鉴意义。

限于编著者水平，本书内容如有错误及不妥内容，恳请读者指正。

深中通道管理中心

2019 年 7 月 15 日

目　　录

第1章　概　　述

1.1　项目概况

1.1.1　背景

广东省位于中国大陆南部，东邻福建，北接江西、湖南，西抵广西，南临南海，与香港、澳门相毗邻，西南端隔琼州海峡与海南岛相望。全省土地面积17.97万km^2，占全国国土面积的1.9%。2018年底全省常住人口11346万人。

广东省是全国经济最发达的省份，2018年全省地区生产总值超过9万亿元，连续30年居全国首位。同时，它也是全国经济发展速度最快的省份之一，2018年比上年增长6.8%。珠江三角洲地区，又称珠三角，位于广东省中南部，珠江下游，毗邻香港和澳门，主要包括广州、深圳、珠海、佛山、江门、东莞、中山、惠州和肇庆市等地，是广东省乃至全国经济最发达、增长最迅速的地区之一，是我国改革开放的先行地区和重要的经济中心区域，在全国经济社会发展和改革开放大局中具有突出的带动作用和举足轻重的战略地位。

改革开放40年来，珠江三角洲地区充分发挥改革"试验田"的作用，率先在全国推行以市场为导向的改革，较早地建立起社会主义市场经济体制框架，成为全国市场化程度最高、市场体系最完备的地区；依托毗邻港澳的区位优势，抓住国际产业转移和要素重组的历史机遇，率先建立开放型经济体系，成为我国外向度最高的经济区域和对外开放的重要窗口；奠定了建立世界制造业基地的雄厚基础，成为推动我国经济社会发展的强大引擎；城镇化水平快速提高，基础设施比较完备，形成了一批富有时代气息的现代化城市，成为我国三大城镇密集地区之一。珠江三角洲地区已经站在了一个新的更高的历史起点上。

珠三角各经济圈并非均衡发展，"广、佛、肇"和"深、莞、惠"的经济实力较强，且二者之间的差距逐年缩小。但珠江东、西两岸的"深、莞、惠"和"珠、中、江"经济圈在经济总量和经济结构上的差异较为明显，珠三角地区整体发展呈现失衡状态。加强珠江两岸的经济联系，增强珠江东岸香港、深圳对西岸的经济辐射，促进珠江西岸的经济发展，进而保持香港的繁荣稳定和促进整个珠江三角洲地区的共同协调发展，已是刻不容缓，势在必行。

粤港澳大湾区的建设对珠三角现代基础设施一体化体系提出了更高的要求。深中通道的建设正是顺应了当前这种发展趋势，完善珠江口交通基础设施，适应沿线地区发展外向型经济的需求，促进东西两岸优势互补、均衡发展，实现珠三角经济一体化和现代化。

深中通道作为虎门口下游约 60km 范围及珠三角两大功能组团“深、莞、惠”与“珠、中、江”之间唯一的公路直连通道，直接服务于深圳、东莞、惠州及粤东地区与中山、珠海、江门及粤西南地区的跨江交通需求，也承担国家高速公路网深圳至广西岑溪高速公路（G2518）及沈海高速公路沿海大通道（G15）跨珠江口功能。

港珠澳大桥主要连接香港特别行政区、珠海市和澳门特别行政区，承担粤西地区车辆前往港、澳两地交通功能需求，受到“三地三检”、两地牌照及香港市区道路等因素影响，目前对于珠江口东西两岸直接交通联系作用有限。

深中通道位于珠江三角洲核心地带，将形成粤东与粤西地区之间最为便捷的东西向高速通道，建成后将增强珠江口东西两岸的交通联系，有效缩短珠江东西两岸深圳、中山的交通距离，从而进一步推动珠江两岸经济快速发展。

1.1.2 地理位置

深中通道北距虎门大桥约 30km，南距港珠澳大桥约 38km。项目东接机荷高速公路，跨越珠江口，西至中山马鞍岛，与规划的中开公路、东部外环高速公路对接，通过连接线实现深圳、中山与广州南沙的联系，项目全长约 24km，其中跨海段长 22.4km。项目沿线经过深圳市宝安区、海域、中山市翠亨新区，具体地理位置见图 1.1-1。

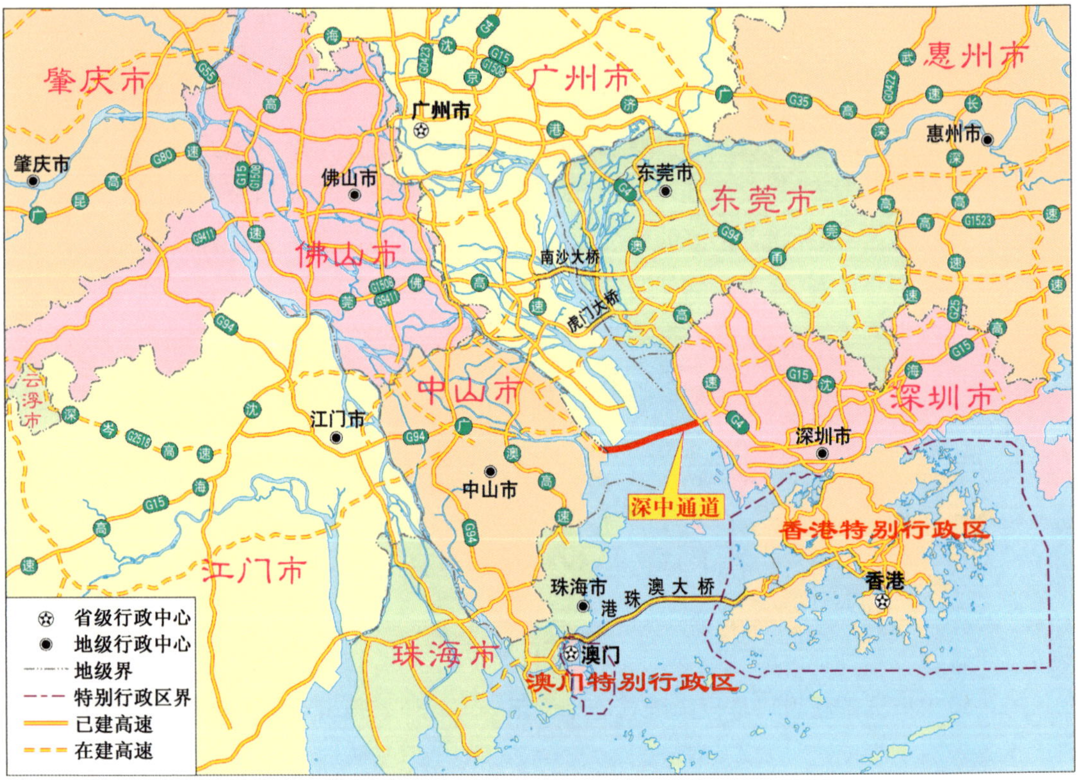

图 1.1-1 深中通道地理位置

1.1.3 主要技术标准及投资

采用设计速度 100km/h 的双向八车道高速公路技术标准。工程总投资 446.9 亿元,其中建安费约 352.3 亿元。

1.1.4 功能定位及战略意义

按照广东省人民政府批复的珠江口跨江通道统筹规划,珠江口自北向南 95km 范围共规划建设 7 条公路跨江通道、5 条铁路跨江通道。

在虎门口上游约 35km 范围布局有 4 条公路通道及 4 条铁路通道,公路通道分别为莲花山通道、虎门二桥、虎门大桥及深茂公铁两用桥,共 26 个车道,直接连接广州东南部与东莞、惠州等地区;虎门口下游约 60km 范围布局 2 条公路通道,分别为深中通道、港珠澳大桥,目前后者对实现珠江口东西两岸直接联系作用有限,只有前者能真正实现珠江口下游地区东西两岸的直接联系。

目前,珠江口下游东西两岸主交通流呈"门"形绕行虎门口。虎门二桥已于 2019 年 4 月建成通车,其功能与虎门大桥类似,虽能有效缓解虎门大桥过江交通压力,但绕行的广深高速、广珠东线等高速公路交通量均已饱和,交通日趋拥堵,其通行能力不能适应珠江口东西两岸日益增长的交通需求。因此,即使增加了虎门二桥的过江通道,也不能满足珠江口下游深圳及粤东地区通往"珠、中、江"及粤西南地区的交通需求。

如果通过深中通道跨越珠江口,将比目前绕行广州市区节约里程约 80km,比绕行虎门二桥节约里程超过 50km,比绕行虎门大桥节约里程超过 30km。深中通道将使得深圳及粤东地区通往"珠、中、江"及粤西南地区的过江时间从目前 2h 缩短为 30min,大大节省珠江口东西两岸人民的出行时间,同时起到很好的节能减排效果。

深中通道项目是国务院《珠江三角洲地区改革发展规划纲要(2008—2020 年)》确定的重大基础设施项目,是国家高速公路网 G2518(深圳至广西岑溪)跨珠江口的关键工程,具有国家高速公路网沈海大通道(G15)的功能。项目建成后将成为连接珠三角"深、莞、惠"与"珠、中、江"两大功能组团唯一的公路直连通道,进而也将成为粤东通往粤西乃至大西南最便捷过江通道,对于广东三大自由贸易试验区(广州南沙、深圳前海和珠海横琴)间的沟通联系也将起到重要的交通纽带作用。

深中通道项目的建设对贯彻"一带一路"倡议,完善国家高速公路网和珠三角地区综合交通运输体系,实现珠江口东西两岸产业互联以及各类要素的高效配置,推进粤港澳大湾区城市群深度融合发展,加快全省转型升级,增强发展后劲,落实习近平总书记对广东"四个走在全国前列"的新要求,均具有重要的战略意义。

1.1.5 技术特点及难点

深中通道是集“桥、岛、隧、水下互通”于一体的集群工程，工程规模宏大、建设条件异常复杂、技术难度大、品质要求高，是我国继港珠澳大桥之后又一世界级超级工程，它的建设是我国交通基础设施建设史上的又一巨大挑战。本项目有以下主要工程技术特点：

(1)建设条件复杂。

项目建设条件异常复杂。项目位于深圳机场南侧，须满足机场航空限高要求；项目处于珠江口东四口门出海口的河口湾，须兼顾防洪纳潮影响；项目位于南沙港下游，须满足港口发展需求；项目处于中华白海豚洄游区，环境保护严格，海上作业施工环保要求高；路线经过伶仃航道和矾石水道两大出海航道，交通繁忙，船舶密集，对通航安全要求高。因此，工程方案必须实现公路、水运、民航交通及水利防洪、环境等各行业的和谐发展。

(2)超宽海底沉管隧道。

本项目隧道推荐采用沉管工法，隧道暗埋段长度约6385m。双向八车道技术标准，若采用两孔一管廊的断面形式，断面宽度达到46.9m，特别在深圳侧加减速车道段，达到双向十二车道，其海底隧道长度及宽度在目前世界上已建成的同类型水下公路隧道中居首位，在隧道结构、断面形式、混凝土浇筑及裂缝控制、通风与防灾救援、施工工艺等方面存在较大技术挑战。

(3)特大跨径的海中悬索桥。

伶仃航道通航标准要求高，推荐通航方式为单孔多航道通航，通航净宽1520m，工程可行性研究拟定主跨1620m三跨悬索桥，桥跨布置为(600+1620+600)m=2820m。桥梁两个巨大锚碇均位于伶仃航道周边海域，水深5~8m，须兼顾防洪纳潮，减小阻水效应。在国际上，海中锚碇设计与施工经验较少，技术难度较大。

(4)桥面系耐久性。

根据工程可行性报告资料，本项目自矾石水道隧道至伶仃洋大桥高程转换段坡长约6.1km，沉管隧道最低设计高程为-35.22m，伶仃洋大桥最高点高程为91.91m，平均纵坡约2.076%，由于坡长较长，桥面系的安全性、耐久性也面临考验，需要注重桥面系结构设计，提高结构耐久性和安全性。

(5)隧道防灾救援。

本项目远景年限设计交通量达到94327pcu/d，其中货车比例达到48%，属于国家高速公路网，主线无收费站，通过机场互通立交、横门东互通立交直接与周边高速公路实现快速交通转换，且隧道暗埋段长度达到6.4km，对隧道防灾救援提出挑战。

(6)景观要求高。

项目处于粤港澳大湾区的几何中心，位于广州南沙新区及南沙港区南边、深圳前海新区及深圳机场西边、中山翠亨新区东面，周边自然环境优美，海、陆、空三位一体视点丰富，对项目的景观要求高，须把项目建成为与周边环境和谐的珠江口门户工程。

1.2 前期重大历史进程

根据广东省高速公路网2004—2030年布局规划,深中通道位于虎门大桥至港珠澳大桥之间,东连机荷高速,西接江中高速。

《珠三角地区改革发展规划纲要(2008—2020年)》指出要"形成网络完善、布局合理、运行高效、与港澳及环珠三角地区紧密相连的一体化综合交通运输体系",科学合理地安排珠江口各跨江通道的建设,增强珠江口东西两岸的交通联系,对继续加快珠三角经济一体化进程、缓解珠江跨江通道交通压力、保障珠江两岸交通安全等方面都将发挥重要的作用,并且特别指出2020年前在珠江口需要建设深中通道、港珠澳大桥等项目。从统筹规划研究可以看出,珠江口上各通道作用不同,功能互补。特别是作为虎门大桥与港珠澳大桥间近60km范围内近期规划的唯一公路通道,深中通道建设的必要性和功能都是不可替代的。

2008年4月,广东省交通厅、广东省发改委启动深中通道工程可行性初步研究,对该跨江工程公铁两用技术、经济可行性进行深入研究论证。

2010年9月15日,广东省交通运输厅召开深中通道前期工作协调会,确定的深茂铁路跨珠江口桥位与深中通道路线方案C(中山新隆至东莞长安)基本同走廊(图1.2-1),故委托中铁二院工程集团有限公司开展"深中通道公铁两用方案研究"。

图1.2-1 深中通道走廊方案示意图

2010年9月,广东省人民政府成立深中通道领导小组和前期工作办公室,并委托中国公路工程咨询集团有限公司、中交公路规划设计院有限公司开展工程可行性研究。

2011年3月,广东省交通运输厅在深圳召开了《深中通道路线走廊方案》与《深中通道工程公铁两用方案研究报告》专家评审会。专家组评审认为:深中通道A走廊方案是合理的走廊方案(图1.2-2),深中通道在珠江三角洲综合运输体系中具有不可替代的重要作用,深中通道、深茂铁路各自最合理走廊不重合,应在各自合理走廊建设;鉴于深中通道与深圳至珠海城际铁路功能及服务对象的差异、规划线位与本项目不同址、实施期不明确、工程标准的差异和工程技术难度，建议本项目不考虑与深圳至珠海城际铁路跨江通道的共建问题。

2011 年 5 月 6 日，广东省人民政府召开深中通道专题会议，同意深中通道按照 2011 年 3 月 30 日评审会专家推荐意见（采用 A 线走廊、公铁分建）深入开展下一阶段前期工作。

2012 年 9 月，广东省交通运输厅组织召开深中通道工程方案及技术标准专家论证会，专家组认为：推荐全线按双向八车道高速公路标准，设计速度采用 100km/h，推荐 A3 东隧西桥方案。

2013 年 8 月，广东省交通运输厅会同广东省发展改革委召开深中通道项目工程可行性研究报告预评审会，专家组认为：A3 东隧西桥方案是合理的（图 1.2-2）。

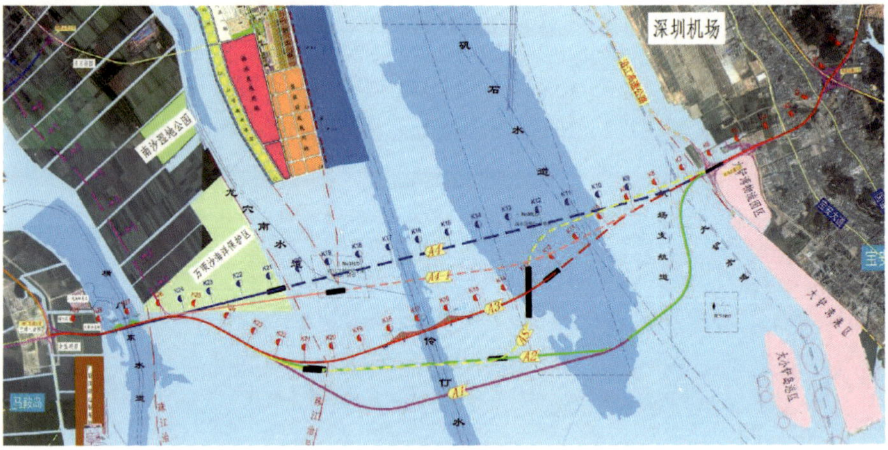

图 1.2-2　A 线走廊各方案示意图

2015 年 8 月，交通运输部出具深中通道项目航道条件与通航安全影响评价的审核意见，明确了本项目的通航尺度。

2015 年 11 月，交通运输部出具《交通运输部关于深圳至中山跨江通道可行性研究报告的审查意见》（交规划函〔2015〕786 号）。

2015 年 12 月，国家发展改革委以发改基础〔2015〕3007 号文批复了深中通道项目可行性研究报告。

1.3　工程可行性研究阶段主要研究结论

1.3.1　线位方案

工程可行性研究推荐 A3 线位东隧西桥方案，在伶仃水道设置桥梁，在矾石水道设置隧道，路线整体走向顺适，转角均匀，指标均衡，与建设条件相适应。路线起于深圳侧东人工岛，以特长隧道下穿大铲水道、机场支航道、矾石水道，通过在中滩设置西人工岛实现隧桥转换，以特大跨径桥梁跨越伶仃水道及横门东水道，马鞍岛陆域段采用桥梁方案。

1.3.2 平、纵、横设计

1.3.2.1 平面设计

主线全长约24.0km，其中1.64km位于中山马鞍岛陆地上，其余均位于海中。采用了较高的平面指标，全线设置平曲线8处，于东岸穿越深圳地铁11号线及沿江高速公路，分别采用了半径为4800m、5250m、4720m的S形曲线，海中设半径为6000m的圆弧接伶仃洋大桥，万顷沙下游至中山岸采用曲线半径，分别为4200m、2800m，在中山岸登陆后采用半径分别为2000m、1700m的曲线(图1.3-1)。

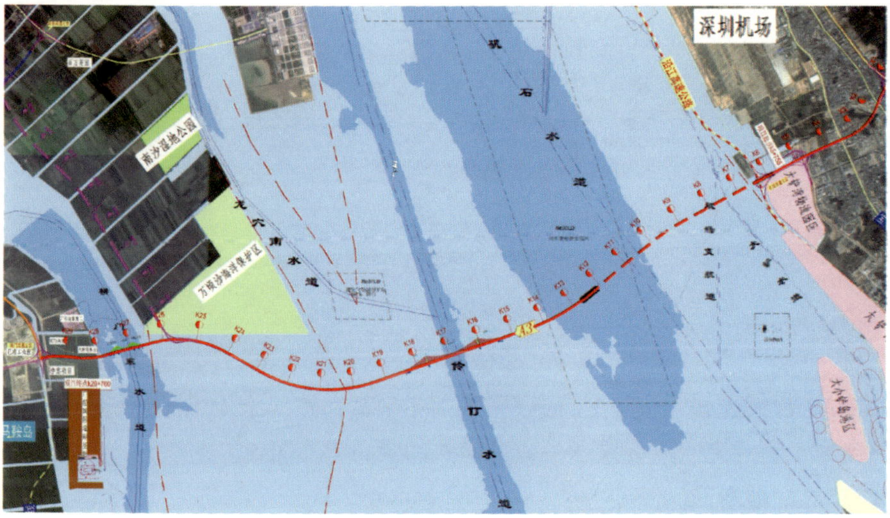

图1.3-1 A3线位平面图

1.3.2.2 纵断面设计

西人工岛段最大纵坡2.98%，伶仃洋大桥、中山大桥均采用2%的对称纵坡，其余路段均采用小于2.5%的纵坡，整体纵坡较为平缓。均按视觉需要的竖曲线半径大小设置，海中段凸形竖曲线最小半径20000m，凹形竖曲线最小半径16000m。纵断面布置见图1.3-2。

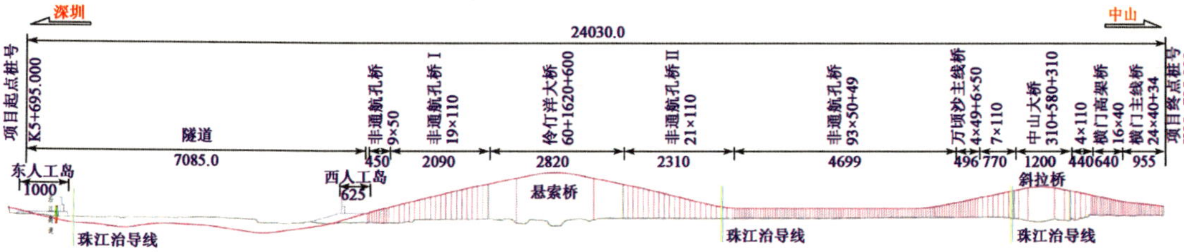

图1.3-2 A3线位纵断面图(尺寸单位:m)

桥隧转换段：沉管隧道最低设计高程 -35.22m，由矾石水道20m安全航深控制；伶仃洋大桥最高点高程 91.91m，由伶仃水道通航净高 76.5m 控制。隧桥转换段总长 6.125km，平均纵坡 2.076%。

1.3.2.3 横断面设计

主线桥梁横断面组成为：2×[0.25m(中央分隔带)+0.5m(护栏)+0.25m(余宽 C 值)+0.75m(左侧路缘带)+4×3.75m(行车道)+3m(紧急停车带)+0.5m(护栏)]=2×20.25m(图 1.3-3)。

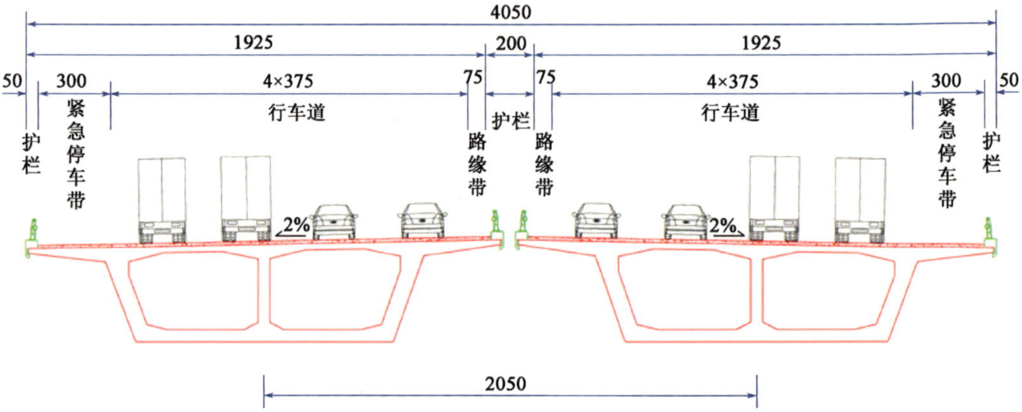

图 1.3-3 主线桥梁横断面(尺寸单位：cm)

通过分析论证，在配备完善的监控、通信等系统进行管理后，即使不设置紧急停车带也可以保证隧道的通行能力和行车安全，而设置紧急停车带会造成施工风险、投资估算和工期的大幅增长，因此本工程隧道内不设置通长或港湾式的紧急停车带。

主线隧道标准横断面见图 1.3-4。

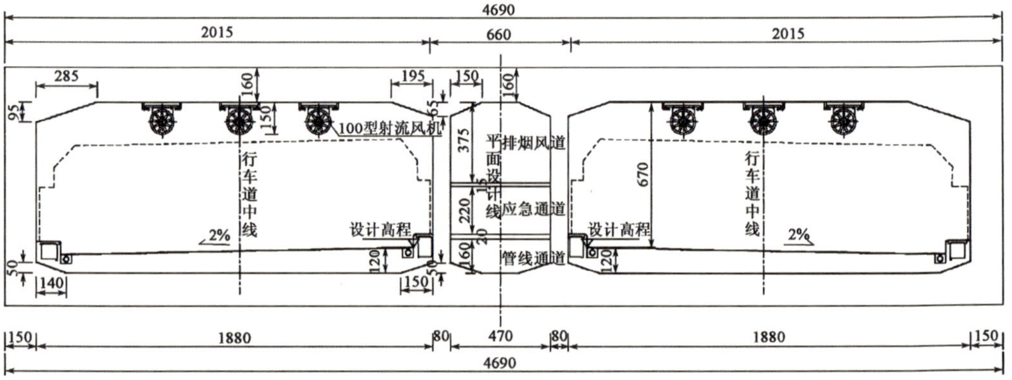

图 1.3-4 沉管隧道标准横断面(尺寸单位：cm)

1.3.3 桥梁方案

海上桥梁包括两个通航孔桥，分别为伶仃洋大桥和中山大桥，其余为非通航孔桥，非通航孔桥分为泄洪区引桥及浅滩区引桥。

1.3.3.1 伶仃洋大桥

1)桥跨布置

桥跨布置为600m + 1620m + 600m = 2820m,矢跨比为1/10,对应钢箱梁方案塔顶高程260.5m。桥型布置图见图1.3-5。

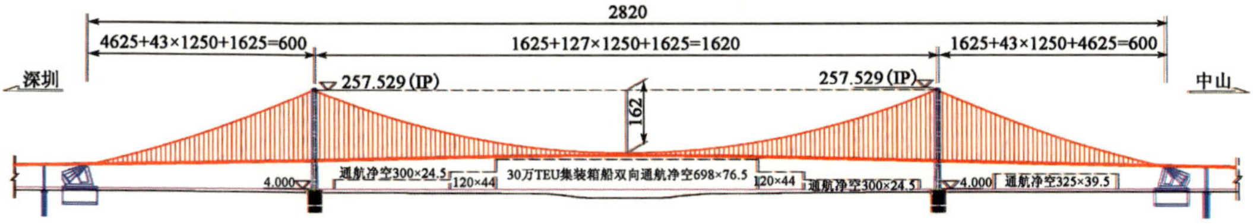

图1.3-5 伶仃洋大桥桥型(尺寸单位:m;高程单位:m)

2)主梁

采用整体式钢箱梁方案,中心线处梁高4.0m,梁宽46.5m(含风嘴),采用正交异性钢桥面板。主梁横断面构造尺寸见图1.3-6。

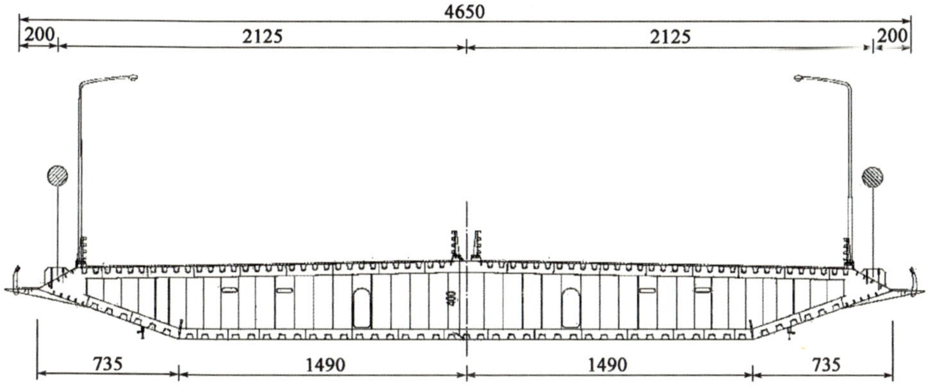

图1.3-6 伶仃洋大桥主梁横断面(尺寸单位:cm)

3)索塔及基础

索塔采用混凝土门式塔,塔柱截面采用倒圆角的矩形截面。

索塔基础采用圆端形承台,承台厚7m,上接4m高圆台形塔座,塔座顶高程4.0m。每个塔柱下布置32根直径2.8m的桩基础,两承台间用系梁连接(图1.3-7)。根据地质情况,桩长60m。

4)锚碇基础

由于锚碇区域地层起伏较大,每百米范围起伏6~8m,为保证锚碇整体稳定性满足要求,提出了桩基沉井复合基础,即在沉井井壁预设钢管,沉井下沉就位后,在预设钢管位置实施钻孔灌注桩。

锚碇基础直径90m,高43m,下部33m为钢壳混凝土结构,上部10m为钢筋混凝土结构,设48根钻孔灌注桩(图1.3-8)。

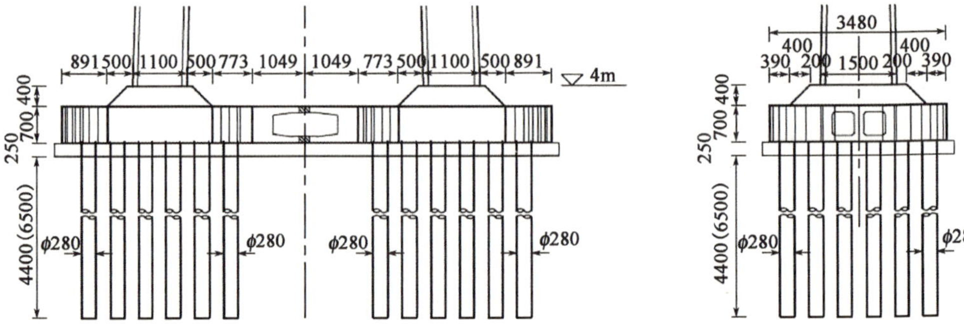

a)立面　　b)侧面

图 1.3-7　伶仃洋大桥主塔基础(尺寸单位:cm)

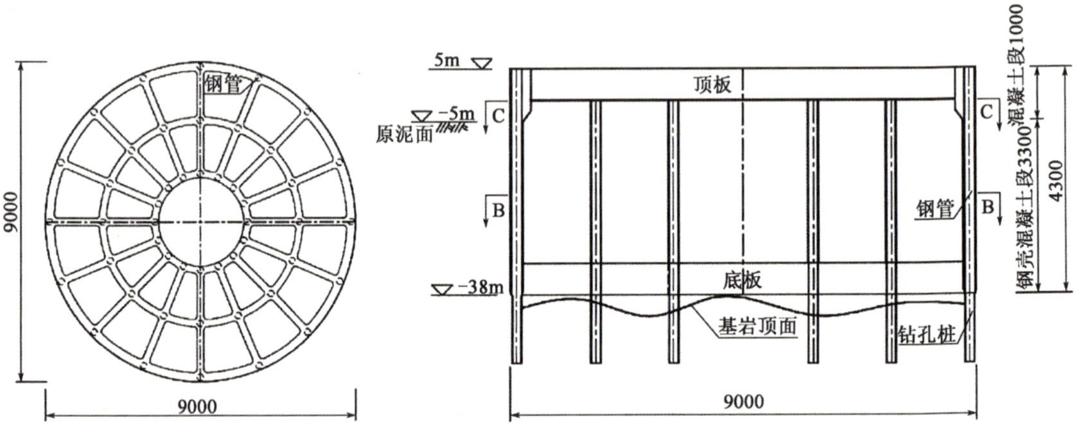

a)平面　　b)剖面

图 1.3-8　锚碇基础(尺寸单位:cm)

伶仃洋大桥方案效果见图 1.3-9。

图 1.3-9　伶仃洋大桥方案效果图

1.3.3.2 中山大桥

1）桥型方案

桥跨布置为 110m + 200m + 580m + 200m + 110m = 1200m 的双塔双索面半漂浮体系斜拉桥。桥型布置如图 1.3-10 所示。

图 1.3-10 中山大桥桥型布置图（尺寸单位：mm）

2）主梁

采用分离式边箱梁截面组合梁形式，如图 1.3-11 所示。主梁全宽 47.57m（含风嘴），梁高 4m（箱梁中心线处），混凝土桥面板全宽 40.5m，标准厚度 30cm。

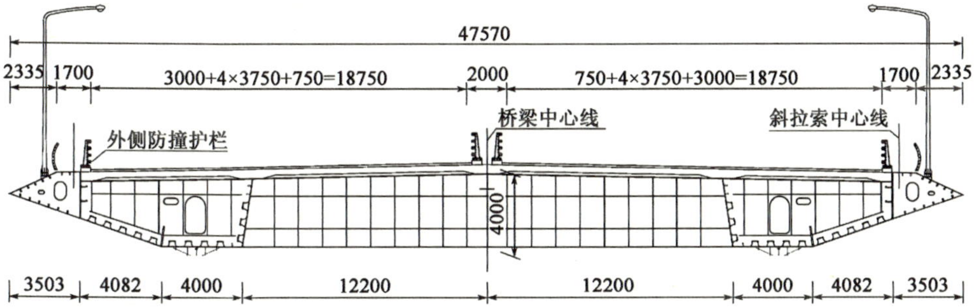

图 1.3-11 组合梁方案标准横断面（尺寸单位：mm）

3）索塔及基础

采用 H 形主塔，塔柱采用空心倒角矩形断面，主塔采用矩形承台及群桩基础，承台高 5.0m，塔座高 3m；按矩阵方式布置 32 根 ϕ2.8m 桩基（图 1.3-12）。

1.3.3.3 非通航孔桥

泄洪区引桥上部结构采用 110m 跨组合梁（图 1.3-13），整孔吊装施工；下部结构为整体式桥墩。浅滩区引桥上部结构采用 50m 跨预应力混凝土箱梁（图 1.3-14），采用梁上运梁整孔架设方案；下部结构采用分离式桥墩。

1.3.4 隧道方案

通过工法适应性分析，选取沉管、盾构、钻爆、沉管 + 盾构、盾构 + 钻爆进行了综合比选，考虑因素包括功能、风险等级、水文和地质条件的适应性、工程造价、对港口航道的影响、健康、环境、对防洪纳潮的影响及工期等，推荐采用沉管隧道方案。

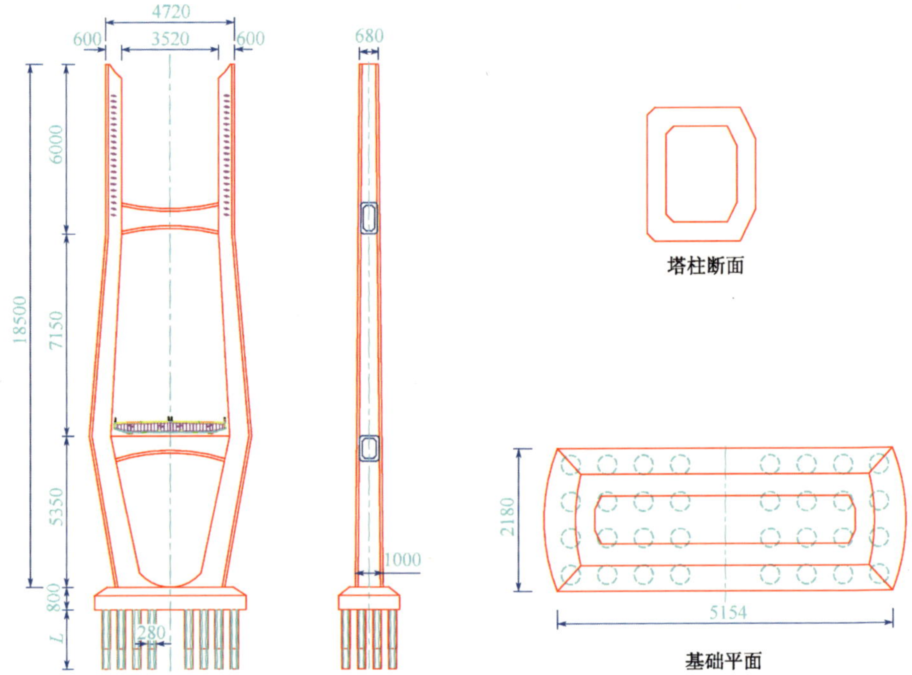

图 1.3-12　中山大桥索塔及基础构造图(尺寸单位:cm)

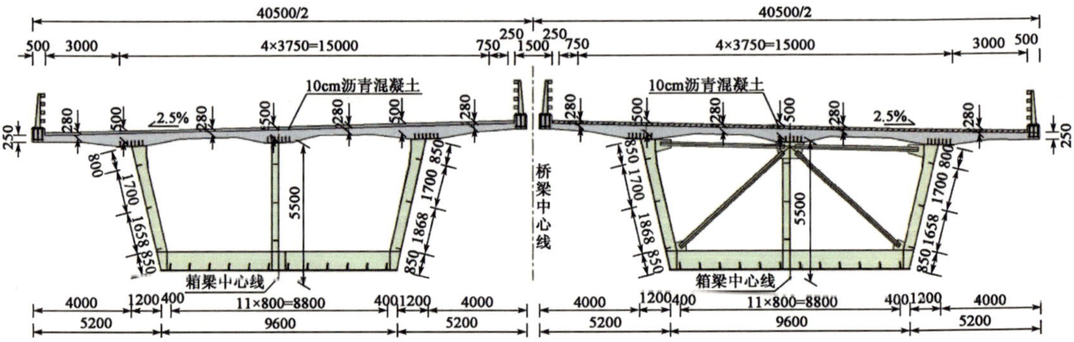

图 1.3-13　泄洪区引桥标准横断面 (尺寸单位:mm)

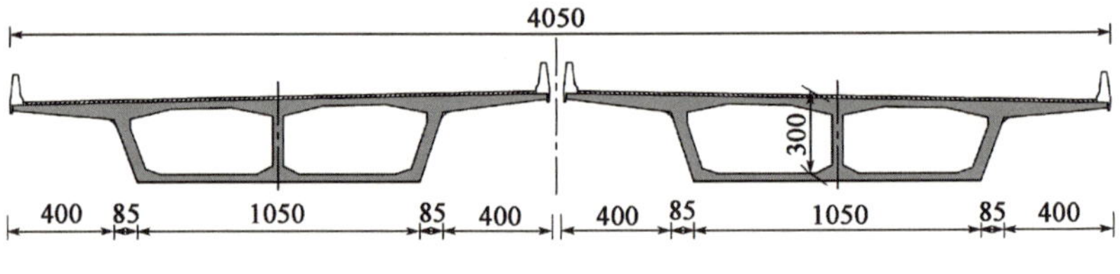

图 1.3-14　浅滩区引桥标准横断面(尺寸单位:cm)

推荐采用两孔单管廊结构断面,对钢壳混凝土管节结构、普通钢筋混凝土管节结构、横向预应力钢筋混凝土管节结构进行了综合比选，暂以钢壳混凝土管节造价作为控制估算总造价。标准管节长度150m，横断面宽×高为46.9m×11m。

隧道起于深圳侧东人工岛，下穿沿江高速公路、机场支航道、矾石水道，止于伶仃水道和矾石水道之间的西人工岛。隧道全长7085m，其中暗埋段全长6385m、沉管段长5615m。受平面线位的控制，隧道西人工岛侧采用直线，东人工岛侧采用曲线，曲线半径4720m，长度约752m。沉管隧道平面布置方案如图1.3-15所示。

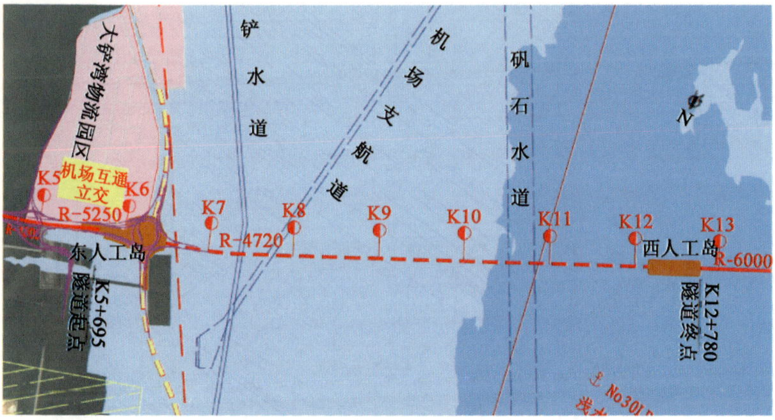

图1.3-15　沉管隧道平面布置方案

隧道纵断面布置主要考虑东人工岛布置、航道远期规划要求，并适当考虑基槽开挖和隧道安全运营的因素。如图1.3-16所示，除西人工岛附近采用990m长2.98%的纵坡外，隧道内纵坡坡度均较小。隧道最低路面设计高程为-35.22m（K10+680），位于矾石水道下方。

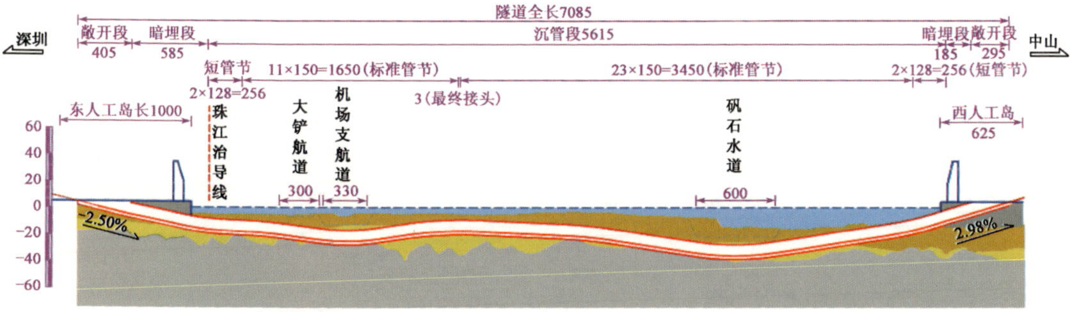

图1.3-16　沉管隧道纵断面示意图（尺寸单位：m）

东人工岛变宽段沉管外包尺寸宽46.9～71.7m、高11～11.8m（图1.3-17）。

1.3.5　人工岛方案

1.3.5.1　东人工岛

工程桩号范围为：K5+560～K6+560，岛长1000m，岛体面积23.72万m^2。东人工岛方案效果见图1.3-18。区域已有大型桥梁结构，净空有限，不适宜大型机械开展施工。为减少人工岛的水平变形对现有桥墩桩基的影响，采用抛石斜坡堤方案(图1.3-19)。

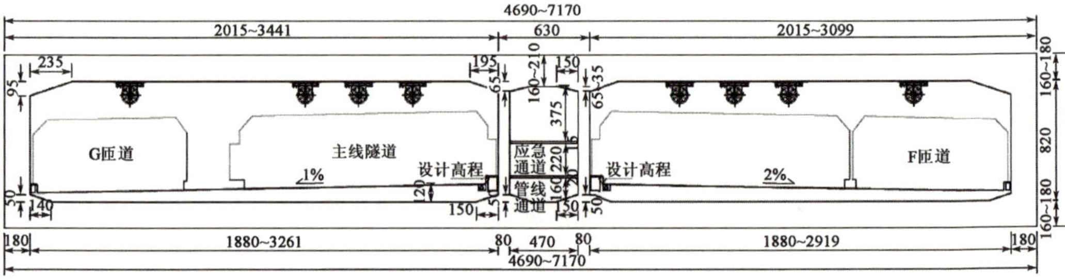

图1.3-17　沉管隧道变宽段横断面(尺寸单位:cm)

图1.3-18　东人工岛方案效果图

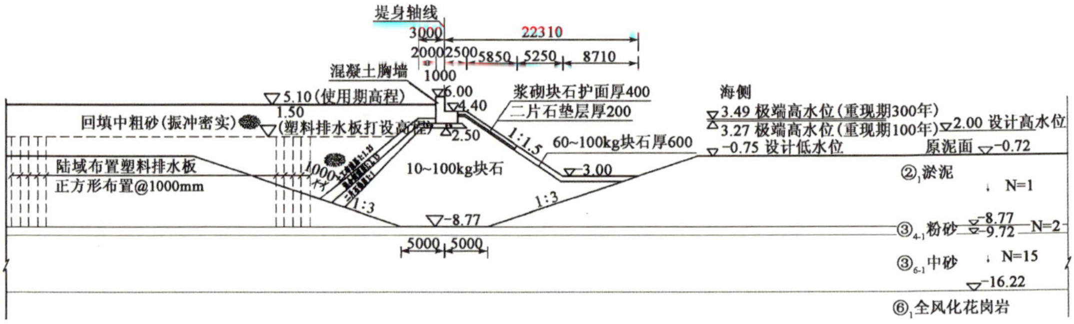

图1.3-19　东人工岛标准断面岛壁结构图(尺寸单位:mm;高程单位:m)

1.3.5.2　西人工岛

工程桩号范围为:K12+100~K12+725,按照矩形布置,岛长625m(图1.3-20),岛体面积

10.86 万 m^2。结构方案为插入式钢圆筒 + 海侧抛石斜坡堤(图 1.3-21)。

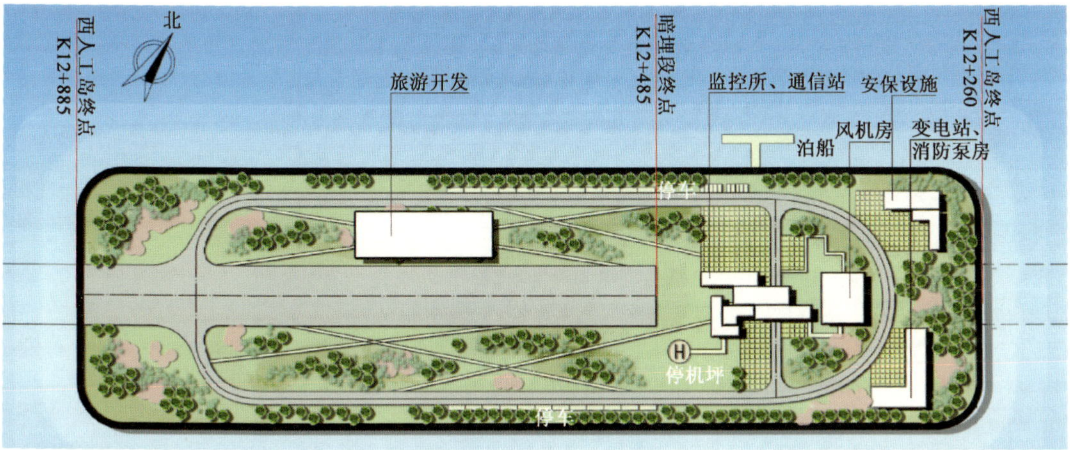

图 1.3-20 西人工岛总平面图

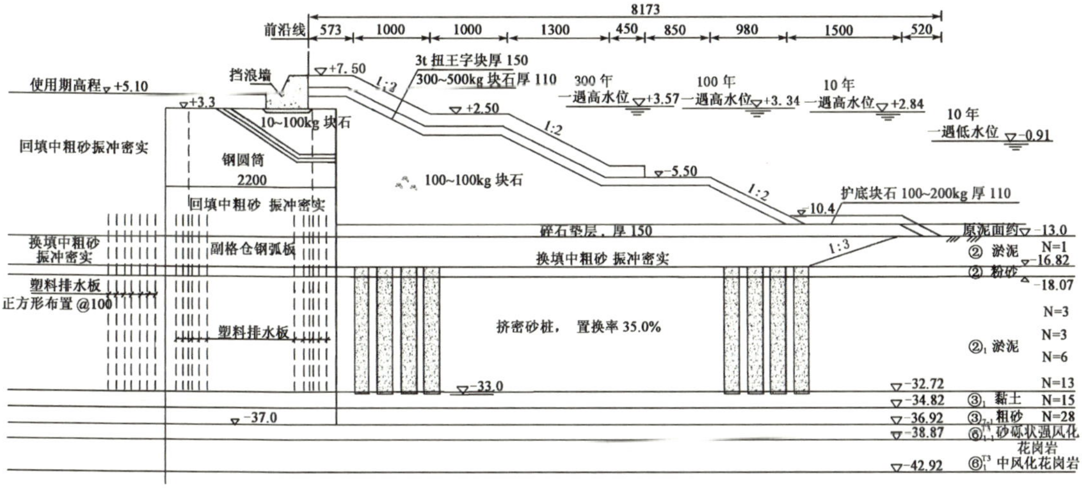

图 1.3-21 西人工岛标准断面岛壁结构图(尺寸单位:cm)

第2章　建设条件

2.1　自然条件

2.1.1　地形、地貌

深圳岸临近深圳机场南侧,为海积平原与台地过渡。接线段多为城市建成区,地下分布有各种管线。地面高程一般为1.3~2.3m。中山侧沿线穿越的地貌单元为三角洲海积平原区,区内地势平坦,水道分布密集,地面高程一般为0.5~1.6m。

项目线位处洋面宽约22km(图2.1-1),浅水区河床高程-1.7~-6.9m,矾石水道河床高程-10.3~-18.8m,伶仃水道河床高程-7.3~-20.1m。

2.1.2　河势演变

伶仃洋水下地形具有西部浅、东部深的横向分布趋势和湾顶窄深、湾腰宽浅、湾口宽深的纵向分布特点,水下地形呈“三滩两槽”的基本格局(图2.1-2),平面上由西向东依次为西滩、西槽、中滩、东槽、东滩。伶仃洋长期保持“三滩两槽”基本格局,具有良好的稳定性和可塑性。项目建设不会改变伶仃洋总体动力格局和演变规律,对项目区的河势稳定无明显不利影响。

图2.1-1　珠江口水域

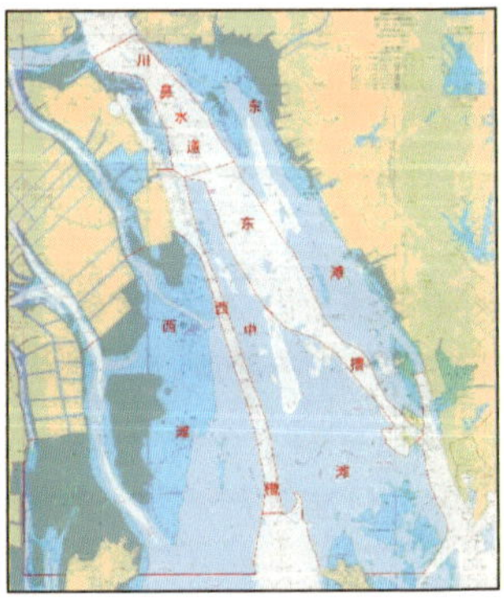

图2.1-2　“三滩两槽”格局示意图

2.1.3　水文、气象

2.1.3.1　水位

伶仃洋周边海域潮汐类型属于不规则半日潮。本工程的设计水位见表2.1-1及表2.1-2

（表中数据以 85 国家高程为基准）。

伶仃洋海域各频率设计水位插值法计算结果(单位:m)　　表 2.1-1

位　　置	0.01%	0.10%	0.33%	1.00%	2.00%	10.00%	20.00%
横门东水道	4.51	4.00	3.73	3.48	3.32	2.95	2.79
伶仃水道	4.35	3.86	3.60	3.37	3.22	2.86	2.70
矾石水道	4.25	3.77	3.52	3.30	3.15	2.81	2.65

人工岛处不同重现期极端高、低水位表　　表 2.1-2

重现期(年)	1000	300	100	50	25	10	5
极端高水位(m)	3.84	3.61	3.34	3.21	3.01	2.85	2.68
极端低水位(m)	-1.45	-1.41	-1.38	-1.35	-1.32	-1.28	-1.26

设计高水位 1.89m,设计低水位 -0.73m,平均海平面 0.56m。

2.1.3.2　潮流

本海区潮流属于不规则半日潮类型,潮流呈往复流运动形式。受上游径流影响,各口门和伶仃洋海区的流速多为落潮流速大于涨潮流速,其中沿伶仃洋西槽航道流速较大,最大值均在 1m/s 左右,蕉门和虎门出口处流速也较大,最大值均超过 0.9m/s。各站落潮流速明显大于涨潮流速,表层流速大于底层流速。在横门水道上下游桥位处,流速受径流影响也较大,大潮时最大流速超过 1m/s,平均流速则在 0.5m/s 左右。工程区域的伶仃洋各点位流速实测数据显示,该区域的流速较大,大潮落潮时表层最大流速超过 1.1m/s,同时,垂线平均流速也超过了 0.5m/s。涨落潮流向基本受地形控制,涨潮流向如图 2.1-3 所示,以 S 偏 E 为主;落潮流向如图 2.1-4 所示、以 N 偏 W 为主。

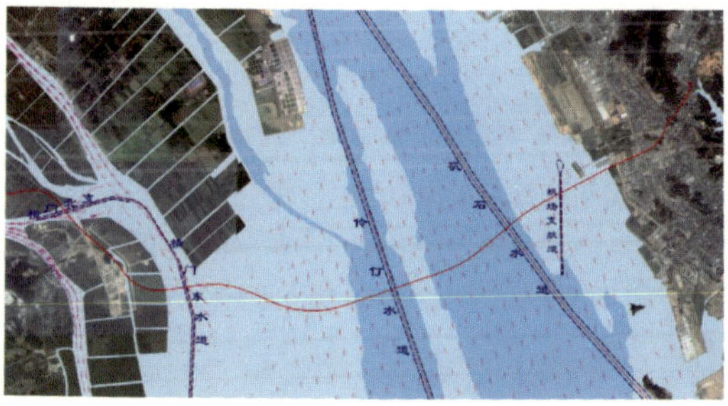

图 2.1-3　伶仃洋涨潮流向图

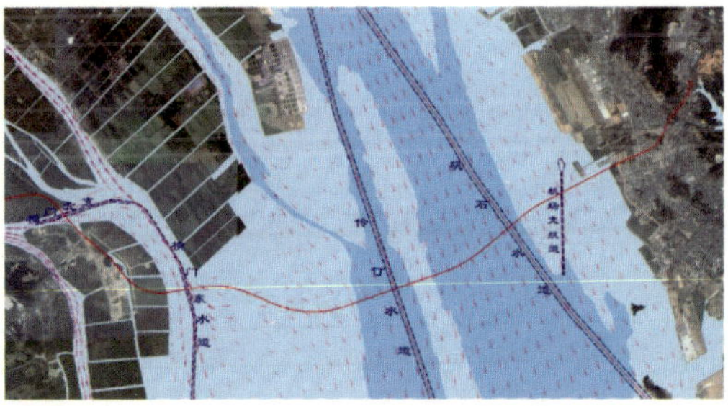

图 2.1-4　伶仃洋落潮流向图

2.1.3.3　波浪

伶仃洋波浪主要为季风和台风引起的风浪,每年 6～9 月常有巨浪发生。受珠江口内外群岛掩护,外海 5m 以上海浪传入项目洋区时,波高均显著衰减至 3.5m 以下。波浪周期为 6s 以下。

2.1.3.4 泥沙

伶仃洋的泥沙来源主要为陆域来沙，海域来沙量不大。在洪水季节，上游径流量大、含沙量较高，落潮流输出的泥沙量大于涨潮流的输入量，因而洪水季节实际上无海域来沙；在枯水季节，由于径流量小，含沙量低，涨潮流输沙大于落潮流输沙，因而枯水季节存在海域来沙，但数量甚少。

2.1.3.5 灾害天气

工程场区多有热带气旋登陆，主要集中在6～10月。在1949年至2013年的65年间，正面袭击深中通道区域或对该区域产生严重影响的热带气旋有23个，登陆时风速最大的是1979年8月2日在深圳登陆的7908号台风，其中心风速达到40m/s。2008～2017年广东沿海台风呈现频发、高强的趋势，登陆风速超过43m/s的台风超过3个。

2.1.4 工程地质

2.1.4.1 区域地质构造

陆域地势总体北高南低，呈阶梯状下降。海域部分绝大部分位于大陆架，东南隅跨入陆坡区，海底地势西北高东南低，自西北向东南方向缓慢倾斜。

区域新构造运动表现为强烈的垂直升降运动，以断裂、断块活动为基本特征。经历了漫长和多次的构造运动，形成了大量的断裂构造。

根据物探资料，推测有11条断层，如图2.1-5所示，北西向7条、北东向4条。

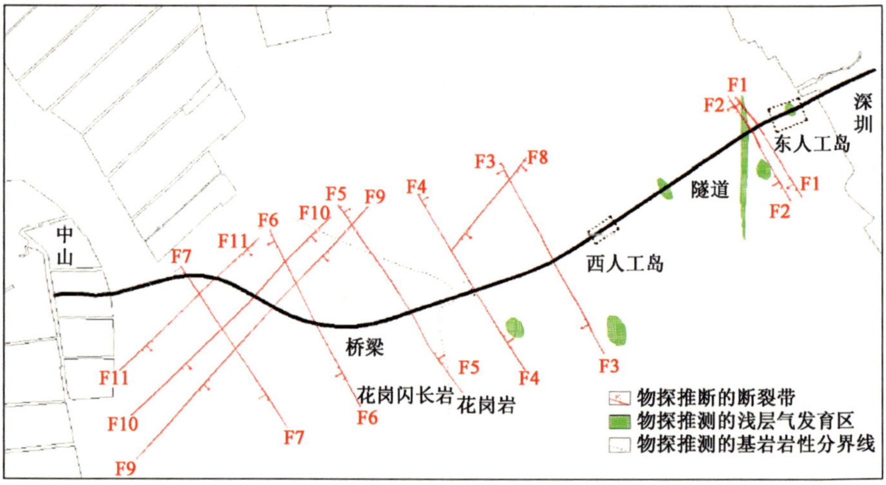

图2.1-5 物探推测场区断裂构造位置图

2.1.4.2 工程地质

场地地表多为第四系覆盖，自上而下依次为：全新统海相沉积——泥、淤泥质亚黏土、亚黏土、黏土、亚黏土夹砂、粉细砂、中砂、淤泥质亚黏土、亚黏土夹砂；上更新统河流相沉积——粉砂～圆砾。综合地层柱状图见图2.1-6。

界	系	统	群	组	代号	柱状图	厚度(m)	描述
新生界	第四系	全新统			Q_4	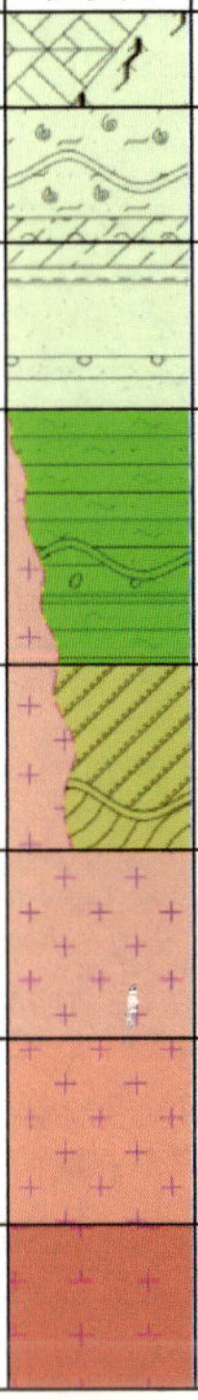	<10.00	填筑土、种植土
新生界	第四系	全新统		横栏组	$Q_4^{\propto}$		4.5~45.6	上部为灰黄色淤泥，下部为深灰色淤泥夹淤泥质粉砂，局部富集贝壳碎片，偶见腐木，局部夹灰色砂土，底部夹淤泥质土
新生界	第四系	上更新统		三角组	Q_3^{pl}		2.0~46.0	上部为灰黄色粉质黏土夹粉土、黏土，下部为灰黄色、灰白色砂、砾夹灰黄色圆砾土
中生界	白垩系	下统		白鹤洞组	Kbh		>80	泥质粉砂岩、不等粒砂岩、含砾砂岩及复成分砾岩
古生界	震旦系		云开群		Z_1d		>1000	黑云母斜长片麻岩、片岩、混合质黑云斜长片麻岩
燕山侵入期	第五期				$\gamma_5^{3(2)}$			中、细粒黑云母花岗岩、花岗斑岩：灰白色及浅肉红色，自碎裂斑状结构，基质为微晶质和显微晶质结构
燕山侵入期	第三期				$\gamma_5^{2(3)}$			细粒黑云母花岗岩：肉红色、带肉红色调的灰白色，风化面为灰白色，花岗结构和似斑状结构。黑云母二长花岗岩：带肉红色调的灰白色，风化后为棕褐色，似斑状结构，基质为花岗结构
燕山侵入期	第二期				$\gamma_{85}^{2(2)}$			花岗闪长岩：深灰~灰黑色细中粒似斑状结构；含角闪石；黑云母花岗岩：暗灰色、灰色及灰白色，基质具花岗结构的似斑状结构，无斑者为花岗结构

图2.1-6　综合地层柱状图

基岩主要为燕山期花岗岩，风化差异显著，岩面起伏较大。中～微风化层性能较好。

K5～K19+600，淤泥厚度多小于24.3m，下为中密砂土。岩面埋深15～33m。

K19+600以西，淤泥夹砂厚26.8～41.90m，下层中密砂土厚9.6～27.2m，局部厚46.6m。岩面埋深28.1～85.3m，大致为沿里程方向逐渐变深，至中山岸又逐渐抬起。

2.1.5　地震

根据《深圳至中山跨江通道工程场地地震安全性评价报告》，项目区域地表加速度反应谱如下：

$$S(T)=\begin{cases}S_{max}(0.45+5.5T), & T<0.1\\ S_{max}, & 0.1\leqslant T\leqslant T_g\\ S_{max}(T_g/T)^{\gamma}, & T>T_g\end{cases} \tag{2.1-1}$$

式中：S_{max}——水平设计加速度反应谱最大值；

T——结构自振周期(s)；

T_g——设计周期(s)；

γ——衰减指数。

地震动参数见表 2.1-3。

地 震 动 参 数 表 表 2.1-3

场地/参数		概率			
		63%(100 年)	10%(50 年)	10%(100 年)	4%(100 年)
矾石水道	K	0.0455	0.0948	0.1274	0.1901
	S_{max}	0.1092	0.2274	0.3058	0.4468
	T_g(s)	0.40	0.45	0.50	0.62
	γ	0.90	0.95	0.95	1.00
	β	2.4	2.4	2.4	2.35
伶仃航道	K	0.0473	0.0998	0.1335	0.2170
	S_{max}	0.1134	0.2396	0.3204	0.5099
	T_g(s)	0.62	0.65	0.75	0.90
	γ	1.00	1.05	1.07	1.05
	β	2.4	2.4	2.4	2.35
横门东水道	K	0.0476	0.1012	0.1376	0.2065
	S_{max}	0.1141	0.2430	0.3303	0.4852
	T_g(s)	0.45	0.60	0.70	0.85
	γ	0.95	1.00	1.02	1.10
	β	2.4	2.4	2.4	2.35

2.2 主要设计参数

2.2.1 通航

2.2.1.1 通航现状

深中通道跨越的航道主要有广州港出海航道(伶仃航道)、机场支航道、矾石水道、龙穴南水道、横门东水道等。其中,伶仃航道、矾石水道及横门东水道等是万吨级以上船舶进出广州港、深圳西部港区、虎门港、中山港的主要通道,机场支航道、龙穴南水道北段为5000 吨级及以下航道。

2.2.1.2 通航水位

设计通航水位见表 2.2-1。

设计最高、最低通航水位(85 国家高程)(单位:m) 表 2.2-1

水域或水道	设计最高通航水位	设计最低通航水位
伶仃洋水域	3.01	-1.04
横门东水道	3.22	-0.56

2.2.1.3 通航净空

通航净空见表2.2-2。

各通航孔净空尺度汇总表　　表2.2-2

通航孔所在航道	通航吨级(t)	净高/埋深(m)	净宽(m)	备　注
大铲水道	1000	-5.0	300	隧道口门最小宽度(东治导线至西人工岛斜坡段最外缘)4600m
机场支航道	5000	-11.0	330	
矾石水道	100000	-20.0	600	
伶仃水道	300000	76.5	698	单孔多线通航，通航净宽合计1520m
	10000	44.0	2×120	
	3000	24.5	2×300	
龙穴南水道	5000	39.5	325	通过伶仃水道桥边孔通航
横门东水道	30000	53.5	390	

主要航道分布见如图2.2-1所示。

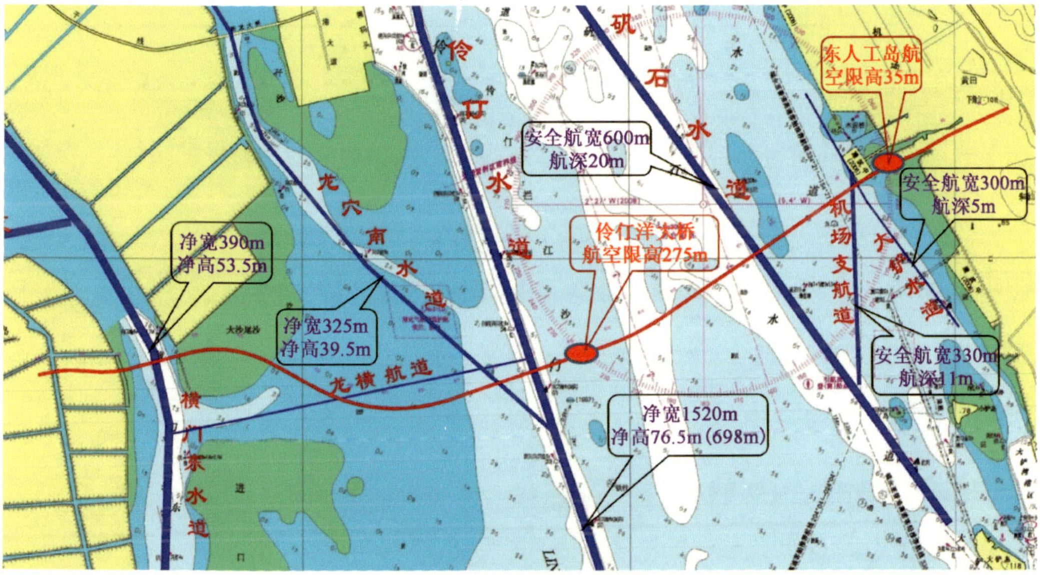

图2.2-1　主要航道分布示意图

2.2.2 防撞

大桥、隧道、人工岛的防撞参数见表2.2-3～表2.2-6。

伶仃洋大桥防撞参数表　　表2.2-3

航　道	桥　墩	控制撞击工况	建议防撞荷载(MN)
伶仃水道	主墩	5万t级满载3.45m/s(控制) 20万t级压载1.5m/s(校核)	102
	锚碇	5万t级压载1.37m/s(控制)	48

非通航孔桥防撞参数 表 2.2-4

航　道	桥　墩	控制撞击工况	建议防撞荷载(MN)
无	非通航孔桥墩	最高通航水位水深大于 3m 时,1000t 级漂流(1.37m/s)	6.0
		最高通航水位水深小于 3m 时,500t 级漂流(1.37m/s)	2.7

人工岛防撞参数 表 2.2-5

航　道	桥　墩	控制撞击工况	建议防撞能量(MJ)
矾石水道	东人工岛	5000t 级满载 1.5m/s	11.3
	西人工岛	10 万 t 级满载 1.5m/s	153.6

中山大桥防撞参数 表 2.2-6

航　道	桥　墩	控制撞击工况	建议防撞荷载(MN)
横门东航道	主墩	3 万 t 集装箱压载 3.41m/s	52.6
	辅助墩	3 万 t 集装箱压载 2.16m/s	36.0
	过渡墩	3 万 t 集装箱压载 1.46m/s	25.0

2.2.3 航空

本项目起点靠近深圳机场,通道的建设必须考虑对机场西侧净空的保护,具体航空限高值如表 2.2-7 所示。

深中通道航空限高表(单位:m) 表 2.2-7

线位方案	伶仃航道	矾石水道	机场支航道	西人工岛	东人工岛
A3 线位	悬索桥索塔:275	90	20	90	35

2.2.4 防洪

本项目所在的伶仃洋水域是珠江口最大的喇叭形河口湾,拥有珠江 4 大口门通道(水利部门称珠江东四口门,见图 2.2-2)——横门、洪奇门、蕉门、虎门,连通珠江三角洲复杂河网,其河床地形在洪潮不同动力交汇作用下,塑造成典型的三滩两槽。

防洪要求如下:

(1)桥梁轴线与急落潮水流方向尽可能正交。

(2)设计方案应尽量减低阻水比。

(3)防洪治导线之间最多设置一处人工岛,岛长不超过 625m,桥梁侧岛壁采用直立式。

(4)防洪治导线之间水中结构宜设计为流线型。

(5)主泄洪通道非通航孔桥跨采用 110m 及以上跨径,承台顶高程须控制在 −6.256m 以下。

(6)中山大桥主跨不小于 580m。

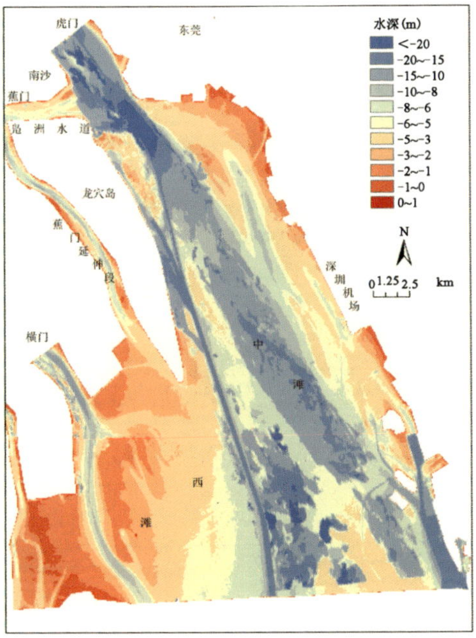

图 2.2-2　伶仃洋水下地形图

2.2.5　设计风速

经过气象观测与研究，本项目距海平面各关键高度、各重现期 10min 平均风速，如表 2.2-8 所示。根据大风样本计算得到地表粗糙度系数 $\alpha = 0.115$。

项目区域各关键高度不同重现期 10min 平均风速计算值(单位:m/s)　　表 2.2-8

高度(m)	重现期							
	10 年	20 年	30 年	50 年	100 年	120 年	200 年	500 年
10	28.1	31.4	33.2	35.4	38.6	39.4	41.6	45.7
50	33.8	37.7	40.0	42.6	46.4	47.4	50.1	55.0
63	34.7	38.8	41.1	43.8	47.7	48.7	51.4	56.5
80	35.7	39.8	42.2	45.0	49.0	50.1	52.9	58.0
88	36.1	40.3	42.7	45.5	49.6	50.6	53.4	58.7
100	36.6	40.9	43.3	46.2	50.3	51.4	54.2	59.6
200	39.7	44.3	46.9	50.0	54.5	55.6	58.7	64.5
300	41.5	46.4	49.1	52.4	57.1	58.3	61.5	67.6

注:气象观测时间为 2012 年 6 月 15 日—2013 年 6 月 14 日。

2.3　设计方案工程造价及工期要求

设计方案的工程造价应控制在工可造价的 110% 以内。

设计方案应符合下列时间框架：

(1)2017 年 6 月岛隧段开工。

(2)2018 年 4 月桥梁段开工。

(3)2024 年 12 月全线建成通车。

第3章　方案设计国际竞赛筹划

3.1　国内外勘察、设计及咨询工作现状

鉴于深中通道工程建设条件复杂、技术难度大等特点，须集思广益、博采众长，在勘察、设计、咨询等方面借鉴国内外跨海通道项目成功案例。

通过对国内东海大桥、上海崇明越江通道、杭州湾大桥、苏通大桥、舟山连岛工程、港珠澳大桥、香港昂船洲大桥及国外大贝尔特桥、费马恩通道等项目的勘察、设计及咨询模式的调研，寻找其中的异同，为本项目的开展提供有益的借鉴。

3.1.1　勘察

3.1.1.1　国内现状

国内跨海通道项目的勘察与设计一般是统一发包的。勘察是设计单位的附属专业，服务于总体及结构设计部门，单向地向设计部门提交勘察成果，由设计部门确定基础形式。此外，跨海通道工程本质上是海工工程，国内的公路、市政设计单位海上勘察的设备及经验较少，国内勘察技术标准也低于国际上的 BS 5930:1999、BS1377:1990 Part 1 ~ 9、国际土力学与岩土工程协会 ISSMGE 试验程序(1999)等标准。

3.1.1.2　国外现状

国际上跨海通道项目的勘察与设计也是分离的，但岩土勘察与设计受到同等重视，岩土工程师会对地基基础的力学特性及基础形式提出综合建议，并与结构工程师共同研究合适的基础形式。

3.1.1.3　本项目特点

项目处在外海，面临复杂的波浪、潮汐、水流、台风等海域环境，需要内河 A 级 1000 吨级以上船舶，对勘察设备要求非常高。

涉及岛隧(特别是人工岛、隧道斜坡段)、悬索桥锚碇等特殊结构，均需要进行精细化勘察，所采用的船机设备、取土设备、原位测试设备和室内试验设备等与国内常规海上勘察存在诸多不同。国内大部分单位特别是主体结构设计单位没有类似经验。

3.1.1.4　解决方案

结合国内勘察技术的现状及本工程技术特点，借鉴港珠澳大桥经验，岛隧工程勘察需要采

取以原位测试CPTU(海床孔压静力触探)为主、精细化勘察等为辅的综合手段,技术标准以欧洲标准为主。针对一些岩土参数存在不确定性的问题,还需要在人工岛及隧道区域布置对比孔。

为充分体现勘察与设计并重的设计理念,引进优秀的具备丰富海上经验的勘察单位,参照国内外类似跨海工程建设经验,勘察按初勘深度先行单独招标并尽快实施,勘察成果作为方案设计国际竞赛的基础资料。待设计方案国际竞赛结束,设计单位与设计咨询单位一起参照国际标准对详勘提出技术要求。

3.1.2 设计、咨询

3.1.2.1 国内跨海通道设计现状

跨海通道工程一般是集群工程,涉及专业众多,包括海工工程、岩土工程、隧道工程、桥梁工程、水文、地质、泥沙运动、气象、防洪、水利、环保、水土、通风防灾、交通工程等数十个专业,目前国内各设计单位专业化程度较高但拓展面较窄,有跨海通道集群工程设计经验的单位相对较少,某一家设计单位很难满足整个项目的专业需求。此外,国内设计单位一般以结构功能设计为主,往往是结构工程师主导总体设计,对总体、可持续性设计、建筑美学等方面考虑不足。最后,国内具备跨海通道工程设计能力的可选单位较少,设计单位或项目负责人的水平决定了项目的设计品质。同时,当前国内设计机制往往导致设计单位对海中结构物的施工工艺、大型海中施工装备等不甚了解,对特大型跨海工程关键构件及其施工工艺很难提出最优的方案。如果不能集思广益,则设计方案可能会留有遗憾,因此需要引入一定的竞争机制才能更好保障设计精细化。

3.1.2.2 国内外设计、咨询模式

国内、国外工程设计、咨询模式主要有以下几种:

(1)国内工程。

①设计由国内单位承担,国际咨询单位作为业主顾问公司或咨询公司。

②强强联合模式,即设计由国内设计单位联合国际设计单位,咨询也是由国内咨询单位联合国际咨询单位。

(2)国外工程。

国外通用模式是采用方案设计竞赛方式,优胜单位作为招标图(介于国内初步设计和施工图设计深度之间)设计单位,并在详细设计(类似于国内施工图设计)及施工过程中作为业主顾问公司。

3.1.2.3 对本工程设计、咨询模式的设想

考虑到国内设计模式现状及国际上类似工程设计工作开展的成熟经验,本项目设计方案的选择需要集思广益、博采众长,因此决定举办方案设计国际竞赛,面向全球择优选择设计方

案，充分发挥国内外优秀设计咨询公司在总体概念设计、功能设计、景观设计、建管养一体化设计等方面优势，通过专家评审选出优胜方案，将竞赛优胜方案作为设计基础参考方案。

在正式设计工作开展以前增加一个方案设计竞赛，打破国内高速公路项目先选设计单位再选设计方案的惯例。通过先选设计方案再选设计单位，设计中标单位在设计阶段着重解决结构设计精细化问题。同时，增加概念设计阶段，着重解决总体设计、可持续性设计和建筑景观设计问题。

基于国内基建程序没有方案竞赛这一环节的实际情况，项目业主积极与行业主管部门沟通协调，获得了后者对开展方案竞赛的支持。在参赛资格条件上，考虑到是在全球范围举办竞赛，因此按照国际惯例以类似工程业绩作为报名参赛条件，国内外单位可以单独报名也可以组成联合体参赛。为吸引国内外知名设计咨询公司积极参与，竞赛举办方对获奖单位给与一定的奖励，包括奖金及在设计咨询投标时给予一定的加分优惠。

由于岛隧工程技术复杂，难度极大，在正式设计开展阶段坚持设计施工一体化理念，采用设计、施工、科研、装备四位一体机制，借鉴国际惯例，在技术设计（接近国内施工图深度）审批后进行施工招标，由设计单位联合施工、科研、装备等单位进行施工图联合设计。

3.2　竞赛目标及定位

3.2.1　建设目标

建世界一流可持续跨海通道，创珠江口百年门户工程。具体目标为：

（1）安全、舒适。

以功能需求为引领的高品质设计及智能化的运营管理，为社会公众提供安全、舒适、智慧、高效的高品质交通运输服务。

（2）优质、耐久。

坚持可持续工程的建设理念，精益设计及精心建造、高水平的维护，为用户提供结构安全、品质优秀、使用耐久的硬件设施。

（3）经济、环保。

采用系统工程及价值工程建设理念（合理建设条件、技术标准），实现资源的综合利用（疏浚物综合处置），实现工程与自然的和谐，兼顾工程的经济性。

（4）和谐、美观。

倡导人本化设计、建设及运营理念，使通道与周边环境和谐统一且标志性突出；服务品质高。

3.2.2　建设理念

（1）系统集成性。

项目建设条件复杂，工程方案涉及公路、水运、民航三种交通方式及水利防洪、水土保持、环境保护、通航安全等领域之间的协调与平衡，项目本身也涉及数十个专业，应遵循“系统集成工程”的建设理念，以满足各行业和谐发展的需求，使工程规模适度、风险可控。

(2)可持续性。

包含全寿命建设理念及环保节约建设理念，注重社会发展需求。为实现可持续的桥、岛、隧工程，需要坚持设计、建设、管理、养护及拆除一体化结构构造设计理念及全寿命周期成本理念。

(3)功能需求引领设计。

更加注重使用功能及结构功能，力求结构受力简洁明确、构造合理、施工方便、质量可靠。

(4)需求引领创新。

坚持需求引领技术创新理念，根据项目技术特点，按照实用性创新原则，开展桥、岛、隧集群工程建设关键技术研究，实现科研先行，真正为设计、施工服务。

3.2.3 竞赛目的

将深中通道建设成世界一流的跨海通道，使其在技术与美学上均能卓然超群，并实现与周边自然环境总体和谐，同时引进全球领先的跨海通道设计理念，借鉴世界各国在大跨径桥梁、超长海底隧道方面的建设经验，把握桥、岛、隧集群工程建设发展趋势。

深中通道管理中心在国际范围内公开主办了方案设计竞赛，通过吸引世界上最优秀的设计咨询团队前来参与竞赛，集思广益、博采众长，选出最适合本项目的设计方案(总体布置、结构形式和建筑景观等)，作为设计基础参考方案。

3.3 国内设计方案竞赛案例

近年来，我国桥梁建设以空前的规模和发展速度令世界惊叹，取得了巨大的进步和成就，也出现了一批代表这一时代的优秀设计，但许多桥梁存在着缺少“创新美”“平衡美”“和谐美”的问题。

随着我国经济社会的不断发展，业主和公众越来越重视建筑环境质量和美学品位，这种趋势正波及桥梁和其他公共工程，建筑师也越来越多地介入这些工程的设计中，已经开始用设计竞赛来满足公众对地标性结构的期望，以期获得具有创新性的、视觉上有吸引力的桥梁建筑。

近年来，我国一些大型工程成功进行了国际方案竞赛，取得了一定的竞赛经验。

3.3.1 上海崇明越江通道工程设计方案征集

3.3.1.1 项目概况

上海崇明越江通道(长江隧桥)工程是上海至西安国家高速公路 G40 的重要组成部分。工程全长 25.5km，起于上海浦东五好沟，以隧道方式穿越航运繁忙的长江口南港水域，到达长兴岛；以桥梁方式跨越长江北港水域，止于崇明岛陈家镇。建设规模为双向六车道高速公路并预留轨道交通空间。隧道全长 8.95km，设计速度 80km/h，桥梁全长 16.55km，跨江桥梁全长 9.97km，设计速度 100km/h。该工程规模大，技术难度高，是当时世界上最大的桥隧结合工程。

1）规划线位通航尺度

南港按照 30 万吨级油轮双向通航设计，通航净宽 1990m，净高 68m。北港按照 3 万吨级船舶双向通航并兼顾 5 万吨级船舶单向通航设计，通航净宽 585m，净高 52.7m。

2）比较线位通航尺度

南港按照 30 万吨级油轮双向通航设计，通航净宽 1044m，净高 68m。北港按照 3 万吨级船舶双向通航并兼顾 5 万吨级船舶单向通航设计，通航净宽 585m，净高 52.7m。

3.3.1.2　目的

2001 年 4 月，上海市市政工程管理局在国际范围进行设计方案征集，旨在充分引进国际先进技术和全新设计理念，以寻求适合本工程实际、具有国际水准、切实可行的优秀设计方案。

方案的要求为：设计方案重点是解决通道位置及越江方式，越江通道以规划东线位置为基准，允许在距其 10km 的范围内进行比选调整，可采用不同的越江结构形式（全桥、全隧、桥隧混合），应采用技术安全可靠、施工方法切实可行、对环境影响小、具有国际水准的设计方案。获奖方案有可能成为今后设计的参照。

3.3.1.3　方案要求

设计方案必须经多方案论证和比选，并在此基础上对其相应的通道越江结构形式推荐 2 个或 2 个以上设计方案；推荐的设计方案必须科学合理并具有先进性，施工方案必须切实可行。方案应包括下述内容：

1）总体设计

（1）路线走向、通道位置及越江方式的可行性、合理性。

（2）是否满足技术标准和设计条件。

（3）方案实施对河势演变、航运、航道、环境等的影响。

（4）气象对工程运营的影响。

（5）结构自身的美观及与周边环境的协调性。

（6）经济指标的合理性。

2）南港/北港段方案

（1）结构特性。

①结构形式的适用性及耐久性。

②在充分满足设计功能要求、荷载要求的前提下，结构的强度、刚度、稳定性的可靠性及合理性。

③对结构特性重点、难点的论证深度。

④对关键技术问题，如桥梁冲刷深度、墩位、孔径布置、船撞防护系统、抗风稳定、沉船对隧道的影响、隧道的埋深是否满足冲刷深度的要求、运营标准、风井设置等问题的分析论证是否充分、合理。

(2)施工实施的可行性。

①主要施工方法与设计要求的符合性。

②主要施工方法、技术和设备等的可靠性。

③工期合理性及保障措施。

(3)工程量清单。

工程量清单的正确性、合理性。

3.3.1.4 评审办法

方案评选委员会由来自国内外的规划、河势、航道、桥梁、隧道等专业的19位专家组成，并分为三个专业小组：总体专业组、隧道专业组、桥梁专业组。

评分规则为按照总体设计、南港段方案、北港段方案分别打分并加权计入总分的方式评判。三个单项的权数分别为：总体设计0.2，南港段0.55，北港段0.25。

3.3.1.5 参赛者奖励

主办方为参赛者设置了现金奖励，隧道、桥梁均单独评选出获奖方案，给予奖励：一等奖，240万人民币或等值美元；二等奖，120万人民币或等值美元；三等奖，64万人民币或等值美元；参与奖，8万人民币或等值美元。

3.3.1.6 竞赛过程

竞赛吸引了国内外众多的知名设计咨询公司组成联合体参赛，共有3个联合体提交了竞赛方案。

各个参赛单位均在规划线位及比较线位推出了全桥、全隧及南隧北桥方案，部分方案较充分地吸收了国际、国内的成功经验，体现了较高的设计水平。

桥梁方案一等奖由同济大学建筑设计研究院(集团)有限公司、上海市政工程设计研究总院(集团)有限公司、英国合乐集团公司、荷兰隧道工程咨询公司组成的联合体获得，获奖方案是比较线位南港主航道主孔1200m、边孔600m、主塔为人字形斜拉桥的方案(图3.3-1)和北港主航道主孔600m、边孔300m、主塔为独柱形斜拉桥的方案(图3.3-2)。

隧道方案一等奖由上海隧道工程轨道交通设计研究院联合体获得；获奖方案是规划线位上南、北港均为断面外径15m、内径13.7m的双线盾构法圆形隧道方案。

3.3.1.7 主要结果

竞赛确定了规划线位南隧北桥的通道总体设计方案，为下阶段的优化设计奠定了基础。后续设计阶段吸纳方案竞赛成果，南港采用双线盾构法圆形隧道方案，北港桥梁采用人字塔斜拉桥方案，建成后实景图分别如图3.3-3、图3.3-4所示。

图 3.3-1　南港桥梁第一名

图 3.3-2　北港桥梁第一名

图 3.3-3　南港隧道建成后实景

图 3.3-4　北港桥梁建成后实景

3.3.2　香港昂船洲大桥工程国际方案竞赛

3.3.2.1　项目概况

昂船洲大桥是香港 8 号干线青沙公路的重要节点，按双向 6 车道设计。

桥梁横跨蓝巴勒海峡，海面净宽为 900m，通航高度 73.5m。香港路政署根据可行性研究认为昂船洲大桥的跨度至少为 1000m。

悬索桥是常规的跨越类似跨径的解决方案，而建造这样跨径的斜拉桥将会成为当时的世界第一。然而，随着斜拉桥的跨径越来越大，可以在 1000m 以上范围同悬索桥方案相竞争。可行性研究的结果表明：悬索桥方案和斜拉桥方案都是可行的，但由于位于桥西侧的港口入港区的填海工程将晚于桥梁的建设，因此斜拉桥方案更具有竞争性。业主尤其希望斜拉桥方案能够在竞选中得到采用，但其他的桥型方案也可以考虑。

昂船洲大桥将跨越通向葵涌货柜码头群（香港重要的海运基地）的入口，该码头年通过 10000 条海轮和 15000 条江轮，并有不计其数的小艇、快艇、拖轮和驳船穿行。每天通过桥址的各种船只总量为 1000 艘，包括从小型快艇到世界上最大的集装箱货轮。货柜码头 24h 运作，1998 年共处理 960 万 TEU，相当于香港集装箱周转量的三分之一。由此可知，确保葵涌码头进出通航的安全性是非常重要的。

确保海运的安全性，重点在施工阶段。由于交通量较大且应优先考虑，调查建议桥面节段采用驳船吊装。对海面的船只采用适当的控制和削减措施不会对桥梁的施工产生严重的影响。

民航署要求塔的高度不得超过308m，该项要求同样适用于塔的施工过程中所有的临时结构。

该桥梁应能够在没有活载作用下，在0°攻角、1min内95m/s的持续风力下保持气动稳定性。

3.3.2.2 目的

桥位处位于香港非常繁忙的海港及城市环境中，四周群山及高楼大厦环绕。大桥将是香港天际线的一个突出特点，可以从香港的中心清晰看到。路政署希望确保昂船洲大桥在技术上和美学上都能在世界大跨度桥梁中脱颖而出，成为香港的标志性建筑。

为此，路政署决定举办设计方案国际竞赛，吸引世界级的桥梁设计师参赛。比赛的目的是要获得一个符合"世界级的地标和港口门户，以突显香港作为一个充满活力的国际贸易港形象"的设计概念。

竞赛中选方案将为昂船洲大桥进一步深化设计提供参照，并成为进一步深化研究的基础。

3.3.2.3 方案评估标准

先初步评估方案是否满足基本的条件限制，是否基于现有的技术、能够按时并在预计的预算内完成施工。通过评估的方案进入下一步竞选。方案评估分为技术和美学两部分。

比赛分为两个阶段。第一阶段，每个参赛者被允许提交两个设计方案，选出4至6个团队进入第二阶段。在第二阶段，参赛者将根据评委们的意见改进他们的设计，并评出排名。两个阶段评估标准相同，技术方面占70%，美学方面占30%。

1)技术要求

(1)耐久性。

①确保120年使用寿命。

②确保易于检查和维修。

(2)可施工性。

①提供一个令人信服的施工方案。

②施工方案适用于该设计方案。

(3)结构特性。

①满足结构受力要求。

②结构可以抗拒意外荷载和不可预知的荷载。

③结构强度的设计恰到好处。

④设计方案中对重点部位的描述详细于非重点部位。

⑤潜在的、重要的关于实用性的条件在设计报告中得到了详尽的阐述。

(4)工期。

方案在工期上具有优势,能够最大限度地保证项目提前完成,以弥补由于填海造地所造成的时间上的延误。

(5)造价。

方案经济。

2)美学要求

从港区、市内和空中均能够得到关于大桥的良好的美学视觉效果是十分重要的,并应该考虑白天和夜晚的不同效果。

美学评估至少包含下列几项:

(1)桥梁同地势环境。

①同周围的配合。

②同相连的高架桥的衔接。

③同环境氛围的比例和协调——文化氛围。

(2)桥梁自身。

①优美、简洁——比例和均衡。

②设计的组成、不同构件的组合——形式与和谐。

(3)其他方面。

①功能的表述。

②结构行为的表述。

③结构技术的表述。

④细节的质量。

⑤颜色、色调与质地。

⑥耐久性与维护,材料,表面和抗气候变化。

⑦桥梁附属构件——排水、护栏、标志、照明等。

3.3.2.4 竞赛过程及费用补偿

2000年1月,路政署发出一项全球方案竞赛邀请,共有31支团队表示有兴趣参加,其中16个参赛者通过预审。

主办方为参赛者设置了费用补偿:第一阶段不设置费用补偿,第二阶段给每位参赛者100万港币的费用补偿,并向前三名分别给予100万港币、30万港币、20万港币的额外奖励。

3.3.2.5 竞赛结果

2000年2—3月,有5个团队被选出进入第二阶段,最后获胜的团队是由英国合乐集团公司、Flint and Neil UK、上海市政工程设计研究总院(集团)有限公司、丹麦DW建筑事务所组成的联合体。获胜方案效果图见图3.3-5。竞赛获胜方案在后续设计中被很好地进行了继承和完善，建成后实桥照片见图3.3-6。

图3.3-5　香港昂船洲大桥第一名效果图

图3.3-6　香港昂船洲大桥实景照片

3.4　竞赛计划

国内公路工程行业无方案竞赛这一环节，因此没有相关的指导性文件和规定。在广东省交通运输厅及广东省交通集团有限公司的大力支持下，深中通道管理中心依据国际桥梁及结构工程协会（IABSE）《桥梁设计竞赛指南》并参考上海崇明越江通道、香港昂船洲大桥设计方案竞赛的成功经验，公开组织开展方案设计国际竞赛，通过集思广益、博采众长，以期最终获得一个好的设计基础参考方案。

3.4.1　方案竞赛阶段划分

本次竞赛分两阶段进行，由评委会对参赛设计方案进行评审。

第一阶段，评委会对参赛人提交的设计方案从技术可行性、总体和谐性与美学等方面进行综合评审，按综合得分由高到低的顺序排名，评出参赛人的名次，其中排名前三的参赛人获得参加第二阶段竞赛的资格。本阶段除按综合得分排名外，同时对桥梁、人工岛、隧道三个分项排名第一的设计方案予以公布。

第二阶段，参赛人对参赛设计方案进行深化设计，评委会对深化后的设计方案进行评审，按综合得分由高到低的顺序排名，评出参赛人的名次。

3.4.2　重要时间节点计划

两阶段竞赛的时间共6个月，主要时间节点如下：

（1）2015年10月20日，发布竞赛公告。

（2）2015年10月26日—30日，参赛报名。

（3）2015年11月11日—12日，主办方组织参赛人进行现场踏勘及竞赛文件答疑。

（4）2016年1月15日，参赛人提交第一阶段竞赛成果文件。

(5)2016 年 1 月 16 日—17 日,主办方组织召开第一阶段竞赛成果专家评审会。

(6)2016 年 1 月 21 日,主办方公布第一阶段竞赛结果及第二阶段参赛通知。

(7)2016 年 3 月 25 日,参赛人提交第二阶段竞赛成果文件。

(8)2016 年 3 月 26 日—27 日,主办方组织召开第二阶段竞赛成果专家评审会。

(9)2016 年 3 月 31 日,主办方公布本次竞赛的最终结果。

3.5　第一阶段竞赛评估标准

设计方案竞赛两个阶段关注点有所差异,第一阶段更注重美学创意,技术方面占 60%,美学方面占 40%。

3.5.1　技术方面

主要注重技术可行性及可持续性设计。

3.5.1.1　桥梁专业

(1)功能性:平、纵线形组合的适宜性,桥隧转换纵坡设计的适宜性;确保行车安全、舒适、快捷。

(2)结构安全性。

(3)结构体系及结构构造可行性:

①伶仃洋大桥注重桥跨布置及结构体系可行性,主塔、锚碇基础形式的适应性及阻水效应,主缆防腐性能及正交异性钢桥面板构造的可行性。

②中山大桥注重桥跨布置、结构体系可行性及重要结构构造的适宜性。

③非通航孔引桥注重结构体系可行性、桥面系构造设计的适应性(对桥隧转换纵坡的适应性)、对承台下埋要求的适应性等。

(4)可施工性:

①主桥大型基础施工可行性,主梁架设方案的可行性。

②非通航孔桥基础及主梁施工方案的可行性。

(5)可持续性:可达、可检、可维护性,节能环保、耐久性。

3.5.1.2　水工专业

(1)人工岛交通功能规划的适应性,包括通风塔设置、养护及消防需求等。

(2)结构安全性。

(3)岛形方案的可行性。

(4)可施工性:

①西人工岛筑岛方案的可行性。

②东人工岛筑岛方案的可行性,特别是对广深沿江高速公路桥下净空限制的适应性及不

影响广深沿江高速公路桩基的安全性。

(5)可持续性:可达、可检、可维护性,节能环保、耐久性。

3.5.1.3 隧道专业

(1)功能性:平、纵线形组合的适宜性,长隧道行车条件的适宜性;确保行车安全、舒适、快捷。

(2)结构安全性。

(3)结构体系及结构构造可行性:

①结构选型(钢筋混凝土沉管或钢壳沉管等)。

②结构体系(刚性、半刚性或柔性)。

③斜坡段基础方案的可行性。

④横断面构造的可行性,特别是隧道出入口及变宽段设计方案可行性。

⑤接头及防水构造可行性。

⑥防灾与救援设计可行性。

(4)可施工性:

①沉管施工组织设计方案的可行性。

②东侧变宽段沉管隧道的施工方案可行性。

(5)可持续性:可达、可检、可维护性,节能环保、耐久性。

3.5.2 美学方面

强调设计方案的优美、简洁,注重方案整体的比例、均衡及与周边环境的和谐性。

3.5.2.1 桥梁专业

(1)桥形优美、简洁,注重比例与均衡。

(2)形式与和谐,包括主桥之间、主引桥之间、不同构件之间的组合。

(3)象征意义的表述,特别是主桥的标志性和象征性。

(4)功能、结构行为、结构技术的表述。

(5)细节设计:

①细节的质量。

②颜色与色调、质地。

③耐久性与维护,构件表面抗老化性能。

④附属设施——排水、护栏、标志、照明等。

3.5.2.2 人工岛、通风井及隧道洞口

(1)岛形优美、简洁,注重比例与均衡。

(2)注重象征意义的表述。

(3)其他设计:

①功能的表述。

②技术的表述。

③景观绿化处理。

④人性化设计。

⑤附属设施,排水、标志、照明等。

3.5.2.3 海底隧道

(1)功能的表述。

(2)技术的表述。

(3)细节的质量。

(4)内饰颜色与色调、质地。

(5)附属设施,排水、标志、照明等。

3.5.3 分值权重

评分值汇总详见表3.5-1。

第一阶段设计文件评分值汇总表 表3.5-1

组别	专业	评分项目	分值	专业得分权重(%)	评审组评分权重(%)
技术组	隧道	技术可行性	90	40	60
		可持续性设计	10	40	
	桥梁	技术可行性	90	40	
		可持续性设计	10	40	
	水工结构	技术可行性	90	20	
		可持续性设计	10	20	
美学组	—	设计方案与周边环境的和谐性	30	100	40%
		桥梁美学	40	100	
		人工岛、通风井及隧道洞口美学	25	100	
		海底隧道美学	5	100	

3.6 第二阶段竞赛评估标准

第二阶段更注重技术方案的合理及可行性,技术方面占80%,美学方面占20%。

3.6.1 技术方面

主要注重设计方案的科学合理性、创新性。

3.6.1.1 桥梁专业

(1)功能性:桥梁段(包括桥隧转换段)行车安全、舒适、快捷及保障措施。

(2)结构安全性,结构强度做到安全但不过分保守。

(3)结构体系及结构构造合理性:

①伶仃洋大桥。

——桥跨布置及结构体系合理性。

——主塔、锚碇基础形式比选及推荐方案的科学合理性、创新性。

——主缆防腐措施设计的科学合理性。

——桥面系构造设计的科学合理性,包括桥面系应对项目荷载的抗疲劳性能。

②中山大桥注重桥跨布置、结构体系合理性及重要结构构造的合理性。

③非通航孔引桥。

——注重结构体系科学合理性。

——桥面系构造设计的科学合理性,包括桥面系应对项目荷载的抗疲劳性能。

——对承台下埋要求的合理性等。

(4)施工组织及施工工艺的科学合理性:

①主桥大型水中基础施工方案及施工工艺的合理性分析。

②主梁架设方案的合理性。

③非通航孔桥基础及主梁施工方案的合理性。

(5)可持续性:可达、可检、可维护性,节能环保、耐久性。

3.6.1.2　水工专业

(1)结构安全性,结构强度做到安全但不过分保守。

(2)岛型方案的合理性,应兼顾功能要求及防洪要求。

(3)岛上交通功能设计的合理性。

(4)东西人工岛岛壁结构及基础处理方案的合理性。

(5)西人工岛筑岛方案的合理性。

(6)东人工岛筑岛方案的合理性及对建设条件的适应性。

(7)创新性。

(8)可持续性:可达、可检、可维护性,节能环保、耐久性。

3.6.1.3　隧道专业

(1)功能性:长隧道内行车安全、舒适、快捷的保障措施及其科学合理性。

(2)结构安全性,结构强度做到安全但不过分保守。

(3)结构体系及结构构造合理性:

①结构选型,钢筋混凝土沉管或钢壳沉管设计的科学合理性及创新性。

②结构体系,刚性、半刚性或柔性体系设计的科学合理性及创新性。

③斜坡段基础方案的科学性。

④等宽段及变宽段横断面设计方案科学合理性及创新性。

⑤接头及防水构造的科学合理性。

⑥防灾与救援设计的科学合理性。

(4)施工组织及施工工艺的科学合理性：

①沉管预制、浮运、沉放施工组织设计的合理性。

②东侧变宽段沉管隧道的施工方案科学合理性。

(5)可持续性：可达、可检、可维护性，节能环保、耐久性。

3.6.2　美学方面

要求同第一阶段。

3.6.3　分值权重

评分项目及分值详见表 3.6-1。

第二阶段设计文件评分值汇总表　　表 3.6-1

组　别	专　业	评分项目	分　值	专业得分权重(%)	评审组评分权重(%)
技术组	隧道	设计方案的科学合理性、创新性	90	40	80
		可持续性设计	10	40	
	桥梁	设计方案的科学合理性、创新性	90	40	
		可持续性设计	10	40	
	水工结构	设计方案的科学合理性、创新性	90	20	
		可持续性设计	10	20	
美学组	—	桥梁	55	100	20
		人工岛、通风井及隧道洞口	30	100	
		海底隧道	15	100	

3.7　竞赛评审专家委员会

竞赛按照公平、公正、公开的原则举行。评审专家由国内、外共 10 名专家组成，行业主管部门、业主不参加评标，充分发挥评标专家的独立性、专业性、权威性。

专家组分为技术组和美学组，技术组由桥梁专业 3 名、隧道专业 3 名和水工结构专业 1 名组成；美学组由建筑学等相关专业的 3 名专家组成。

3.7.1　第一阶段竞赛评委会

1)技术组

隧道专业：钱七虎(中国工程院院士)、赵坚(澳大利亚籍，国际隧道学会执行主席)、林鸣

(中交集团总工)。

桥梁专业:郑皆连(中国工程院院士)、Jacques Combault(法国籍,国际桥协前主席)、葛耀君(国际桥协副主席)。

水工专业:牛恩宗(全国工程勘察设计大师)。

2)美学组

何镜堂(中国工程院院士)、郑时龄(中国科学院院士)、吉林(中国土木工程学会桥梁与结构工程分会副理事长)。

3.7.2 第二阶段竞赛评委会

1)技术组

隧道专业:钱七虎(中国工程院院士)、吕明(挪威籍,挪威工程院院士)、林鸣(中交集团总工)。

桥梁专业:Jacques Combault(法国籍,国际桥协前主席)、葛耀君(国际桥协副主席),张喜刚(全国工程勘察设计大师)。

水工专业:吴澎(全国工程勘察设计大师)。

2)美学组

何镜堂(中国工程院院士)、邓文中(美国籍,美国工程院院士、中国工程院外籍院士)、Naeem Hussain(英国籍,国际桥协主席团终身代表)。

3.8 获胜者奖励

3.8.1 第一阶段竞赛参赛人的参赛成本补偿办法

(1)综合得分排名第一、二名的参赛人可获得的成本补偿金为人民币150万元(含税)。

(2)综合得分排名第三名的参赛人可获得的成本补偿金为人民币100万元(含税)。

(3)其他提交了有效参赛文件的参赛人可获得成本补偿金人民币50万元(含税)。

3.8.2 第二阶段竞赛参赛人参赛补偿办法

(1)综合得分排名第一的参赛人最高可获方案补偿金人民币300万元(含税)。

(2)综合得分排名第二的参赛人最高可获方案补偿金人民币200万元(含税)。

(3)综合得分排名第三的参赛人最高可获方案补偿金人民币150万元(含税)。

3.8.3 其他奖励

行业主管部门对方案竞赛开展的核备意见同意在后续咨询招标中给予一定的优惠或奖励条款。在设计咨询正式招标阶段,方案竞赛获奖单位参与投标,则可获得加分奖励,具体条款如下：

参与本项目方案设计国际竞赛并获得前三名的，按以下原则计算得分：

（1）第一名得2分，第二名得1分，第三名得0.5分。

（2）以联合体形式参加方案设计国际竞赛的，上述得分按联体牵头人0.6、联合体成员共0.4的系数进行折算平均分配。

（3）本项最多得2分。

第4章　方案设计国际竞赛第一阶段

2015年10月20日，竞赛主办方在国内一些有影响力的重要媒体上发布了竞赛公告；10月26—30日，接受有意向参赛的国内外单位报名；11月11—12日，主办方组织参赛人进行现场踏勘及竞赛文件答疑。

现场踏勘主要前往项目中山侧及深圳侧登陆点，同时参观广州南沙新区规划展览馆及中山翠亨新区规划展览馆，让参赛人对项目所在区域现场现状及未来规划有一个直观的了解。

2016年1月15日，参赛人提交第一阶段竞赛成果文件，共有五个团队通过资格预审并提交了有效参赛文件，分别是：

(1)中铁大桥勘测设计院集团有限公司联合体(成员单位：中交第一航务工程勘察设计院有限公司、上海市隧道工程轨道交通设计研究院)。

(2)荷兰TEC公司联合体[成员单位：广东省交通规划设计研究院股份有限公司；联合体美学顾问：Information Based Architecture(信基建筑设计)]。

(3)丹麦COWI公司，美学顾问：D&W Architecture(DW建筑事务所)。

(4)江苏省交通规划设计院股份有限公司联合体[成员单位：PARSONS BRINCKERHOFF (ASIA) LIMITED、上海高格工程设计咨询有限公司]。

(5)安徽省交通规划设计研究总院股份有限公司联合体(成员单位：中铁二院工程集团有限责任公司、HYDER CONSULTING LIMITED)。

4.1　第一名方案(丹麦COWI公司)

4.1.1　美学主题

4.1.1.1　设计灵感

通道的总体方案设计灵感来自飘逸、优雅的传统风筝，整个连线就像放飞风筝的长长的线，西人工岛就像风筝一样，面向东方太阳升起的地方，象征着追求超群、卓越，实现强大中国的梦想。

“天空→一个梦想”，这是方案设计的灵感(图4.1-1)。创造一个独特的，无论从结构上还是视觉上都是大胆新颖的通道，从结构上和美学上达到并创造一个更高水平，需要像借助风力放飞风筝一样，勇于探索未知的领域。

图4.1-1　设计灵感

4.1.1.2　方案总体设计理念

方案构思的基本出发点是桥位所在地的特殊性。伶仃洋水域广阔，在这样的环境下，方案需要考虑的是含蓄之美与和谐。

类似深中通道这样的大型连线工程由很多单元组成，各有不同功能，用不同方法建造。至关重要的是所有单元要看起来属于一条通道，而不是一系列的碎片堆在一起。因此整条连线从始至终保持一致性非常重要。

两座通航孔桥，两个人工岛，一条隧道，每一个元素都是独特的，但是组合起来就形成一个自然、流畅的线形。

方案设计基于桥、岛、隧集群工程一体化设计的理念，通道所有的元素都共享一个平衡、和谐的设计主题，并在功能、尺度和比例上相互呼应，形成一个整体。

通道的设计需满足许多不同的要求及限制条件，也正因为如此，才使得该通道独一无二。希望建成后的深中通道是一条基于最新的技术建造的现代化通道，同时也期望深中通道的优美是永恒的。方案鸟瞰见图4.1-2。

图4.1-2　方案鸟瞰图

深中通道建成后将成为现代建筑和卓越技术的代表作，成为在广东乃至全球独一无二、令人瞩目的地标性建筑。行驶在深中通道上，经过吸纳了世界级建筑设计理念和先进技术建造的桥梁、隧道、人工岛，将会是穿越珠江三角洲的一次美丽、难忘的经历。

建成后的深中通道将是陆域和海域上一个集高度美观和特征鲜明为一体的杰作，将被看作是一个平衡和谐的实体，所有构件和相关的元素统一协调，从微观到宏观体现了美学的一致性。西人工岛简约和可持续发展的设计方案与两座独特的悬索桥一起，将成为一个美丽的地标，赋予整个通道独特的标识，将成为广东甚至整个中国公认的、经久不衰的地标和象征。

4.1.2 桥梁

4.1.2.1 总体设计思路

桥梁的布置及其方案来源于对现代桥梁建设最新理念及技术的认真思考，例如：

(1)强度和稳定性。

(2)耐久性和长期性能。

(3)可靠性和可预测性。

(4)经济高效性。

同时，在方案中考虑了深中通道的特殊要求：

(1)美观(地标性)。

(2)地质条件。

(3)通航净空。

(4)阻水率。

(5)极端风况。

(6)船舶撞击。

(7)海洋环境下的结构耐久性。

(8)船舶撞击风险。

(9)飞机撞击风险。

桥梁设计通常是通过选择最优跨径来达到最低造价，即桥梁上部结构和下部结构的综合总造价达到最小化。在这个经济性最优的方案中，增加或缩小跨径长度就会增加额外费用，但是，最优化跨径附近，总造价随跨度变化的曲线是较为平坦的。因此，稍微加大跨径只会导致总造价的少量增加。

深中通道的岩土地质条件相对较差，对于非通航孔引桥，最好是采用较大的跨径，建议采用 80～130m 的相对较大的跨径，主要理由如下：

(1)降低阻水率。

(2)降低船撞风险。

(3)改善小船通航条件。

(4)更美观。

4.1.2.2　伶仃洋大桥

1)桥型比选

伶仃洋大桥跨越的三个航道总宽为1520m,考虑安全距离后主跨跨径在1580m以上。

若采用斜拉桥方案,当主梁悬臂施工长度接近800m时,遇到强横向风将非常危险。同时,斜拉桥的桥塔,通常比悬索桥桥塔更高,这对于航空限高和飞机撞击风险而言是一个主要缺点。

故在这种大跨径情况下,地锚式悬索桥是唯一现实的成熟结构。

2)总体布置

(1)主跨跨径选择。

将主跨在工程可行性研究的1620m基础上略微增加,取1658m。这样做有如下三个明显的优势:

①使桥塔位置更远离主航道,降低大船撞击桥塔而导致桥梁坍塌的致命风险。

②锚碇布置在更远离大船的位置,降低大船撞击使锚碇失效而导致桥梁坍塌风险。

③在航道—桥塔—航道之间增加非通航带,改善失控船舶操纵的条件。

(2)主梁断面的选择。

①颤振临界风速。

在大跨径悬索桥的设计中,颤振引起的气弹性失稳是首先要在方案设计中考虑的问题。

伶仃洋大桥位于台风多发区域,根据设计资料,桥位处的设计基本风速为38.6m/s。基于此,按照我国抗风规范得到的颤振临界风速是70.2m/s。故主梁应具有抵抗高速强风的抗风稳定性。

②整体式钢箱梁与分体式钢箱梁方案比选。

整体式钢箱梁的空气弹性稳定性有限,基于COWI公司对已建类似大跨桥梁的风洞试验信息,在不采取辅助措施的情况下,对伶仃洋大桥这样跨径的悬索桥,整体式钢箱梁已经处于抗风稳定性的设计极限。如果在后期设计风速略有增加,整体式钢箱梁方案就不再能满足抗风稳定性要求。

因此推荐采用分体式钢箱梁(图4.1-3),分体式钢箱断面具备很好的抗风稳定性。箱梁全宽64m,梁高5.0m,两箱梁之间净距16.6m,横梁间距24m。如果需要,还可以加大两箱之间的间距,从而增强抗风稳定性。

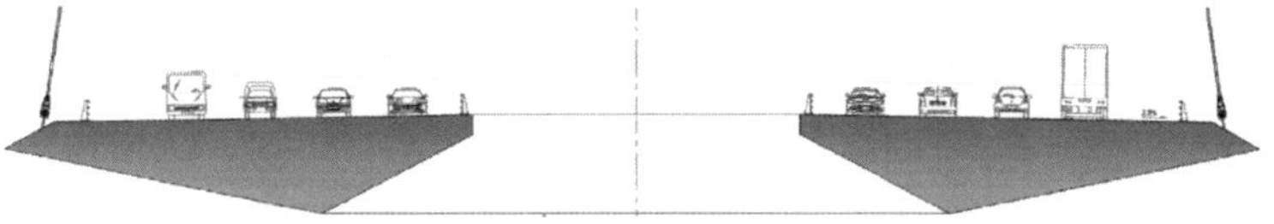

图4.1-3　伶仃洋大桥主梁横断面

在方案设计阶段,考虑分体式钢箱梁的设计方案有很大的安全冗余度,能够比较好地应对将来设计依据的变化。推荐的分体式钢箱梁方案,初步评估其颤振稳定极限风速是 82m/s,与桥面最大高程处的极端最大风速 49.6m/s 相比,安全系数为 1.6 ~ 1.7。

(3)索塔形式选择。

由于桥面较宽,若采用两个塔柱的方案,为了跨越车道,桥塔也会需要更宽。这样做的缺点是增加了桥塔横梁和基础的成本,此外桥塔显得矮粗,失去正常比例,因而不够美观、优雅。

与分体式钢箱梁匹配,采用独柱形桥塔(图 4.1-4),其优点是桥塔可以布置在两侧行车道主梁之间。细长结构要求主缆在塔顶部变窄,而吊索固定在桥面的外边缘,这样桥面板每一侧的索面将会稍微倾斜。

桥塔除承受整个桥梁的重量外,主要是抵抗作用在悬索桥上的极端风载。桥塔应不仅能抵抗作用在桥塔自身上的风载,而且还应能抵抗作用在主缆上和桥面上的风载,因为这些荷载最终还要传递到桥塔上。但是,由于桥面板宽度和刚度较大,作用在桥面的大部分风荷载通过位于桥面高度的抗风支座传递,对塔身增加的弯矩有限。

桥塔上塔柱横截面在高程 +215.0m 处为直径 10m 的圆形,按照圆弧及直线斜率向下变化,在塔柱底部横截面变化为宽 24.5m、长 15.0m 的长圆形,在塔顶横截面变化为宽 12.0m、长 16.0m 的长圆形(图 4.1-5)。圆形塔身对抗风十分有利,与长方形塔身相比,风载可降低二分之一。

图 4.1-4　主塔效果图

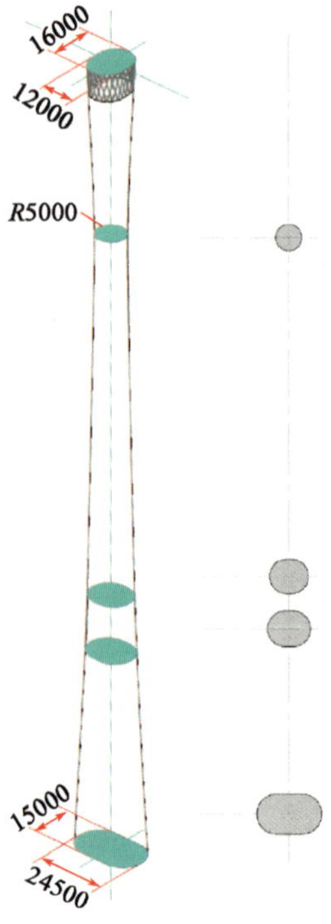

图 4.1-5　主塔构造图(尺寸单位:mm)

与传统的双柱框架结构完全不同,极其简约的横截面使结构高度优化;塔柱合为一,将会使设计更加紧凑,因此,局部设计的坚固性更高;同时,可节约主塔、基础材料用量及模板费用。

由于塔身受到巨大轴力,因此要求一定的横截面面积以维持混凝土压应力小于限值,可以根据要求调整壁厚和钢筋用量,从而达到数量和成本最小化。塔底部的壁厚为1.5~2.0m不等,顶部的壁厚约为1.0m。如果需要,可使用更高强度等级的混凝土。

(4)边跨跨径选择。

对于推荐的独柱形桥塔方案,塔柱不会扭曲,因此,边跨主缆系统的刚度就不是那么重要。竖向弯曲基频和主梁扭转基频的差别越大,颤振稳定性就会越好,由于较柔的边跨将减小竖向弯曲基频,令其与主梁扭转基频的差距加大,这样抗风稳定性会提高。故从主跨的颤振稳定性考虑,稍柔的边跨是有利的,出于这个原因,选择了相对较长的边跨(688m)。与较短的边跨相比,这样会减小边跨主缆的索力及对桥塔的压力,减小在锚碇处的负反力,这对降低造价非常有利。

最终推荐方案为跨径688m+1658m+688m的独柱塔空间索面地锚式悬索桥(图4.1-6)。

图4.1-6　伶仃洋大桥效果图

3)结构体系

桥梁采用全漂浮体系,桥塔处不设置竖向支撑,纵向采用阻尼限位约束体系,在主塔和主梁之间设置阻尼器。为了抵抗横向风作用,在塔身两侧安装抗风支座,支撑在主梁上。

4)缆吊系统

(1)主跨矢跨比。

由于靠近机场,要求桥塔高度限制在275m以内,矢跨比取1:9.26,主缆略显平坦,但从现阶段限制条件来看,是最优的。

(2)主缆。

采用强度1860MPa的预制平行钢丝索股(PPWS),主缆直径约为1.0m。

采用高强度钢丝的优势在于可节约缆索用量,减轻主缆自重。在抗风性能方面,在主跨跨中处,主缆位置低,沿桥面板的外边缘布置。主缆的重量倾向于减缓扭转振动,这对颤振稳定性不利。基于这个原因,宜采用尽量少的主缆。

主缆间距不等,在塔顶距离较窄,在跨中以及边跨桥墩位置较宽,这对于大型悬索桥是不常见的。目前在建的主跨 1145m 的挪威哈罗格兰德大桥(Hålogaland Bridge)采用了倾斜索面(图 4.1-7)。空间索面布置对施工会有影响,但影响不大,因此费用增加有限。参考挪威哈罗格兰德大桥(Hålogaland Bridge),空间索面主缆总造价增加约在 5% 以内。

图 4.1-7　挪威哈罗格兰德大桥(Hålogaland Bridge)

独柱索塔空间缆索布置非常明显地改善了主跨的抗风稳定性。若是通常的两个塔柱的桥塔,桥塔有可能激发与主梁扭转相耦合的扭转振型,因此需要提高边跨主缆的刚度,以约束塔顶的位移。

主缆采用除湿系统保护(图 4.1-8),用气密薄膜层包裹主缆索,干燥空气,防止缆索系统腐蚀。这一系统是非常可靠的,腐蚀造成的主缆索劣化风险可忽略不计。

图 4.1-8　主缆除湿系统方案

(3)索夹。

索夹和吊杆与主缆连接。由于缆索系统呈三维几何形,索夹应一定旋转角度地安装在主缆上。采用的索夹与目前在建的挪威哈罗格兰德大桥(Hålogaland Bridge)非常相似(图 4.1-9)。

近年来涌现出一些新式设计,它们赋予吊索选择更多的灵活性,简化了结构构造细节,因此长期耐久性更好。可采用内外销接式的吊索方案(图4.1-10),允许夹具偏离理论角度达2.5°,对空间缆仅需要很少的索夹种类,可大大降低加工成本。

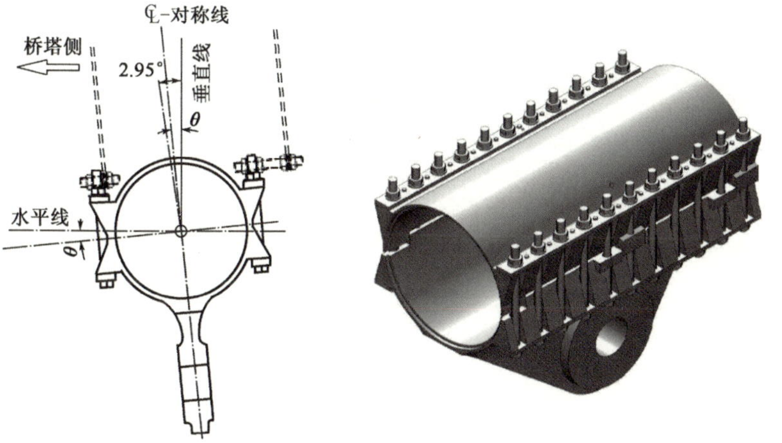

图4.1-9　挪威大桥哈罗格兰德大桥(Hålogaland Bridge)索夹示意图

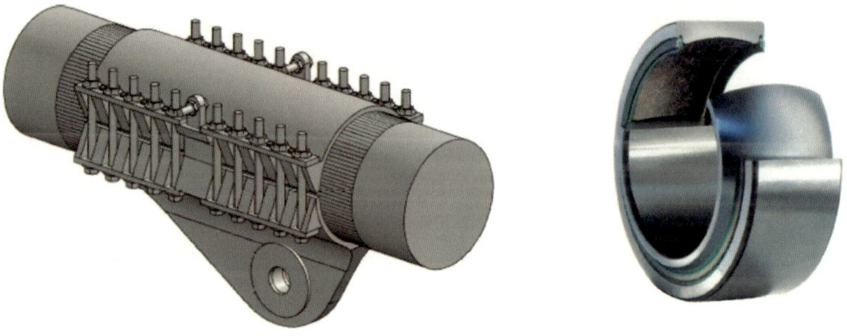

图4.1-10　内外销接式索夹示意图

5)主塔基础

主塔基础采用30根直径2.5m的钻孔灌注桩,桩基行列式布置,承台厚6.0m。

6)锚碇

锚碇的高度由两个因素决定:保证缆索的高程不与通航船只相撞,保证散索室处于最高水位以上。

锚碇水平抵抗力通过结构的重力和底部摩擦力获得。一个高13m、平面尺寸120m × 120m的沉箱构成了整个锚碇的重力构件(图4.1-11),承受两条主缆的荷载。该锚碇的有效重量大约是主缆缆索拉力的三倍,其安全度足够高。沉箱是分格结构,其内壁将填满砂的单元隔开。

7)边跨桥墩

在靠近锚碇处,主缆支承在转索鞍上,转索鞍支承在边墩上(图4.1-12)。转索鞍使得主缆变得更陡,从而使转索鞍到锚碇的距离更小。

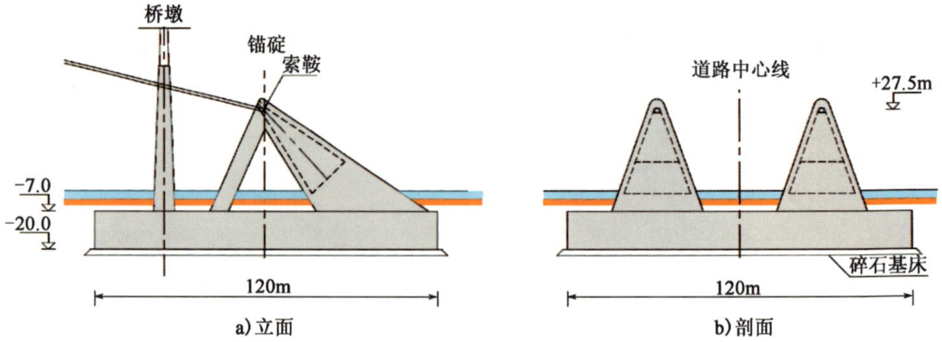

图 4.1-11　伶仃洋大桥锚碇构造

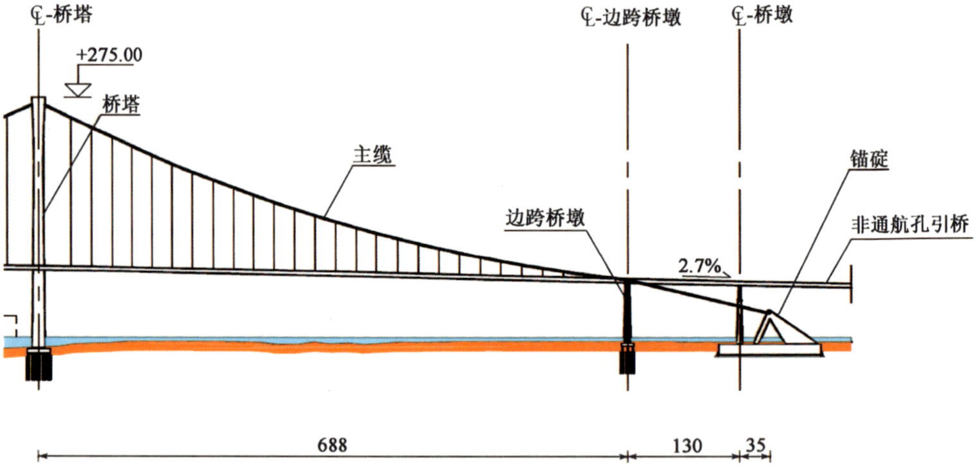

图 4.1-12　锚碇、边跨桥墩立面(尺寸单位:m;高程单位:m)

为了提供主缆的竖向刚度,主缆在边墩上设置支承是必要的;否则,悬吊的桥面将变得太柔而无法提供在交通荷载下足够的抗变形能力。主缆在边墩鞍座上的转角约 6°,使得锚碇水上部分的体量变得很小(图 4.1-13)。

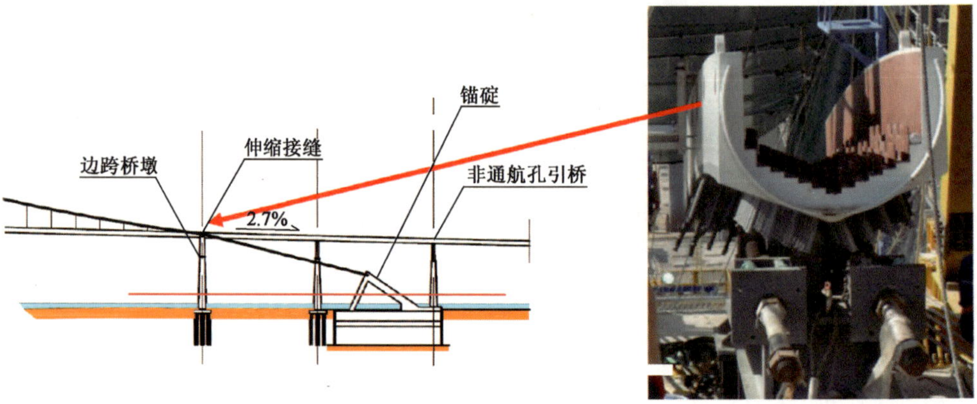

图 4.1-13　边跨桥墩构造图

边跨桥墩(图4.1-14)类似于引桥桥墩,只是更强、更高、更宽,上部Y形部分为钢结构,墩柱为钢筋混凝土结构。边跨桥墩要承受由主缆传来的绕弱轴转动的纵向弯矩,其值由主缆刚度和边墩刚度控制。基本思路是使主缆在永久荷载下的水平分力相等($P_{ha}=P_{hb}$),这样边墩将只承受主缆在恒载下的竖向荷载,可以通过在施工中拉动边墩来实现。

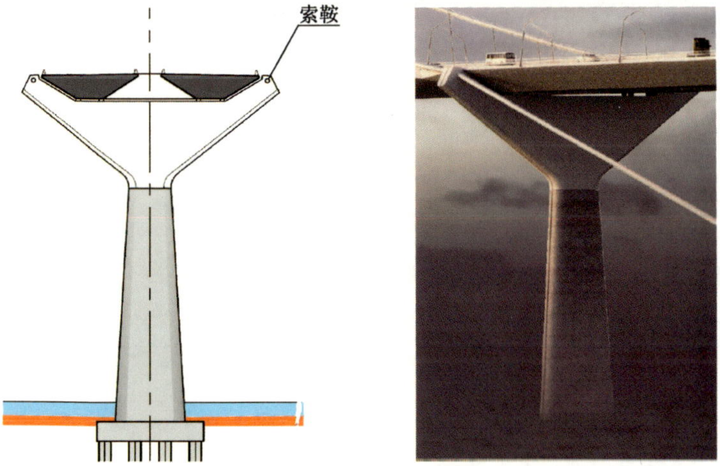

图4.1-14 边墩构造图

在交通荷载下,边墩顶将会移动。由于主缆刚度远大于边墩的刚度,因此在极限承载状态下,边墩只需承受很小的弯矩。

绕边墩强轴的横向弯矩由两根主缆的竖向分力(P_{v1}和P_{v2})决定。对于恒载,P_{v1}和P_{v2}相等,每根缆均为55MN。在极限承载状态下,P_{v1}和P_{v2}稍有差异,由此引起的弯矩将由边墩承受(图4.1-15)。最大的主缆竖向荷载约为75MN/根,因此边墩的绕强轴的最大弯矩约为500MN·m,钢筋混凝土墩柱需要1%~2%的钢筋配筋率。

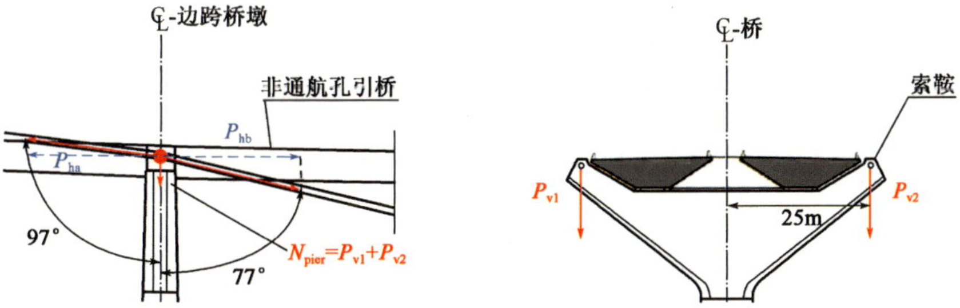

图4.1-15 伶仃洋大桥边跨桥墩传力途径图

8)飞机碰撞

飞机碰撞是一个需要研究的偶然事件。最极端的情形是油舱装满燃油的大型飞机撞击在桥梁最易损坏处,从而导致桥梁全部或部分坍塌。

基于这方面考虑,推荐的伶仃洋大桥方案有以下独特优点:

(1)桥塔顶部安排紧凑,飞机撞击的风险与尺寸大小成反比例降低。

(2)壁厚和体积较大,能抵抗的碰撞荷载也大。

(3)圆形侧边有利于避开障碍物,与其他结构相比较,碰撞荷载作用点更趋向于截面形心位置。

国内外尚无评估飞机撞击桥塔的标准。在一项目飞机撞击荷载研究显示,一架飞机耗时0.07s撞击在面积7m²的设计荷载约为50MN,这与大型飞机的一个发动机的冲击力相当。另一项研究则表明,飞机撞击力相当于8MN的静力荷载作用在一个面积为5m²的圆形区域内。

根据估算,塔身1%~3%的配筋率是可能抵抗飞机撞击的偶然工况的。此外,顶部塔壁的局部损坏可以通过局部的加强设计予以避免。

9)可施工性

空间索面的悬索桥需要一道特殊的施工工序,在架设桥面主梁后才能得到正确的形状。其施工工序与挪威哈罗格兰德大桥(Hålogaland Bridge)的施工工序类似,该桥也是采用空间索面。

(1)主缆架设。

主要步骤1:主缆在垂直平面上呈抛物线形状(图4.1-16),在水平面上呈直线。在这一阶段,边跨上有两个分离的猫道(在每一条主缆下),主跨的两条主缆下有一共同的猫道。为了缆索的稳定性,这一很窄的布置可能需要抗风缆。

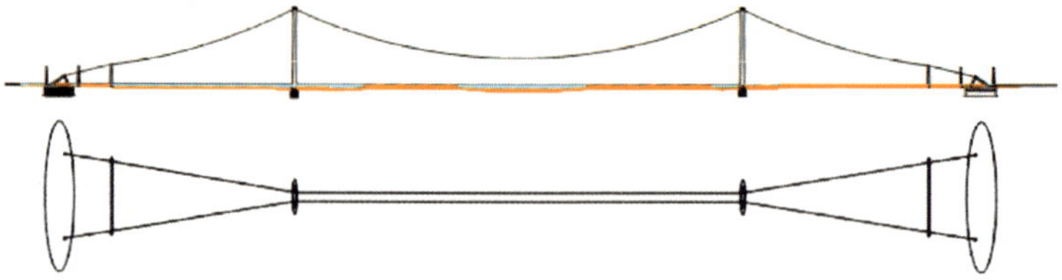

图4.1-16 施工步骤1:主缆架设

主要步骤2:采用液压撑杆体系将主缆水平撑开,撑杆布置的中心间距大约是140m,每个边跨设置4个撑杆,在主跨设置12个撑杆(图4.1-17)。在这一阶段,主跨的猫道也分为两条单独的猫道。撑杆在主跨跨中大约要跨越60m,将主缆撑开到设计形状所需要的力并不大,因此这一撑杆的设计主要受自重的控制。

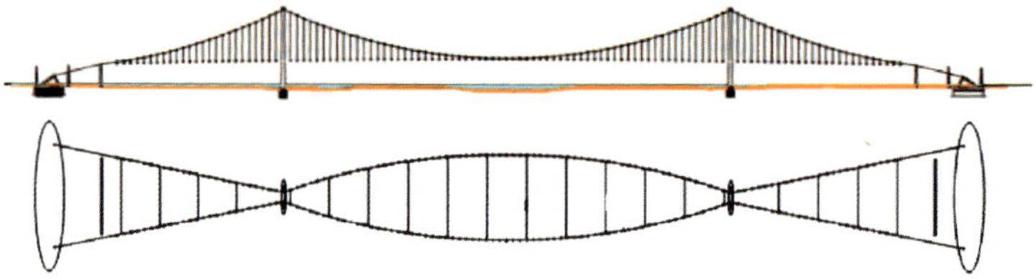

图4.1-17 施工步骤2:主缆撑开

(2)主梁架设。

主要步骤3:吊杆和桥面主梁的施工(图4.1-18)。桥面主梁可以采用浮吊或缆索吊机架设，这两种方法都是悬索桥主梁架设中常用的。

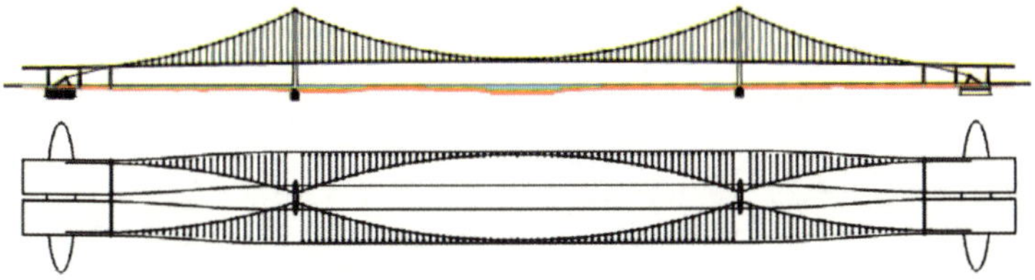

图4.1-18　施工步骤3：主梁架设

Izmit海湾大桥桥面主梁架设采用浮吊（图4.1-19），波斯普鲁士三桥桥面主梁架设采用特制的缆索吊机（图4.1-20）。但是对于伶仃洋大桥而言，这两种方法都有挑战性。

图4.1-19　Izmit海湾大桥主梁架设

图4.1-20　波斯普鲁士三桥主梁架设

①浮吊。

伶仃洋大桥主跨跨中的节段需要被吊起安装到永久状态下约+88.0m高程处，由于悬索桥比较柔的自然属性，在施加上桥面主梁质量之前，主缆可能在永久状态下的高程以上10m的位置。因此，浮吊可能需要把桥面主梁吊到98.0m的高程，每个节段的质量大约在530t，这样的条件会对浮吊的选择有所限制，但还是有可能的。Asian Hercules Ⅱ是人字架浮吊，可以满足本桥所需要的起吊质量和起吊高度。

如果浮吊不能把第一个节段吊到高程+98.0m处，那可能需要将其安装在超长的临时吊杆上。第一个节段的质量会把主缆拉成V字形，这样的话下一个节段安装的高程很容易就会在+92.0m以下。之后，浮吊可以再回过头来把第一个节段吊起放回到其设计的高程。

②缆索吊机。

两条主缆的间距在桥塔顶部只有6.5m，在主跨跨中大约是60m。这对缆索吊机的设计是很有挑战性的，但经过评估认为是可行的，方法有二：一是研发横桥向可以调整的缆载吊机，这个有一定难度，但也是可行的；二是采用分离式缆载吊机。

韩国Dandeung桥为跨径280m+400m+25m的空间缆悬索桥（图4.1-21），塔顶和中跨主缆横向间距分别为3m、20m；采用先缆后梁施工工艺，主梁吊装采用分离式缆载吊机（图4.1-22），故采用分离式缆载吊机完全可行。

图 4.1-21 韩国 Dandeung 桥效果图

图 4.1-22 韩国 Dandeung 桥主梁架设

4.1.2.3 中山大桥

1)桥型及总体布置

中山大桥选择悬索桥方案,其主要特点是与伶仃洋大桥形成美观和谐的呼应。该悬索桥有些设计理念与伶仃洋大桥完全相同,只是将跨径缩小。

中山大桥主跨长 632m,边跨长 288m。由于跨径相对较小,故抗风稳定性不是本桥关键,因此将该桥设计为只有一根中央主缆的单索面悬索桥(图 4.1-23)。桥面抗扭不是靠缆索系统,而只靠桥主梁扭转特性来实现。

图 4.1-23 中山大桥效果图

研究表明,每个箱梁需要在桥塔上采取一些措施来实现扭转固定。由于跨径为中等,桥梁整体抗扭刚度是足够的。对于一个方向车道满载,而另一个方向车道空载的工况(极端状况),扭转变形导致的桥面倾角约为 2.5%,是可以接受的。

与伶仃主航道桥相比,由于跨径较小,该桥抗风稳定性相对较好,颤振临界风速超过 90m/s。

该方案的主要缺点是造价相对较高。经过造价估算,比斜拉桥造价增加约 3.75 亿元,占全部工程的 1.2%,认为所增加的造价在可接受范围内。

2）主梁

主梁与伶仃洋大桥的主梁相似（图4.1-24），两箱体之间的净距为10.0m，主梁梁高4m，横梁间距24m。

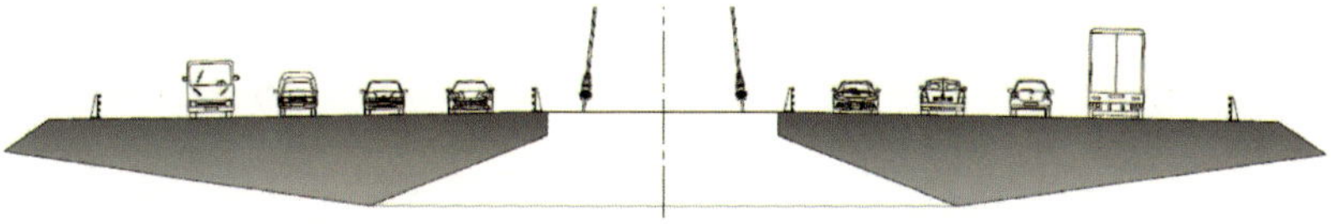

图4.1-24　中山大桥主梁横断面图

3）桥塔

桥塔的方案与伶仃洋大桥的桥塔方案类似，但桥塔高度只有150m。由于所受荷载较伶仃洋大桥小，所以桥塔截面尺寸相应减小。

作为地锚式悬索桥，特意选择了高桥塔，这样与伶仃洋大桥在桥塔高度上相匹配。

桥塔上塔柱横截面在高程+120.0m处为直径5.2m的圆形，按照圆弧及直线斜率向下变化，在塔柱底部横截面变化为宽15.115m、长8.683m的长圆形，在塔顶横截面变化为宽5.2m、长8.5m的长圆形（图4.1-25）。

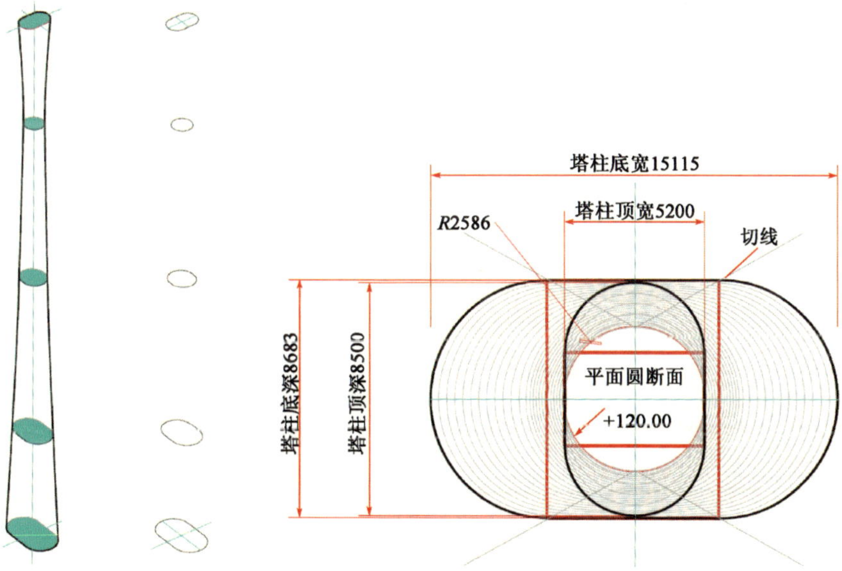

图4.1-25　中山大桥主塔构造图（尺寸单位：mm）

4）缆索结构

主缆直径为0.6～0.7m，其受力为伶仃洋大桥主缆的三分之二。吊索设置为两根，沿横向倾斜，锚固在内侧行车道附近的横梁上。主跨跨中和边跨桥墩附近，下部两侧锚固点相互靠近，这样吊索横向倾角不至于过大。

5）锚碇

锚碇的方案与伶仃洋大桥类似。但中山大桥地质条件更差，必须在锚碇下方进行地基处理，在西锚碇处下方有8m厚的软土，在东锚碇处有15m深的软土。为此，在这些锚碇下方修建纵向地连墙。中山大桥索力比伶仃洋大桥的索力小很多，锚碇沉箱尺寸为100m×50m、10m深（图4.1-26）。

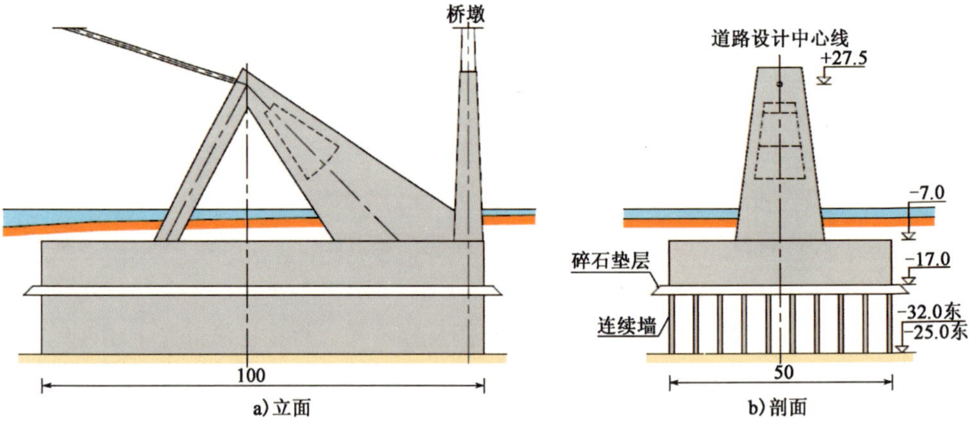

图4.1-26　中山大桥锚碇构造图（尺寸单位：m；高程单位：m）

与伶仃洋大桥的锚碇一样，为了使阻水率最小化，将大部分锚碇埋在海床以下，只有前腿和锚体阻挡水流自由流动。

6）边跨桥墩

边跨桥墩的设计理念与伶仃洋大桥的类似。中山大桥的主缆支撑在桥墩（即边跨桥墩）的转索鞍上。但与伶仃洋大桥不同的是中山大桥只有一根主缆，因此就不会由于索力产生横桥向的弯矩。这就允许主缆在边跨桥墩处的折角比伶仃洋大桥更陡（大约12°）（图4.1-27）。

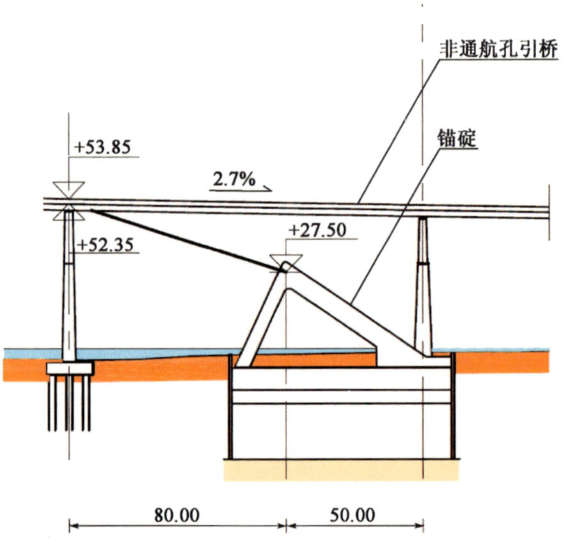

图4.1-27　中山大桥锚碇立面图（尺寸单位：m；高程单位：m）

4.1.2.4　非通航孔引桥

非通航孔引桥的总长度约12.6km，为该通道的最长组成部分。本项目引桥可分为三个不同部分：

(1)从横门互通至中山大桥长度约2.2km。

(2)中山大桥与伶仃洋大桥之间长度约为8.1km。

(3)伶仃洋大桥和西人工岛之间长度约2.4km。

引桥长度及与两座主桥之间的连线是本方案设计理念的重要组成部分，既要外形上与两座主桥美观和谐，又要具备经济性、施工方便性。

引桥与主桥的主梁布置相同，采用分幅式断面(图4.1-28)，分幅间距为5.0m。考虑到维修和道路营运，间隔一定距离在梁与梁之间设置通道。

图4.1-28　非通航孔引桥效果图

大部分引桥结构中，两个主梁支撑在同一个桥墩上。这样可减少桥墩沿水流方向截面积，将阻水率及对河床的扰动降至最小。本通道中只有小部分采用分离式墩和基础。

1)总体布置

考虑到本通道的纵断面设计及局部条件，提出三个不同的方案：

(1)泄洪区。

桥面高程高出海面约35～65m，桥梁总长约7.1km，桥梁跨径为130m，以减少桥墩和基础数量。

(2)浅滩区。

桥面高程高出海平面约30m，水深较浅，总长度为4.9km。采用80m跨桥梁以保证施工可行性和材料经济性，将阻水率和对海床的扰动降至最低。

(3)岛桥结合段。

这类桥型对应的是桥面高程逐步降低到岛面高程的区域，位于引桥与西人工岛连接处。桥梁总长度约600m，桥面高程降低至水面以上8m高度，岛桥结合段桥梁跨径仍保持80m，但采用分离式桥墩。

2)上部结构

130m跨径的主梁高度为5.0m，80m跨径的主梁高度为3.5m。主梁均采用钢混组合梁，由敞开钢箱体与预制混凝土桥面板组成。

钢结构与混凝土桥面板形成封闭式结构(图4.1-29),外表面均为大面积钢板,减小涂装及养护工作量,箱梁内设除湿系统。

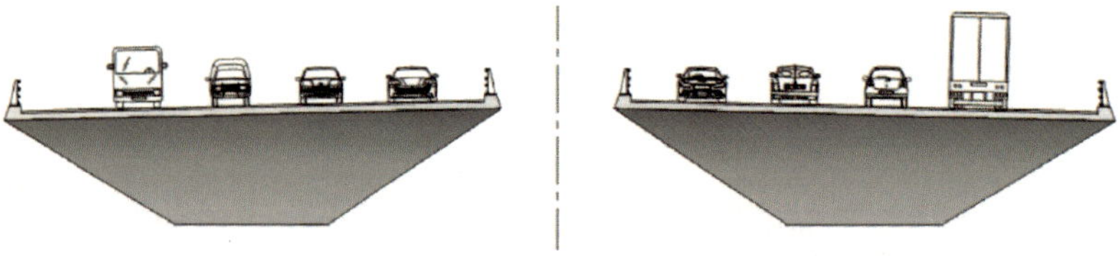

图4.1-29　水中引桥主梁横断面

3)下部结构

引桥桥墩采用混凝土墩身,墩身采用圆端头矩形空心截面。墩截面从顶部到底部做成梯形,底部增大截面尺寸,满足风载及地震等水平荷载的受力要求。

当采用整体墩时,墩头采用钢结构,墩头由两个带圆倒角的斜撑及设置在顶部的钢系杆组成,用钢系杆平衡从两个主梁传下来的荷载(图4.1-30)。

图4.1-30　水中引桥整体墩立面图、效果图

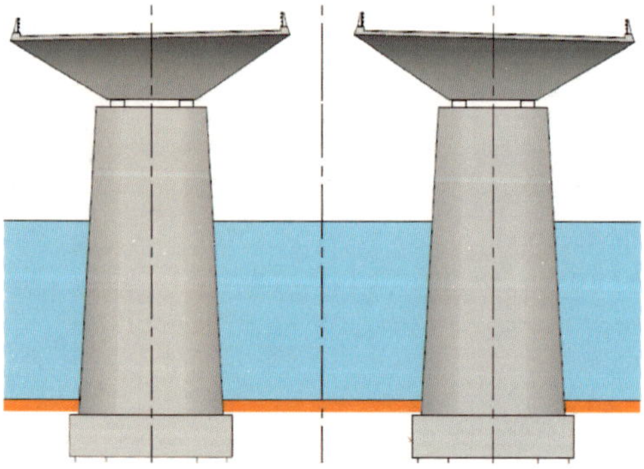

图4.1-31　水中引桥分体墩立面

当墩身高度变化时,墩身顶端宽与深在整个引桥段不变,斜率也保持不变。桥墩由上自下延伸,底面宽深随之变化。

岛桥结合段采用两个分离式墩身(图4.1-31),其墩身变化斜率与整体式桥墩保持一致。

4)施工方案

由于承台顶面须埋设在海床以下,在基础施工开始之前需要进行开挖。利用桩基钢护筒形成施工平台施工桩基。承台施工采用浮运围堰方案

(图 4.1-32),部分预制的承台,上方设置有延伸的围堰,放置在下方的桩顶上。浇筑封底混凝土使围堰内形成干环境(图 4.1-33),现浇承台混凝土。

图 4.1-32　围堰浮运

图 4.1-33　封底混凝土浇筑完成

墩身、钢结构的墩顶采用工厂预制、现场拼装方案。上部组合梁采用整孔吊装施工。

采用这样成熟的、广泛使用的施工方法,将结构最大限度地预制化、标准化,减少海上作业量,降低项目风险,从施工安全、质量、造价、施工工期等方面找到一个最佳的平衡。

4.1.2.5　桥梁景观设计

1)平衡与和谐

(1)线形。

竖曲线由凸凹弯曲段和较短的直线段组成,这样的线形使桥梁看起来像漂在水上的细长连续丝带,从而避免影响美观的折点。

除了两座悬索桥为直线之外,工程平面线形设计为缓曲线形(图 4.1-34)。与直线线形相比,曲线线形美观,使驾乘者在通过桥梁的全程中都能体验不断变化、令人爽心悦目的景观。

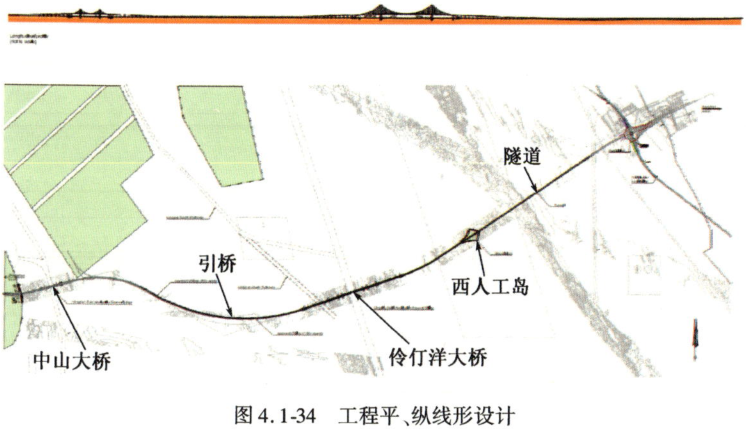

图 4.1-34　工程平、纵线形设计

(2)主桥。

桥塔是定义一座桥的美学特征和形象的重要元素,无论在汽车上、飞机上,还是从海上都可以看得到。悬索桥桥塔采用独柱形塔身,因其高度和主跨的长度,显得纤细、优雅。窈窕的桥塔塔身在世界桥梁界都会是超群、独一无二的。驶上伶仃洋大桥时,沿途可感觉到移动的主缆透视风景,向内倾斜的空间缆索索面增强了大桥的戏剧性,看起来夺目、迷人。

中山大桥主跨较短,采用的是中央索面的悬索桥,结构构思与伶仃洋大桥略有不同,但还是基于共同的设计理念。

图4.1-35　主桥桥型呼应示意

单塔造型,避免使用不必要的混凝土,这样对美观和环境的影响是最小的,桥塔显得特别修长。桥塔和主缆索在美学上相互呼应,单柱塔悬索桥的高度和长度,在桥梁建筑界非常独特,具有较高的辨识度。主缆的优美造型与整个通道平衡、和谐的设计理念和特征相一致,因而重复运用于两座桥(图4.1-35)。

(3)非通航孔引桥。

桥墩墩顶呈三角形,张开的两翼优雅地托起主梁。使得桥梁看起来几乎是漂浮的一样,活像餐厅侍者在他的手指尖平稳地托着一个餐盘。

桥墩是定义桥梁设计特征的元素。这样的桥墩造型会使本桥更具有地标性。为了与主桥桥塔保持整体协调性,墩柱三角区以下部分向外倾斜,从而达到美观效果。

与分离式桥墩方案相比更具韵律感。从侧面看,整体式桥墩对视线阻挡很少(图4.1-36),给人以美学上更轻巧的感觉。从环保以及阻水率角度考虑,单墩方案更优。

图4.1-36　非通航孔引桥方案效果图

两座悬索桥之间的引桥桥面被抬高至海面以上12m,这样会创造出一个更美观、更愉悦的驾车行驶体验。桥面板升高可以使整个引桥都采用统一的典型桥墩。当接近人工岛时,每幅梁下方的分离墩代替了典型桥墩,从而避免了三角形墩头陷入水中带来的功能和美学问题。

2)伶仃洋大桥塔顶建筑设计

主桥的塔顶设有一个保护索鞍的密封室。在索鞍的上方设置一悬吊板作为观景平台,此平台将是一个观看整个通道和珠江口全景的绝佳位置。这个平台也将作为贵宾参观的接待室和项目展示厅(图4.1-37)。

图4.1-37　塔顶建筑效果图

4.1.2.6　可持续性

伶仃洋大桥、中山大桥将会像其他许多现代悬索桥一样，成为耐久性能良好的结构。现代悬索桥使用寿命通常是100～120年。若采取合适的设计、精心的施工，200年的使用寿命预期也是可以达到的。

有若干座已使用很长时间的悬索桥由于采取的维护措施得当，已经有了100年以上的使用寿命。但是，也有一些悬索桥由于设计不尽合理、施工中存在缺陷、缺少相应养护措施等因素，很早就不得不被弃用。

1）全寿命设计理念

基于可靠度理念，以全寿命周期内造价最低为目标进行耐久性设计。

全寿命设计方法考虑了结构耐久性及防腐方案、可达性和检查策略、寿命周期造价、结构健康监测和运营养护策略等。这样考虑的目标是避免桥梁结构构件在使用寿命期内有重大的维护工作。

对运营和维护进行详细规划，布置可达通道和检修设备，以保证运营、检查和维护的高效性。同时，为业主准备运营维护手册，以便业主从接手桥梁的第一天起就可以有效地管理桥梁。

2）主梁

悬索桥主梁由钢结构构成，非通航孔引桥由钢与混凝土组成。这些钢结构外表面需要采用涂料保护系统，这些防护系统能在30年甚至更长时间内起到防止腐蚀的作用，之后必须更新表面防护系统。钢箱梁的内部采用除湿系统进行防腐，把构件内的空气相对湿度降低到40%，有效防止钢结构锈蚀，使其寿命延长。

钢结构桥面板在受到重复荷载作用后，会导致潜在的疲劳破坏，这是正交异性钢桥面板经常碰到的问题。理论上，疲劳设计方法可按无限寿命设计。通过合理的设计与适当的检查、维修，可确保200年使用寿命。

3)主缆

主缆采用除湿系统保护。此外,主缆还有一个独特的减小风险的方式,即更换主缆。法国的 Pont d'Acquitaine 悬索桥在使用期内已经全部更换主缆索。葡萄牙的 Tagus 悬索桥也已经安装了额外的主缆索。

(1)伶仃洋大桥。

伶仃洋大桥桥塔顶的美观外形使得塔顶很宽,只增加少量费用就可能在现有缆索的内侧或外侧预留安装新主缆的空间。

在散索鞍室内可留出空间用于安装额外的锚碇单元。

边跨桥墩上,也可在现有缆索旁边预留索鞍空间。

(2)中山大桥。

中山大桥桥塔顶部有足够空间在现有索鞍每一侧安装另一索鞍。因此单根主缆可以由两个半根主缆代替,布置在现有缆索的两侧。

在边跨桥墩上,索鞍一开始就设计成允许替换索鞍。在锚碇里,给未来的新缆索预留空间。

4)健康监测

为了检查和维护高效,在桥梁的设计中应考虑设置一套智能结构健康监测系统,其中的传感器将能在任何时间自动提供有价值的连续信息。这一系统通常会装备有警报系统,在任何未预期或不需要的事件发生的时候可以发出预警,使得桥梁安全运营时间最大化。

4.1.3　人工岛

4.1.3.1　西人工岛

1)岛形设计

人工岛必须具备防洪、桥隧转换、施工维护、地标性等多重功能。

西人工岛的外观像一个在天空飞翔的风筝(图 4.1-38),这样的岛形不仅美观简洁,而且其形状具有良好的导流效果,能优化水在岛周边的流动,将阻水效应降到最低。西人工岛南北方向加宽不会增加阻水率,使设计变得更加灵活,同时能更好地满足桥梁与隧道的转换需求以及安全、维护、环保和景观要求。

人工岛设计以平衡、和谐为整体设计理念。对称和平衡是人工岛岛形设计的驱动因素。整个岛的外形确保对称,以道路中心线作为对称设计的中轴,只在人工岛表面和部分建筑设计上才有微小的偏差。人工岛是桥隧转换的重要组成部分,也是通道建筑表现力的重要环节。该人工岛将对本通道起到"明信片"的效果,因此人工岛的尺寸、功能等满足美学意图是至关重要的。

人们无论是乘飞机还是驱车,在快到达该地区时,都能从不同角度看见本通道和人工岛。人工岛的建筑表现力是至关重要的,因为深圳、中山的名字在未来将与深中通道的设计联系在一起。该人工岛因其尺寸和位置将成为一件海上艺术品、一个地标。

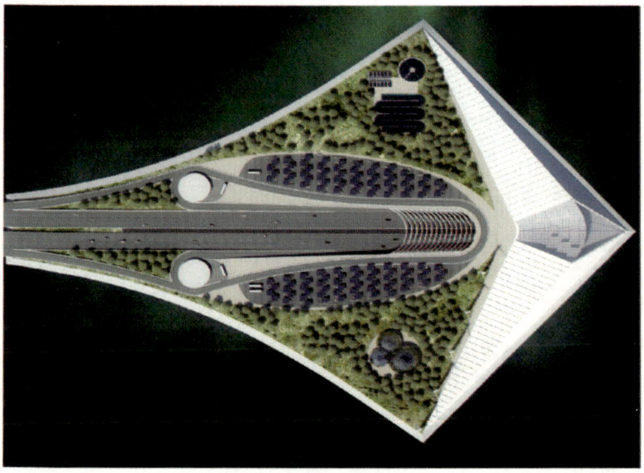

图4.1-38　西人工岛岛形平面图

西人工岛从伶仃洋周边都可以看到,但它的造型并不显得突兀。西人工岛将会成为桥梁的一个自然的结束,就像一个段落的句号一样,是一个停顿,一个通往不同的、新的体验的过渡。

2)岛上建筑设计

(1)交通可达性。

人工岛主要交通功能包括观光旅游、应急救援、管理运营等。岛上交通与高速公路设置出入口,使两个方向的交通均能顺畅进出西人工岛。在护岸顶部修建有服务通道,除方便、快捷地到达岛上所有区域外,还有保护护岸免受越浪袭击的作用。

在岛上设置两个直升机停机坪,方便海上救援任务。

(2)岛上建筑设计。

岛上建筑布局(图4.1-39)考虑了道路系统工作、设施安装以及服务的相关需求。位于车道出口和停车设施附近的两个圆形建筑,顶面为直升机停机坪,内部用作隧道营运和服务用房。

图4.1-39　西人工岛岛上建筑效果图

岛端的箭头造型建筑是内空的,可以用于各种功用,基本的用途是作为隧道操控室。设备用房和通风塔设置在建筑的两翼处,位于中轴线的两侧。其他部分布置餐厅、展览中心、会议中心等,并预留更多空间供扩展岛上的基础设施系统使用,以应对未来岛的用途变化甚至扩建。

建筑物呈现沉稳、锐利的气质,同时符合整个通道平衡对称的原则。

当经过伶仃洋大桥,从西面接近西人工岛时,箭头形建筑具有质感的白色混凝土表面给人以不寻常的视觉表现力。人工岛的"宁静",与背景错落有致的群山形成鲜明对比。人工岛本身呈现出一个戏剧性的舞台,其坚固而平衡的结构将给人安全感和舒适感。

3)隧道光过渡段建筑设计

考虑到人工岛的交通流向,隧道入口的光过渡段整体形状由圆形梁形成。圆梁配有混凝土桁架构成的中央支撑系统,保证结构可靠的同时实现视觉上的流畅过渡。

隧道进口和出口段的正常照明强度可按照户外光线水平自动调整,使驾驶员能经历一个从户外光线水平到洞内照明水平的良好过渡(图4.1-40)。

图4.1-40　隧道光过渡段建筑设计效果图

4)结构设计

西人工岛完全暴露在波浪水流的作用下,其结构设计取决于水深、地质条件和水力参数等。

西人工岛分为内部和外围部分,这是因为岛内部与岛外围的技术要求不同,岛内部区域需要不透水,这样可以进行岛上隧道所需要的深开挖。

推荐采用大直径钢圆筒和传统的抛石护岸组合的结构方案(图4.1-41),东西侧的岛壁结构以及有交通通道的岛内部采用大直径钢圆筒修建,这些大直径钢圆筒采用弧形钢板桩连接,以便尽快形成围堰。

钢圆筒直径22m,长度40~45m,相邻钢圆筒中心距24m。钢圆筒采用多点振动的方式下沉(图4.1-42)。

人工岛的南北外围护结构的沉降要求较低,设计成采用碎石回填形成岸壁,表面采用块石保护(图4.1-43),这是在类似条件下成熟的岛壁方案。

5)可施工性

主要施工顺序如下(图4.1-44):

(1)在陆上生产圆筒,然后拖运到现场,通过多点振动下沉到规定深度。在大圆筒之间安装圆弧形板桩,形成副隔。

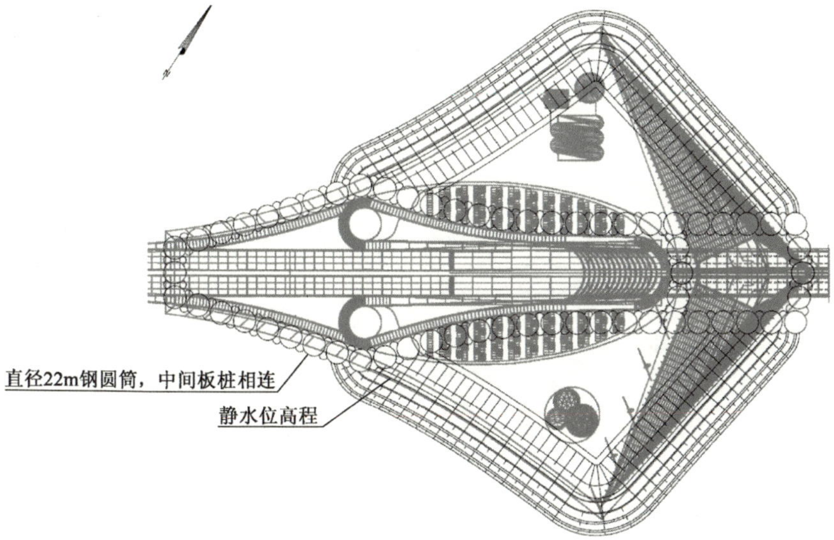

图 4.1-41　西人工岛岛壁结构示意图

图 4.1-42　钢圆筒施工示意图

图 4.1-43　西人工岛南北外围护岸示意图

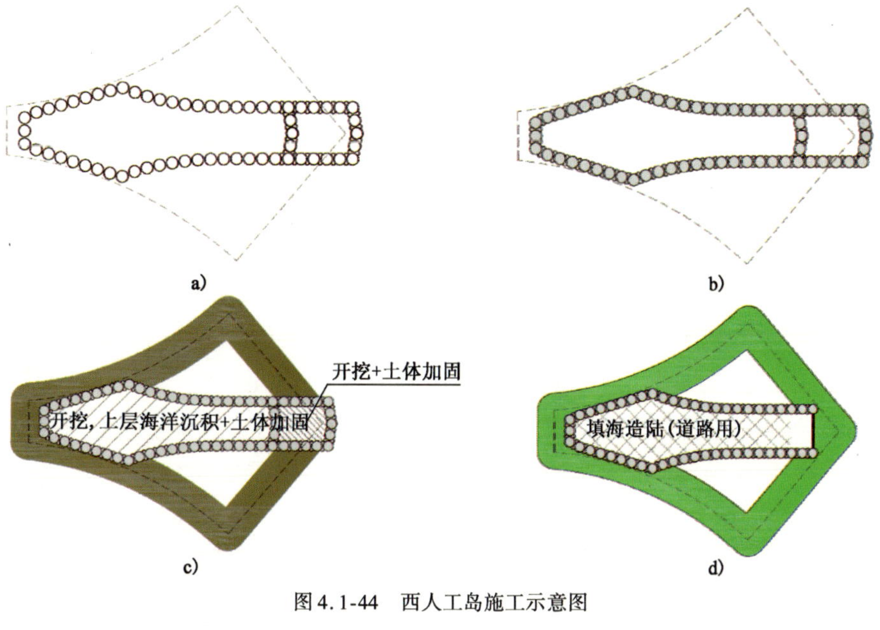

图 4.1-44　西人工岛施工示意图

(2)用砂和碎石填满大圆筒和副隔。

(3)外围土体加固的同时,内部开挖并处理地基。

(4)道路路基施工,外围护岸施工。

6)绿色环保设计

(1)自然。

珠江以其丰富的自然资源享誉全中国以及世界各地,是一个各种鸟类生活和红树林生长的地方。但是,由于本地区经济发展对区域生态环境产生了一定的影响,故建议将人工岛设计成为一个可持续发展的场所。

在岛上,将采用各种不同的环保节能措施,比如风力发电、太阳能发电以及中水处理厂,供青少年以及成人学习可持续发展,让人工岛成为展示中国让世界更清洁和更可持续发展意愿的一个平台。

(2)再循环。

沉管隧道基槽开挖出来的部分土将被再利用,部分用于道路地基,部分用于形成靠近人工岛边缘的湿地。该湿地将成为整个通道施工过程中的土换填的缓冲区。使该项目比国际上其他类似项目更加具有可持续发展性。

西人工岛整体效果见图4.1-45。

图4.1-45　西人工岛鸟瞰图

4.1.3.2　东人工岛

1)岛形设计

在本项目可行性研究阶段,就调查和优化了东人工岛的交通规划,岛形基本确定(图4.1-46)。东人工岛在各个方向的空间都受限,岛形是根据局部环境和空间要求设计的,外形具有功能性,反映复杂交通系统对空间的需求。最大限度地利用该岛的有限空间与不同交通线路的结合,弱化图标效果。

2)结构设计

分析不同结构的设计方案时,都将施工期和使用寿命期的结构安全放在首位,尤其是考虑到对现有高架桥的影响。

图 4.1-46　东人工岛岛形效果图(原方案)

东人工岛的维护结构是在详细考虑土参数、水深、波浪、水流条件、最小阻水率以及距离周围陆地和基础设施的有限距离后进行比选的,推荐板桩方案(图 4.1-47)。经评估,板桩方案是可行且安全的结构方案,对现有高架桥的影响最小。

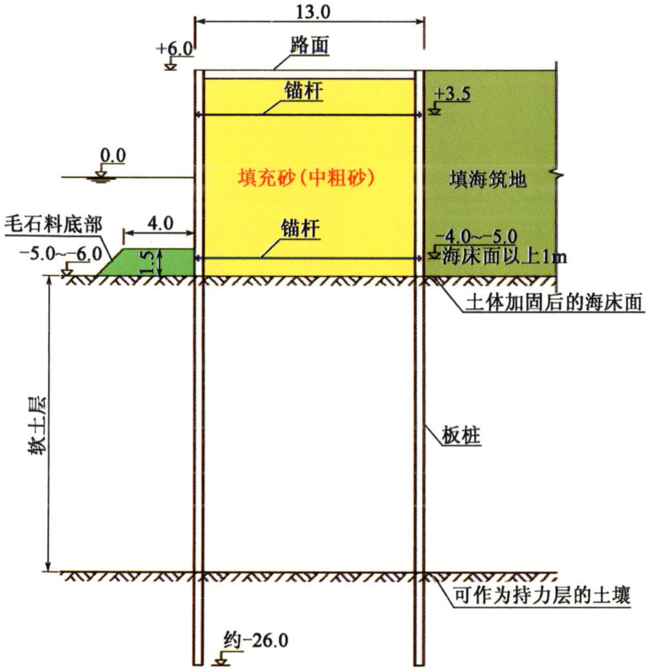

图 4.1-47　岛壁结构示意图(尺寸单位:m;高程单位:m)

岛壁施工建成一个围堰,围堰基础采用两排平行的板桩墙,这些板桩墙可划分为数个单元格。然后用砂和碎石填筑板桩之间的空间以稳定结构。两排板桩墙用水平拉杆连接,拉杆布置两层,一层在海床上方,另一层靠近顶部。该结构将暴露在波浪水流中。岛壁不同部位与水流接触的程度各异,按冲刷程度不同在周围设置相应的防冲刷保护措施。越浪海水会被收集在岛壁结构后面的沟槽内,或被泵回到海里,或在岛上用于其他用途。

在现状高架桥下方(图4.1-48),桥墩基础所预留空间有限,在通过该处时,围堰须做特殊布置。

图4.1-48　现状高架桥照片

4.1.4　隧道

4.1.4.1　交通功能

在深中通道上行驶的车辆组成中,大型车和载货汽车比例较大,在纵坡坡度较大的隧道中,缓慢行驶载货汽车的追尾碰撞是重大风险,因此,建议纵坡不超过3%。

隧道和东人工岛匝道的纵坡为2.0%,隧道内和西人工岛匝道的纵坡为2.98%,最大纵坡未超过3%,满足欧洲指南2004/54/EC中关于泛欧公路网相关隧道的要求,不需要采用附加措施来加强隧道安全。

该隧道及其保护层靠近现有海床。在机场航道和矾石航道分别设置了两个深集水坑,使隧道纵断面呈W形(图4.1-49)。这样做的目的是将开挖量降至最小,并将水压和淤积对管节的荷载降至最小。沿隧道中间的最小坡度为0.5%,可以保证在发生可能的不均匀沉降后,仍具有良好的排水条件。

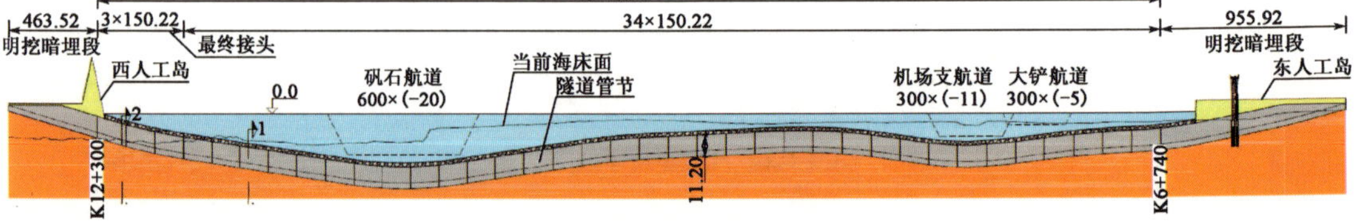

图4.1-49　隧道纵坡面(尺寸单位:m)

4.1.4.2　隧道结构选型

为了获得最优横截面类型,比较了四个备选方案,选择深水区的断面,考虑最大的回淤厚度和相应的静水压力,对各备选方案进行了比选。

1）两孔一管廊钢筋混凝土结构

两孔一管廊钢筋混凝土结构是指由两个交通管廊和一个服务设施管廊组成的典型钢筋混凝土横断面（图4.1-50）。港珠澳大桥沉管隧道（图4.1-51）采用钢筋混凝土结构。每个交通管廊为单向四车道。横断面高度11.2m，宽度47.1m。

图4.1-50　两孔一管廊钢筋混凝土方案

图4.1-51　钢筋混凝土类横截面（港珠澳大桥）

由于本工程为双向八车道，交通管廊跨径大，墙板和顶、底板受到包括由于弯矩产生的压应力较大，在多数截面中，需要布置5层直径为40mm的钢筋，钢筋间距125mm，以控制裂缝宽度和混凝土内压应力。

普通钢筋混凝土横截面需要非常高的配筋量，但是其压应力和裂缝宽度仍然接近正常使用状态的极限。由此判断普通钢筋混凝土横断面没有足够的安全性。

2）钢壳混凝土结构

由两个交通管廊和一个服务设施管廊组成的钢壳混凝土横截面（图4.1-52），每个交通管廊同样为单向四车道。

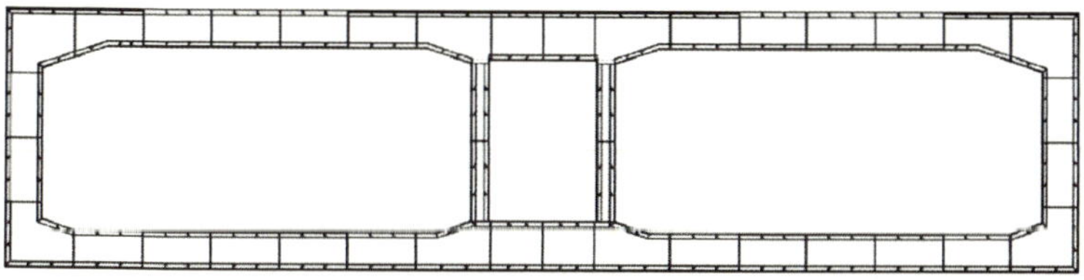

图4.1-52　两孔一管廊钢壳混凝土结构方案

钢壳混凝土横截面发挥作用是通过在钢箱内的受限混凝土承担压应力，钢壳承受拉应力。混凝土与钢材之间的截面抗剪靠网状加劲肋传递。

钢壳混凝土横截面的用钢量很大。如果为了增加其可浮性而把断面做得更轻巧的话，用钢量还会增加。因此可以认为，采用钢壳混凝土横截面方案是一个不具备经济性的方案。

3）多孔钢筋混凝土横截面

按四个交通管廊考虑，每个交通管廊只有两条车行道，考虑布置2.5m的硬路肩。横截面高11.8m、宽65.7m。横截面两侧的外部管廊主要是为了外部交通管廊的逃生和应急疏散，因此较狭窄。外部交通管廊和外部逃生管廊之间的内墙被加宽，以便安装高强剪力键来传递节段之间的竖向力和扭矩。横断面如图4.1-53所示。

图 4.1-53　多孔钢筋混凝土方案横断面

多孔钢筋混凝土横截面极大地减少了横截面的钢筋量，是一个有吸引力的方案。但是，由于需要在每个交通孔内增加硬路肩，使隧道横截面宽度变得不成比例。增加硬路肩（增加横截面中的空气体积），还需要增加压载混凝土才能满足抗浮安全，这样做会导致墙体和板厚增加，超过结构的必需量。而且，在东、西人工岛附近的匝道，两个交通孔必须合并为一个交通孔，这需要很长的过渡段。因此得出结论，多室横截面不可行。

4）预应力混凝土横截面

外形与钢筋混凝土横截面相同，顶板和底板每隔大约 450mm 布置一道预应力钢束，在浇筑池内灌水之前张拉。横断面如图 4.1-54 所示。

图 4.1-54　预应力混凝土方案横断面

钢束产生的压力和弯矩与作用在横截面上的静水压力、淤泥作用相互抵消，与两孔一管廊钢筋混凝土横断面相比较，大大降低普通钢筋用量。

预应力混凝土横断面的优点是极大节约钢筋量，可将压应力保持在使用状态允许值范围内，同时，保持混凝土尺寸使管段具有足够的抗浮系数。预应力混凝土方案需要安装并张拉约 2 万根钢束，每节沉管约需安装 700 根钢束。但根据评估，节约的普通钢筋量弥补了安装和张拉预应力钢束引起的费用增加，同时，预应力钢束的张拉作业不影响工期计划。

经综合比选，推荐两孔一管廊断面，沉管段及明挖暗埋段均采用设置横向预应力的钢筋混凝土管节。

图 4.1-55　节段式管节隧道（韩国釜山—巨济连线）

4.1.4.3　隧道结构体系

沉管隧道由 37 段沉管组成，每段沉管长度为 150.22m。

沉管结构的接头极大影响沉管隧道的纵向性能，常见的有以下三个方案，并且都已经用于沉管项目中。

1）节段式管节

100～200m 长的沉管被细分为数个节段（图 4.1-55），每个节段长度为 20～25m。采用剪力键传递剪力；混凝土接触面传递压力，但是不能传递拉力。接头处的止水带起止水作用。

先将节段式沉管用纵向预应力连接起来，为海上作业做好准备。沉管沉放到位之后，剪断预应力束、释放预应力，这样可使结构更柔。

优点：隧道的柔性通常会降低截面的纵向力。每个节段长度相对较短，由于内力收缩和温度引起的表面摩擦力导致的轴向拉力较小，隧道沉降曲线倾向于与地基刚度变化一致，从而弯矩和剪力较小。

缺点：管段接头处由于只有剪力键传递剪力，与主隧道横截面尺寸相比削弱较多，接头抗剪能力弱。

2）半刚性管节

与节段式隧道相似，半刚性管节在管节纵向施加预应力。管节安装之后，不剪断预应力钢索，在整个使用寿命期间保留预应力（图4.1-56）。

优点：除了静力水压的锁定内力，还有预应力在节段接头产生压力，在接头张开之前必须先克服这些力。此外，接头混凝土表面由于预压力产生的摩擦力可以传递一部分剪力。

缺点：半刚性管节与整体式管节类似，这意味着由于地基刚度变化引起的内力和弯矩、表面摩擦力引起的轴向拉力，在半刚性管节中会比节段式管节中的要高；如果预应力钢束屈服，接头会张开，产生不可控的沉降及接头不再能关闭的风险。

3）整体式管节

整体式沉管不是细分为数个管节，而是连续浇筑成沉管管节，所有与先浇筑混凝土的接头都按施工缝处理，即混凝土和钢筋连续贯穿接缝。香港西部海底隧道采用整体式管节隧道（图4.1-57）。

图4.1-56　半刚性管节隧道（港珠澳大桥）

图4.1-57　整体式管节隧道（香港西部海底隧道）

优点：减少了沉管隧道的接头数量，这使得整体式管节宜用于地震活动频繁的地区。避免花费大量时间准备接头（安装剪力键和止水带）、预应力管道之后才能浇筑混凝土。

缺点：有产生贯穿性裂缝的风险，须设置大量纵向钢筋以限制和分布贯穿裂缝，为确保隧道的水密性，须安装防水薄层；防水薄层需要有与隧道相同设计年限的耐久性。

从地质剖面看，即使是考虑了地基处理和置换之后，地基特性沿着隧道轴线依然变化很大。同时，隧道将会受到很大的荷载，尤其是回淤荷载，结果是从软的地基到硬的地基，隧道上会发生很大的内力重分布。这一现象对整体式隧道和半刚性隧道的影响很大，会使管节中产生较大的剪力和弯矩。整体式隧道管节将需要增加纵向钢筋，而半刚性隧道管节的预应力会屈服。与节段式隧道管节相比，大的荷载重分布也会增加整体式隧道管节和半刚性隧道管节在接头处需要传递的剪力，使接头的可施工性存在挑战。

此外，广东地区的地震烈度有限，在节段式沉管隧道可行的范围之内。

故推荐采用节段式隧道，每个沉管管节由 6 个节段组成，每个节段长度约为 25m。

4.1.4.4 东人工岛加宽隧道段

靠近东人工岛处有约 850m 横截面变宽段，分为 6 个沉管段。最宽处总宽度约为 70m。加、减速车道变宽段起点不在同一桩号，使交通管廊不对称。南侧比北侧的宽度增加约 2.5m，交通管廊的跨径超过 30m。

横向预应力方案非常适合加宽段横截面。挪威奥斯陆隧道（Björvika Tunnel）与东人工岛加宽段非常类似，主线与匝道并线而加宽，具有很大的横向跨径，采用了横向预应力横断面。

变宽段与标准横截面相比，需要增加板厚度以确保干舷高度及沉放之后的管节竖向稳定性，该做法对结构整体性有利。需要使用压载舱来抵抗沉管在加宽段浮力不均匀的特点。

4.1.4.5 接头与防水

推荐的沉管隧道方案有以下三种接头类型：

1）节段式接头

安装在一个沉管中的相邻两个节段之间，如图 4.1-58 所示。

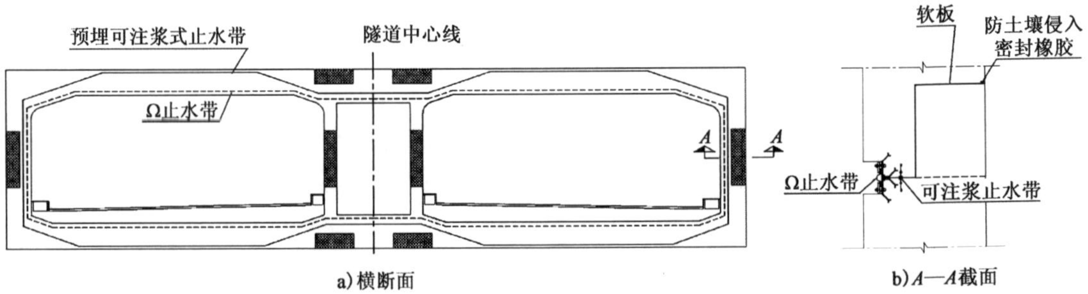

图 4.1-58 节段式接头构造及防水

在节段接头中，光滑的混凝土面匹配浇筑，无连续钢筋穿过接头。每片墙体内的混凝土剪力键传递竖向力。这些墙体内的剪力键安装在止水带外侧。

在中央管廊的上下顶板和底板中各安装两个剪力键传递水平力（主要是偶然荷载，如船撞和地震荷载）。

由于采用双道止水系统，接头是水密性的。主要止水带，即横截面迎水侧的首道止水带，采用中埋止水带，贯穿接头。该止水带位于截面受压区内，为可注浆式。第二道止水带是Ω止水带，它最靠近横截面的内侧面，采用钢夹条将该止水带固定在接头两侧预留的凹槽内。

2）沉放接头

安装在相邻沉管管节之间，如图4.1-59所示。

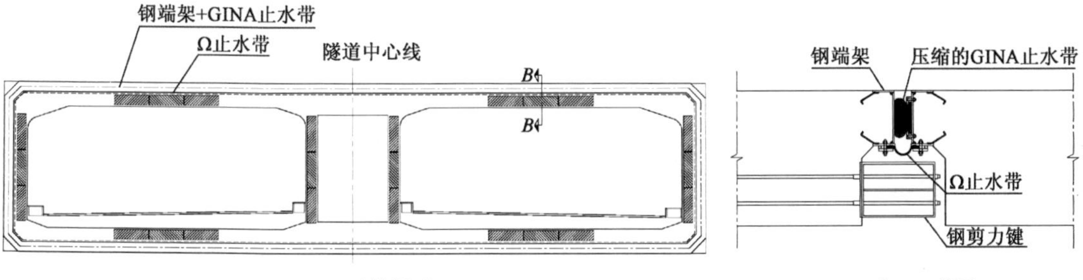

a）横断面　　b）B—B截面

图4.1-59　沉放接头构造及防水

在管节端部沿整个横截面周长，将混凝土横截面减小至650mm，将止水带镶入沉管钢框架的突出"鼻子"上。在管节沉放作业中，钢框架内的吉娜（GINA）止水带压缩，从而在施工过程中起到止水作用。

在"鼻子"后面的凹槽中，在顶、底板上安装临时纵向后张拉系统所需的锚固件。在永久荷载作用下，允许一定的接头沉降量（这些沉降是基础固结及下卧土造成的）。然后锁定接头，避免水平和竖向移动，在管节的"鼻子"段的凹槽内安装预制钢剪力键，在四面墙中安装竖向剪力键，在交通管廊下的底板中心位置安装水平剪力键。

3）最终接头

用于连接最后沉放管节与相邻结构，如图4.1-60所示。

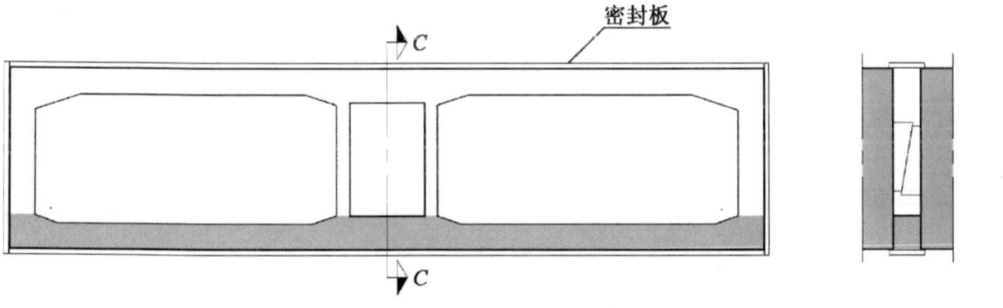

a）横断面　　b）C—C截面

图4.1-60　最终接头构造及防水

最终接头长度大约2m，先采用密封板防水，然后现浇混凝土连接成相邻两管节。

4.1.4.6　消防救援安全

1）总则

比较合理的安全举措应遵从以下次序：预防→减灾→疏散与救援→干预。

预防是最重要，也是最经济的举措。可通过适当的系统与方式防止灾害的发生。若事故和灾害已经发生,安装在隧道内的设施可帮助降低灾害影响程度。最后,必须制定相应预案保证快速安全疏散,保证消防与其他救援人员能快速进入隧道。

设置隧道通风以保持隧道内空气质量达标,为驾乘人员和维修人员提供一个在正常和拥堵交通情况下的舒适环境。此外,在隧道火灾时,隧道通风系统还需要控制烟雾。

2)隧道通风

(1)正常运营。

车辆通行时会在隧道内产生活塞效应。图4.1-61所示为车辆产生的活塞效应,可见:当机动车车速为60km/h以上时,隧道能进行自我通风。当低于该车速且隧道满负荷运营时,机械通风是必要的。

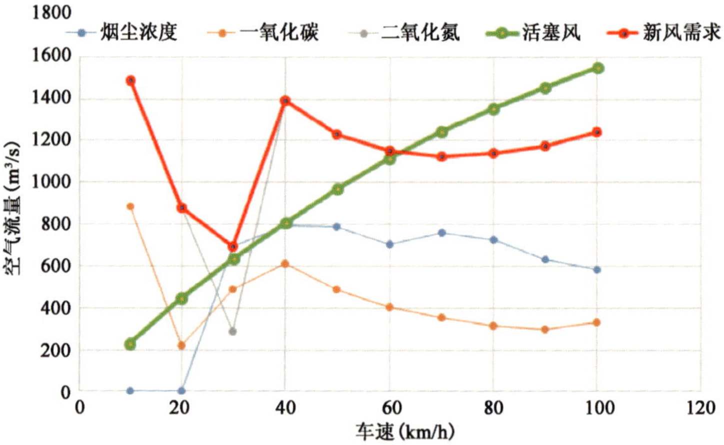

图4.1-61　车辆产生的活塞效应图

隧道的通风方式有全横向、半横向以及纵向通风系统三种(图4.1-62)。

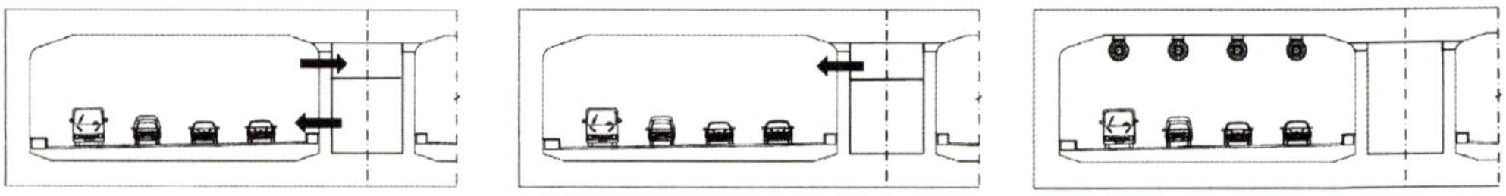

a)横向　b)半横向　c)纵向

图4.1-62　隧道通风系统

全横向通风系统:要求沿着隧道长度均匀供应新风,同时,沿隧道长度均匀排风。由于持续送风与排风,隧道内污染水平保持恒定,总体通风量降低。要求在两条交通管廊隧道中安装送风和排风通道。

半横向通风系统:新风沿着隧道长度均匀供风。在单向交通隧道模式中,利用车辆活塞效应将废气排出洞口,这就要求两条交通管廊布置送风道。

纵向通风系统:新风从隧道入口引入,废气通过隧道出口排出。污染水平会沿着隧道线形增加。为保证空气质量不超标,隧道口部须引入足够的空气,这将会使隧道内空气流速增大。

将最低车速为 40km/h 作为考虑新风量的依据。据估算，每条交通管廊需要安装 160 台射流风机，在整个隧道长度可以按每组 4 台、间距 150m 进行安装，纵向通风方案是可行的。

全横向通风和半横向通风系统均需要布置单独的风道，与纵向通风系统相比，会增加造价。因此推荐正常营运时采用纵向通风。

(2)火灾情况。

如果单向交通隧道发生火灾，机动车必须停止朝火灾方向行驶；同时，位于火灾下游的其他车辆要尽快驶离隧道。因此，在火灾情况下，通风的主要作用是防止烟气扩散到停止车辆的上方。该隧道内的纵向风速必须大于在任何时间的临界风速，即防止烟气逆流要求的最低风速。对应于 100MW 火灾，临界风速计算值低于 3m/s。对应于 300MW 火灾，临界风速计算值低于 4m/s。

如果是单向交通，发生 1 个火灾事故，纵向通风能够提供逃生通道供困在火灾后面的人员逃生。但是纵向通风不能解决受困车辆位于两件火灾之间的情况。为了给驾乘人员提供在这些事件中逃生的安全时间段，建议采用单独排烟道排烟(图 4.1-63)，这也是深中通道可行性研究推荐的方案。该方案已经用于釜山和港珠澳沉管隧道中。

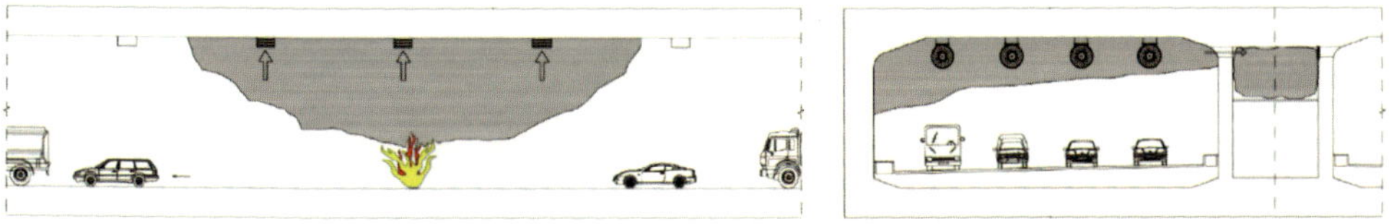

图 4.1-63　排烟系统工作原理

排烟是通过遥控打开风门将着火车辆发出的烟雾排出。如果隧道内发生停滞或拥堵并限制了事件前方车辆的撤离，也可以采用这一排烟系统进行通风。

隧道内紧急通风采取排烟与纵向通风结合的方式，有许多优点：在火灾初期，排烟系统能加速烟气分层，有助于快速撤离；随着火灾的发展，排烟可通过纵向通风系统实现。纵向通风系统能处理大火灾荷载，能确保消防人员有一条安全无烟的通道。

当隧道检修时，其中一条管廊须关闭。排烟系统可实现某一管廊内的双向交通。单独采用纵向通风，需要控制交通，波浪式交替运行。

图 4.1-64　港珠澳大桥生产工厂

4.1.4.7　可施工性

1)管节预制

厄勒海峡沉管隧道、德国费马沉管隧道、韩国釜山隧道、港珠澳大桥沉管隧道(图 4.1-64)均采用工厂法，故沉管管节的生产推荐工厂法。与开敞的浇筑场相比，可加速管节生产，还具备更佳养护条件,更好地控制混凝土质量。

建议一次性连续浇筑管段混凝土,以降低贯穿裂缝的风险。混凝土管段生产采用两条生产线,生产速度为每2月生产2节沉管。

完工的管段支撑在千斤顶上,这些千斤顶位于四条混凝土滑动梁顶面,而这些滑动梁布置在每一隧道侧墙下方。当管段混凝土浇筑完成并达到足够强度后,被推出预制厂房,拆除模板。

一般需要桩基支撑滑动梁,给滑动梁提供足够的刚度,以限制不均匀沉降和管段内的相关应力,滑动梁和隧道横截面如图4.1-65所示。

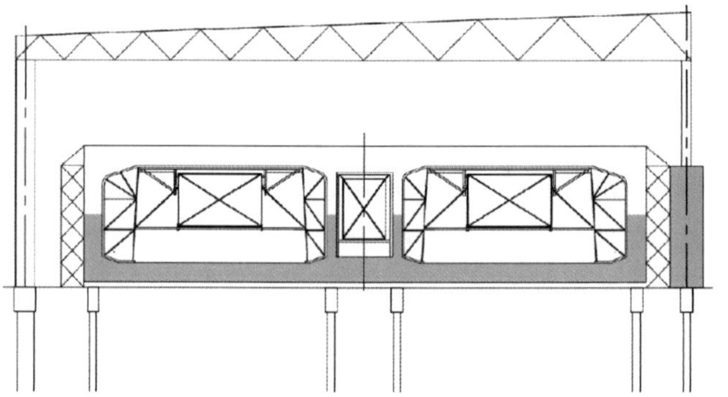

图4.1-65　生产设施工作原理图

2)开挖

在隧道施工区开挖基槽,并开挖从生产工厂到隧道安装区的临时航道,便于将隧道沉管浮运到最终安装位置。开挖采用开挖驳船(图4.1-66)。

图4.1-66　开挖驳船(Marmaray,土耳其)

在隧道施工区域,先进行初挖,其施工允许误差相对较大;之后开展精挖,其施工允许误差较小,以适合承包商采用的工艺和设备。上部软土开挖出的材料须抛放在指定区域,合适的开挖材料可以铺设在人工岛地基下。

基槽坡度设计如下:

(1)全新世沉积层上坡度为1∶7。建议通过地基加固实现更大的坡度。

(2)更新世沉积层上坡度为1∶3。

3)基础

(1)基础垫层。

在多数位置,沉管隧道采用天然地基而无须地基加固,在天然地基上直接铺设垫层。

碎石垫层法要求铺设碎石垫层必须在一定的精度内,在安装隧道沉管之前清理垫层上的淤泥，将沉管安放在碎石垫层上之后，通过增加管节上的质量，可方便和迅速地增加水平稳定性，抵抗波浪的作用。

基于厄勒海峡沉管隧道和港珠澳大桥沉管隧道等工程的经验，建议使用碎石垫层作为沉管的基础垫层方案，如图4.1-67所示。

部分沉管隧道段坐落在岩石地基上。在这些地段，可能需要增加碎石垫层厚度，以降低软弱地基和刚性地基之间的不均匀沉降带来的风险。

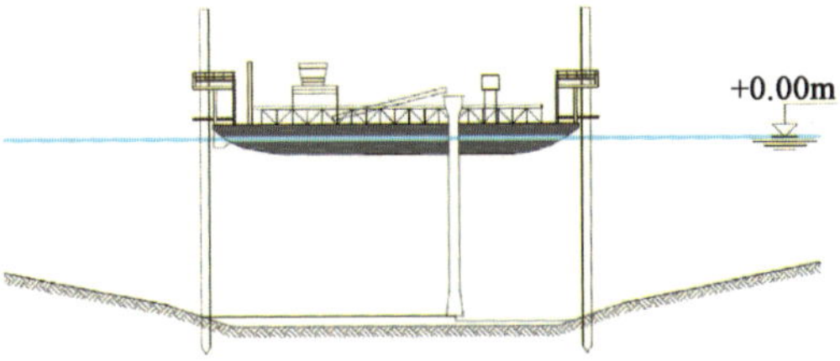

图4.1-67　碎石整平层施工

对于开放的隧道基槽，回淤不可避免，须对回淤进行检查。基槽淤泥在隧道管节沉放前应清除。

(2)斜坡段基础。

在西人工岛斜坡段，软弱的全新统海相沉积层要进行地基加固。推荐采用挤密砂桩作为地基加固手段。图4.1-68所示为韩国釜山巨济连线挤密砂桩施工。

对于东人工岛的明挖暗埋段基础而言，必须替换或加固软弱全新统海相沉积层，可采用钻孔桩或挤密砂桩。

4)沉管浮运与沉放

采用两个沉放架将管节从管节存放区提起来，用拖船浮运，沿着临时开挖航道将沉管管节运到安装位置。

在安装位置，隧道管节的定位通过连在沉放架及海底混凝土块或锚碇的钢丝来控制。港珠澳大桥隧道管节安装施工如图4.1-69所示。

图4.1-68　挤密砂桩的施工

图4.1-69　隧道管节安装施工

建议从东人工岛向西人工岛方向安放沉管，因为从东侧陆域进入隧道更容易，有利于管节安装、装饰工程和隧道管节内的机电工程等工作的开展。

5)回填与隧道防护

沉放完毕后在沉管的每侧铺设锁定回填料，铺设高度为沉管高度的二分之一，以便控制该沉管的水平位置。锁定回填料为稳定的颗粒材料。在锁定回填料上铺设砂或颗粒回填料作为隧道保护层的基础，见图 4.1-70。

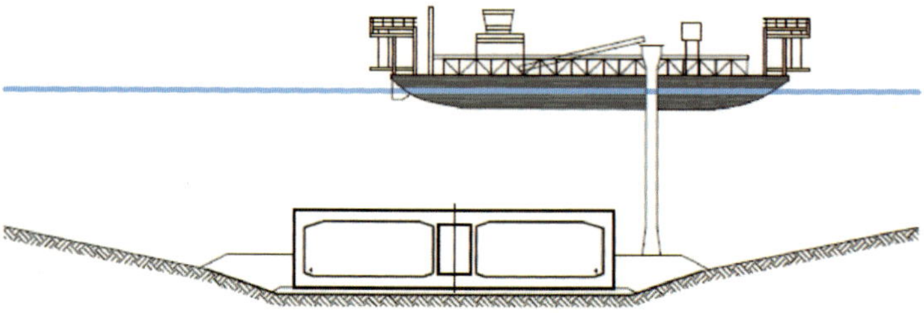

图 4.1-70　回填与防护

锁定回填料采用落管或抓斗铺设，普通回填也可采取从驳船上倾倒填料的施工方法。隧道保护层的施工采取抓斗或者倾倒填料的方法。

6）东人工岛的宽隧道段

沉管隧道中，靠近东人工岛 6 个变宽沉管段的施工方法与标准沉管段相同。但标准沉管的生产线必须具有足够的宽度，能够容纳宽管节，并为宽管节专门订制模板。

对于比标准管节宽度稍宽的管节，可设计标准管节沉放机具性能来适应增加的宽度。用于标准管节的沉放架可能无法适应超宽管节的沉放。最宽的管节为靠近东人工岛的第一段沉管，可在靠近暗埋段的一端设置陆上吊车，管节的另一端使用浮吊来安装沉放。

7）东人工岛明挖暗埋隧道段和匝道段

该段的施工从填海筑岛开始。沿江高速周围采用地下连续墙施工方法，以减小对现状高架的影响，限制地下水流动，基坑内需要设置临时支撑。

首段施工是朝着沉管方向的暗埋段。东人工岛的护岸结构修建在明挖暗埋段隧道上方，该结构还作为止水结构。该止水结构完成之后，拆除临时填筑区的最西部，为首个沉管与明挖暗埋段隧道的连接创造条件。

8）西人工岛明挖暗埋段隧道

采用与港珠澳大桥沉管隧道明挖暗埋段相同的施工方法修建本隧道的西人工岛明挖暗埋段。主要施工顺序如下（图 4.1-71）：

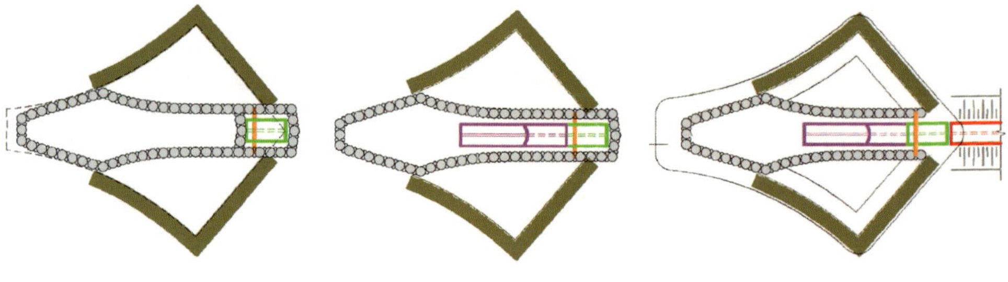

图 4.1-71　主要施工步骤

（1）先采用大型钢圆筒形成东侧施工坑，在此施工明挖暗埋段隧道和护岸，作为永久防渗墙。

(2)拆除内侧钢圆筒,施工浅埋的明挖暗埋段、隧道入口。

(3)拆除钢圆筒,为安装沉管管节做好准备。

4.1.4.8　隧道照明

隧道内配备两套照明系统,即正常照明系统和应急照明系统。

对于简洁的两孔一管廊断面,隧道内部的照明将是重要的美学元素,也是确保隧道安全通行的保障。隧道内,在路面上方 2.4m 高度处铺设装饰板,从后侧照明。照明效果图如图4.1-72所示。

图4.1-72　隧道效果图

4.1.4.9　可持续性设计

1)维护及检查通道

为了对隧道营运的影响最小,尽可能在中央管廊开展检查和维护工作。在中央管廊可检查接头的水密性、中墙的剪力键、大多数机电设施和深污水池的水泵情况。

交通管廊的墙体表面应易于清洁,对进入交通管廊的通道的要求如下:

(1)清洁隧道侧墙。

(2)清洁排水系统和污水池。

(3)维修照明、射流风机、排烟挡板和其他交通孔内设施。

(4)维护道路。

2)耐久性设计

所有不能更换的设施和隧道构件应具有 100 年使用寿命。这些设施和构件包括:

(1)钢筋混凝土。

(2)沉管接头的钢端壳。

(3)管段和管节的止水带。

(4)不容易更换的管段之间和沉管接头之间的各种次要止水带。

钢筋混凝土的设计应保证使用寿命 100 年。采用 FIB model 2010 进行使用寿命设计。采用牺牲阳极结合重防腐涂层系统来确保钢端壳的结构用钢的使用寿命,如同 Limerick 隧道和

Bjørvika 隧道。

永久预应力系统的耐久性通过以下方式实现：对后张钢束采用真空灌浆并在隧道管节外墙设置混凝土凸块，作为预应力锚固件保护层；从钢束中心算起，预留 200mm 的受压区，限制混凝土裂缝产生。

3）节能与环保

西人工岛位于珠江口，而东人工岛位于机场立交。由于拟建隧道不在居民区，洞口可不设置轴流风机，通过隧道口部进行废气排放，这将节省正常运营状态下隧道口部的轴流风机运营成本。欧洲隧道通常采用此方式。

4.1.5 评委会总体评价

设计理念先进，通道总体设计和谐、简练、大气、典雅，辨识性强，体现了力学与美学的结合，并与周边环境和谐。

主桥采用独柱式桥塔、分体钢箱梁、空间主缆设计，结构体系合理，主塔造型简练，塔顶设计有特色，有标志性。

非通航孔采用 Y 形桥墩，韵律感强，美观、通透，整体效果好。

西人工岛风筝造型设计简练，有力度感，导流效果也好，标志性突出。

从美学上考虑，中山大桥采用悬索桥桥型，在软基上布置两个锚碇，值得商榷，下阶段须与斜拉桥进行充分比选；隧道结构布置整体流畅，结构选型及结构体系建议进一步深入比选。

4.2 第二名方案（荷兰 TEC 公司联合体）

4.2.1 美学创意

4.2.1.1 设计创意

传说中，有一种奇鱼叫作“鲲”，在水中是鱼，出水即化作能飞的“鹏”（图 4.2-1），这神奇的画面来自古代哲学家庄子的想象。今天，“鲲鹏展翅九万里”的志气和形象，在横跨珠江东西两岸、联结“深、惠、莞”和“珠、中、江”两大珠三角经济板块的深中通道上，生动地展现出来。

深中通道对珠江东西两岸所产生的辐射力，包括带动沿岸城市之间的互动、资源的互补流动作用等。正如“鹏之背，不知其几千里也”“鹏之徙於南冥，也水击三千里”。

深中通道的影响超出了深圳和中山，它的辐射范围是整个珠三角地区，为整个区域带来更多资源整合、创新发展的新机会和可持续发展的经济效益。

珠三角地区是古代海上丝绸之路之源头，深中通道的建设将加强区域性的互联互通与共赢发展，亦将在粤港澳大湾区树立鲜明的标志性作用，在实际意义以及象征意义两方面，推进珠三角的发展。贯通珠江东西两岸的深中通道，肩负重大的历史性任务。

鲲鹏展翅　击水千里

羽若云天　影行天下

乘越香山风　扶摇青天上

陆海丝路长　无边无量

图 4.2-1　设计创意“鲲鹏展翅”

4.2.1.2　美学呈现

从神话传说汲取智慧，借用水墨的技巧描绘建筑形式，为深中通道两座大桥勾勒光影轮廓，将线条和光影拼合成一幅宏图万里的俊美画卷，将光影的魔法带到桥梁和岛隧结构，如同书法线条的阴阳虚实，通过折曲调整结构表面形态，创造优雅的曲线与光影效果，让线条更显精锐的力量，并带来激情与动感。

在设计中抽取书法艺术中构造几何线条的方法，创建主塔结构上的曲折面（图 4.2-2），再刷上不同的色彩，可更好地加强主塔上的光影效果，使之更显高耸，在呈现力量与坚固的同时，也呈现出平静与柔和。这样简洁而平静的造型，饱含锐意进取的现代气息。

图 4.2-2　美学呈现

4.2.2　桥梁

4.2.2.1　桥梁段路线平纵设计

从行车安全性和舒适性角度出发，核查全线路线平纵线形组合设计是否合理，适当调整变坡点位置、竖曲线半径，在满足各航道通航净空的前提下，做到“平包竖”，使全线线形指标均衡、连续，平纵线形组合较好。

1）平面设计

路线起点 K5 +695 至 K18 +300 段平面与工程可行性研究方案保持

一致，其他路段平面在工程可行性研究方案基础上做如下优化：

(1)调整 K20 ~ K22 段圆曲线半径。

将 JD5 圆曲线半径由工程可行性研究方案的 4200m 调整至 5000m，在提高路线平面指标的同时，缩短了路线里程长度约 41.5m，见图 4.2-3。

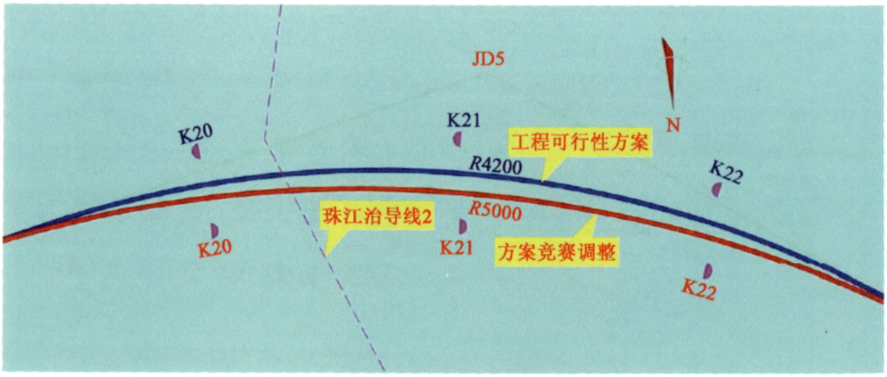

图 4.2-3 平面优化调整

(2)将 K25 ~ K28 段路线往南偏移约 21.2m，使路线与横门东水道完全正交，同时 JD6 圆曲线半径由 2000m 调整为 2200m，路线里程长度缩短约 5.5m。

2)纵断面设计

(1)工程可行性研究阶段 K20 + 100 ~ K25 + 000 零坡路段，原设计高程约 18.25m，常水位高约 0.5m，水面以上桥梁高度约 18m。调整该段纵断面，将桥面设计高程整体抬高 7m。

①原设计高潮位时预应力混凝土箱梁梁底距水面仅 12.5m，处于重度盐雾区，对耐久性不利，提高桥面后可避开重度盐雾区。

②原设计相对于 50m 桥跨而言，桥墩高度偏小，景观协调性较差。增加桥墩的高度后，提升桥梁整体景观协调性。桥面高程调整前、后效果图见图 4.2-4。

图 4.2-4 桥面高程调整前、后效果图

③调整纵断面后，减小路线纵坡，降低行车能耗，达到了节能减排的效果。

(2)适当加大部分变坡点竖曲线半径值，使各凹、凸形竖曲线半径均可满足视觉所需的最小竖曲线半径值，并注重平纵组合。

(3)纵面设计充分考虑大型货车的安全需求，在进入隧道之前的人工岛立交附近设置一处网索式短距离避险车道，平面布置见图 4.2-5。

图 4.2-5　网索式短距离避险车道

4.2.2.2　伶仃洋大桥

1）跨径布置

结合通航要求，主墩基础宽度和适度富余，主跨跨径需要 1620m。中山侧边孔跨越龙穴南水道，通行净宽不小于 325m，结合边孔通航尺寸、桥梁刚度、经济性、边中跨比等要求，主桥中山侧边跨跨径采用 600m 是合适的。

主桥深圳侧边跨从减少船撞风险、降低阻水率、经济性、桥梁景观等方面综合考虑，采用与中山侧边跨相同的 600m 跨径。

故伶仃洋大桥跨径维持原工程可行性研究推荐跨径不变，为 600m + 1620m + 600m，跨径平面布置见图 4.2-6。

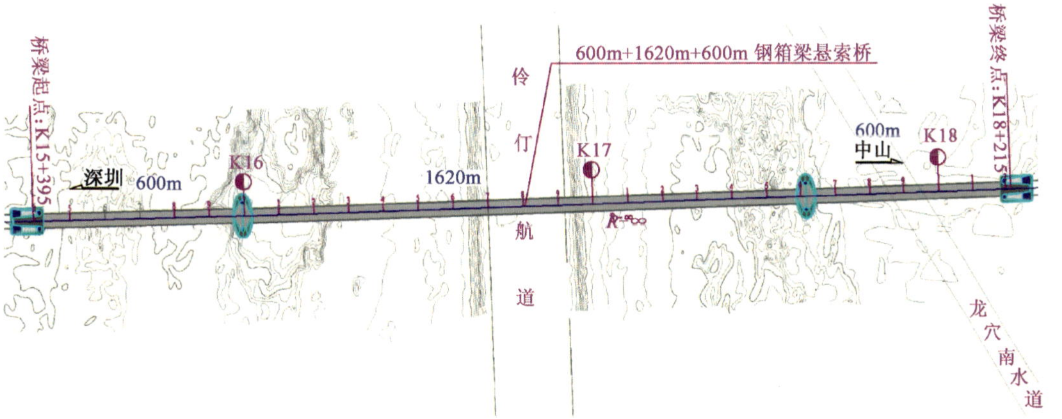

图 4.2-6　跨径布置平面图

2）结构体系比选

由于主跨为 1620m 特大跨径，受航空限高的控制，常规斜拉桥方案不适合，可选择的桥型方案有悬索桥、斜拉—悬索组合桥等。

（1）方案一：三跨连续悬索桥体系（图 4.2-7）。

优点：结构连续，行车舒适性好，结构传力简单明确，造型简约，整体景观效果好；主梁施工过程中受主缆约束,其抗风稳定性较好;单一的悬索桥结构施工工序简单,施工费用较低,施工工期更短。

缺点:锚碇基础体量较斜拉—悬索组合桥梁方案稍大。

图4.2-7 三跨连续悬索桥效果图

(2)方案二:斜拉—悬索组合桥体系(图4.2-8)。

优点:斜拉悬索组合桥能够减小锚碇体量,减少深水施工规模;但锚碇基础工程量主要由锚碇埋深、锚体尺寸及主缆间距等确定,因此工程量减少规模有限。

缺点:结构受力复杂,斜拉桥部分施工最大悬臂状态抗风稳定性较差;斜拉索与悬索吊杆布置风格差异较大,因有交叉,略显杂乱,整体景观不如单一悬索桥力线明快、线形优美。

图4.2-8 斜拉—悬索组合桥体系效果图

(3)方案三:三跨两铰简支悬索桥体系(图4.2-9)。

方案三采用与方案一相同的体系,仅是三跨连续主梁改为三跨两铰简支体系。

优点:主梁在索塔位置为铰接,消除了该处较大的负弯矩,对结构抗疲劳和桥面铺装更为有利。

缺点:加劲梁在横向风荷载作用下位移较大,抗风稳定性相对连续体系差;主梁伸缩缝、支座及阻尼器数量较多,不便于养护管理;索塔区加劲梁线形不匀顺,行车舒适度受到一定影响。

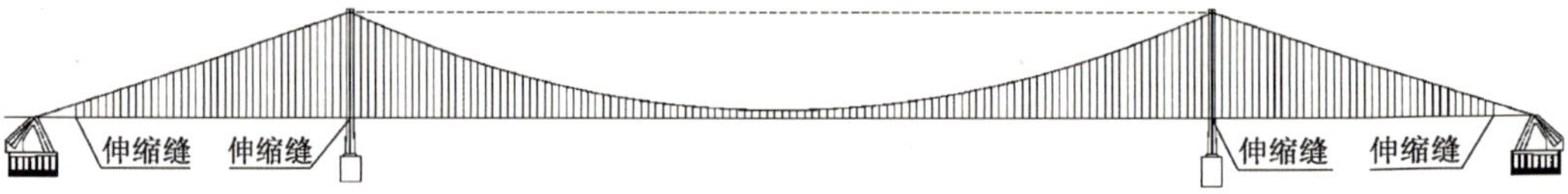

图4.2-9 三跨两铰简支体系立面图

(4)方案四:两跨连续悬索桥体系(图4.2-10)。

由于伶仃洋大桥主跨及中山侧边跨均有通航需求,起点深圳侧无通航需求,为减小主桥长度、降低造价,方案四采用两跨连续悬索桥体系。

优点:主桥长度减小,可降低工程总体造价。

缺点:结构整体布置不对称,景观性较差;深水区引桥增加较多,较三跨悬索桥方案造价节约有限;桥墩大量增加,阻水效应增加,不满足阻水率小于10%的要求。

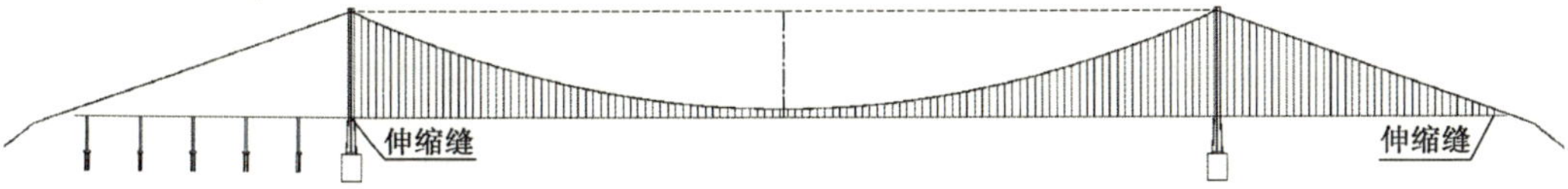

图4.2-10　两跨连续悬索桥体系立面图

经综合比选,推荐方案一,即三跨连续悬索桥体系。

3)主塔基础设计

(1)主塔方案比选。

索塔是悬索桥受力体系中支撑主缆的重要结构,同时又是体现悬索桥整体景观的标志性构件,索塔设计不仅要注重其结构受力要求,同时还应重视其造型、断面形状、外观色彩等景观设计。

常规H形索塔,塔柱直立,仅通过变换横梁形状来实现索塔整体景观造型,其构造简洁。目前国内外大跨度悬索桥索塔绝大多数均采用H形索塔,虽然横梁等构造略有差异,但总体造型基本一致,导致景观效果千篇一律,缺乏新鲜感和视觉冲击力。常见H形索塔造型见图4.2-11。

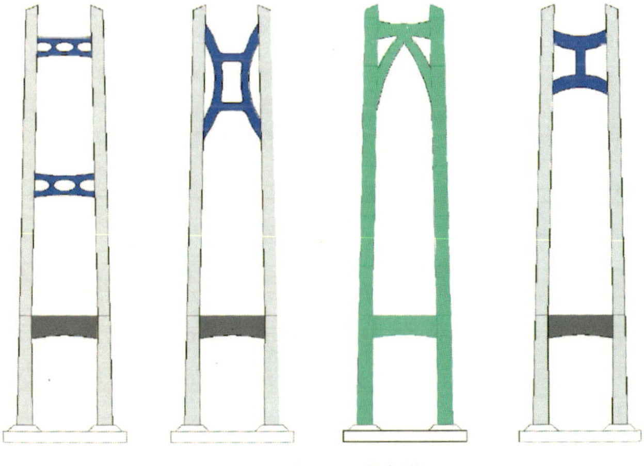

图4.2-11　常见H形索塔造型

A形索塔造型较常规H形索塔造型更加独特,而且可以通过扭转塔柱截面来增强索塔的立体阴影效果,形成空间线条分明、阴影效果极佳的索塔造型。

扭转的手法在高耸建筑结构中经常采用,可以减小风载且更具动感,如广州塔

(图4.2-12)、上海中心大厦(图4.2-13)等。

采用旋动的A形桥塔(图4.2-14)。从景观角度,A形塔力线明确,强劲有力,是天生的力学与美学融为一体之构形;为了提高其运动和梦幻的变化感,提高空间的立体阴影效果,利用非常有利于抗风的菱形断面,并以美学效果极佳的均匀直线扭转手法,使塔顶相对于塔底扭转90°,塔柱的旋转动感油然而生,强烈的立体感、阴影效果扑面而来。在塔顶相互融入30m,不但能减小顶部体量,更好体现A形塔的尖端高耸效果,还能减小顶部迎风面积,并构筑A形塔顶部的强劲节点。其风力大的上塔柱和受风面积大的下塔柱在横桥向和顺桥向大部分均为菱形迎风造型,减小了控制工况的风载效应。桥塔整体造型新颖,富有现代气息,截面线条鲜明、光影效果明显。

图4.2-12　广州塔

图4.2-13　上海中心大厦

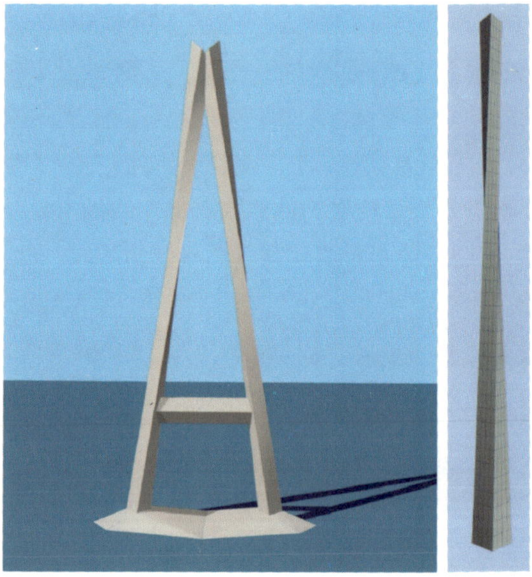

图4.2-14　主塔效果图

塔座采用棱角分明的多面体,形似钻石,与塔柱风格相呼应。

(2)主塔结构设计。

扭转的菱形塔柱由于采用直线均匀扭转,扭转后的塔柱面为多条空间直线组成的曲面。

由于索塔是以受压为主的结构,因此采用混凝土材料是经济合理的选择。对于海洋环境下的大规模施工,大节段预制是一种快捷、安全、优质、高效的工法,结合索塔混凝土模板的制作安装,考虑混凝土在海洋环境下的保护和防裂,拟将钢模板作为永久结构的一部分保留下来,以形成钢壳混凝土结构。塔柱内外表面均为钢结构,内设纵横向加劲肋及桁架支撑,加劲肋与钢壳的焊缝均为直线,使加工制造大为简化。钢壳既可作为模板,又可依靠剪力键与混凝土结合而共同受力。主塔横断面如图4.2-15所示。

塔顶高程273.4m,索塔总高度为261.5m。主索鞍底面索塔塔柱为12m(顺桥向)×14m

（横桥向）菱形截面，索塔塔底为18m（顺桥向）×14m（横桥向）菱形截面，塔底至塔顶向外扭转90°。塔柱为单箱单室钢壳混凝土结构，上塔柱横桥向和纵桥向壁厚均为1.2～1.6m，下塔柱横桥向和纵桥向壁厚均为2.0m。

图4.2-15　主塔横断面示意图

（3）主塔基础设计。

伶仃航道通航船舶最大吨位达30万t，主桥主墩船撞力为102MN，撞击风险及船撞力较大。为增强主墩的防撞能力，减小船撞风险，同时减小主塔基础阻水效应，采用沉井基础，外形为扁椭圆形（图4.2-16）。沉井井身平面尺寸为124.5m×57m，沉井平面布置为28个大井孔。沉井采用钢—混凝土组合结构，下层为钢壳沉井，高度为20m；上层为混凝土沉井，高度为24m；总高度44m。沉井内填C20混凝土。承台顶高程3.8m，保证在常水位下，船只可以识别承台的范围。

流线型设计的索塔沉井基础，可拨转撞击船舶的航向，减小船舶撞击力，减轻对船体的损伤。

4）锚碇基础设计

锚碇基础采用矩形沉井方案。为减小锚碇基础阻水效应，在四个角点位置倒圆角。矩形沉井井身平面尺寸为95.0m×76.0m，沉井平面布置为35个大井孔（图4.2-17）。

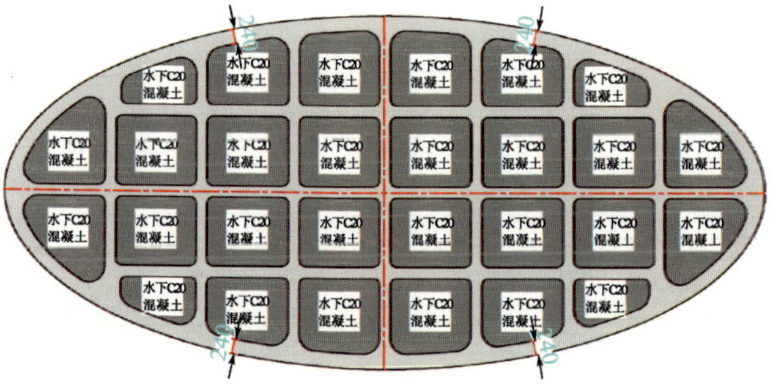

图4.2-16　主塔椭圆形沉井基础方案

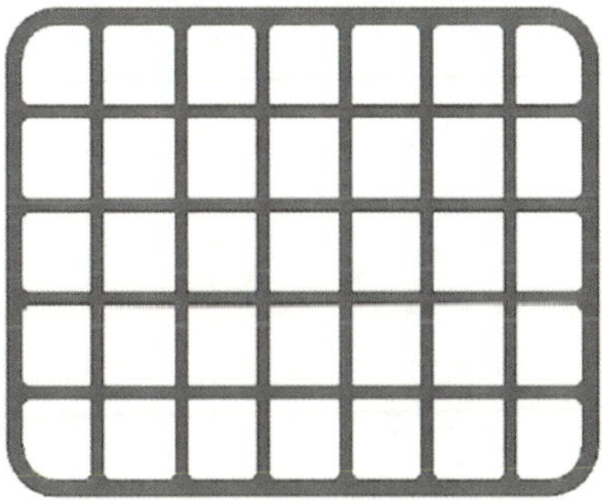

图4.2-17　锚碇沉井平面图

与主墩基础相同，沉井采用钢—混凝土组合结构，下层为钢壳沉井，高度为20m；上层为混凝土沉井，高度为24m；总高度44m。沉井内填C20混凝土。

沉井顶高程为+3.8m，沉井底面置于碎块状强风化岩层中。

5）锚体设计

从力学与美学双优的综合观点出发，锚体与支墩采用稳定且力线明确的三角形（图4.2-18），显得简洁、通透、刚劲有力，并增强阴影及立体感，使原本笨重的锚体变得轻盈起来，且与索塔外形遥相呼应，提升了全桥景观效果。

锚体总高度为67.3m，顺桥向长85.0m，横桥向锚体分离。为便于主锚固系统的检修与更换，采用可换式预应力后锚固系统加前锚室索股锚固连接系统构成。

6）缆吊系统设计

（1）主缆。

主缆材料推荐采用1960MPa镀锌铝合金平行钢丝。在成桥状态下的中跨铅垂面矢跨比为1∶10，两根主缆在主索鞍位置中心距为6.0m，在主跨跨中位置中心距为42.0m，在散索鞍位置中心间距46m。

主缆采用预制平行钢丝索股。每根主缆中，通长索股有234股，边跨增加4股。每根索股由127根直径为5.25mm的锌铝合金镀层高强度钢丝组成。边跨主缆直径为1008mm，中跨主缆直径为999mm。

主缆采用"S形钢丝+磷化底漆+柔性氟碳面漆+干燥空气除湿"防护方案。

（2）吊索与索夹设计。

采用销铰式平行钢丝吊索，每侧吊点设2根吊索。吊索采用直径为7.0mm的锌铝合金镀层高强度钢丝，钢丝标准强度大于等于1770MPa。

索夹采用上下对合的结构形式，上、下两半索夹用螺杆相连并夹紧于主缆上。在接缝处，上半索夹的内侧设有凹槽，下半索夹的内侧设有凸出的嵌齿，上、下半索夹的外侧嵌填橡胶防水条防水。索夹构造见图4.2-19。

图4.2-18　锚体三维模型

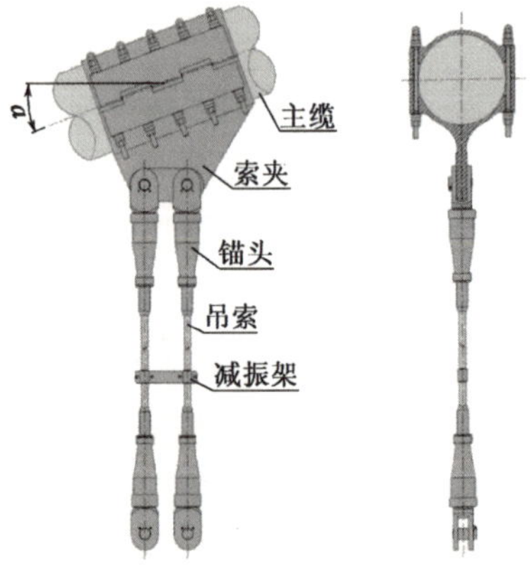

图4.2-19　索夹构造图

7）加劲梁设计

（1）加劲梁比选。

对超大跨径的悬索桥而言，风荷载作用往往是设计的决定因素。加劲梁应具有良好的气动外形与抗扭刚度，可增强其抗风性能，特别是颤振临界风速，以抵御灾害性空气动力失稳与静力失稳。加劲梁主要有钢箱梁、钢桁梁两大类。钢桁梁抗风性能较好，但桁高较高，增加了主、引桥桥面高度，会引起纵坡加大。主桥方向隧道口纵坡已达到2.9%，增加主梁高度对行车不利。同时，钢桁梁钢材用量超出钢箱梁20%以上。从技术、经济角度讲，钢箱梁更优。

钢箱梁有整体式钢箱梁（图4.2-20）及分体式钢箱梁（图4.2-21）两类。分体式钢箱梁相对于整体式钢箱梁具有更加优良的空气动力性能，但材料用量更多，涡激振动性能更差。

图4.2-20　整体式钢箱梁断面

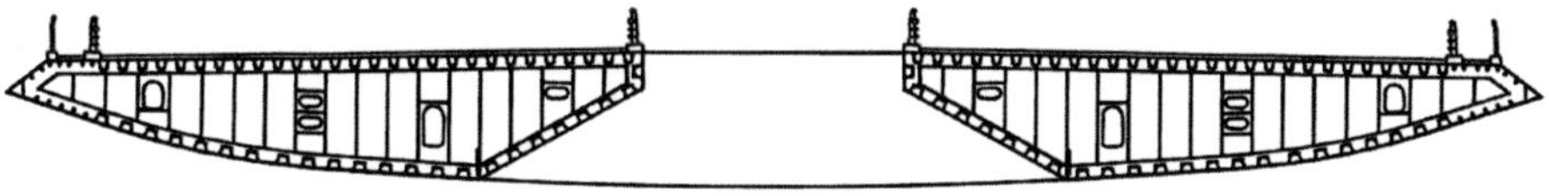

图4.2-21　分体式钢箱梁断面

通过分析计算及与同类型桥梁（虎门二桥坭洲水道桥）的对比研究，整体式钢箱梁可以满足抗风性能。

根据《公路桥梁抗风设计规范》（JTG/T 3360-01）规定，颤振稳定性指数按以下公式计算：

$$I_f = \frac{[V_{cr}]}{f_t B} = \frac{69.4}{0.2442 \times 49.7} = 5.7$$

当颤振稳定性指数 $4 < I_f < 7.5$ 时，宜进行主梁的气动选型，并通过节段模型试验、全桥模型试验进行检验。参考地理位置、桥跨与桥宽基本相同的虎门二桥坭洲水道桥抗风研究成果，其颤振临界风速为81.8m/s，第一阶侧弯基频为0.0502Hz，第一阶扭转基频为0.2288Hz。由于本桥采用A形塔空间索面，稳定性要好于坭洲水道桥，侧弯及扭转基频均高于坭洲水道桥。因此判断，本桥的颤振稳定性可满足要求。

（2）加劲梁设计。

梁高4m，桥面全宽49.7m，顶板宽40.5m，水平底板两侧设置检查车轨道及轨道导风板，检修道栏杆主要杆件布置成对抗涡振有利的水平方向。由于深中通道货车及重车比重达到40%以上，正交异性桥面板的抗疲劳耐久性应是关注重点。因此，横隔板采用实腹式横隔板与桁架空腹式横隔板间隔布置，将间距由一般3m减小至2.5m，使桥面板关键焊缝应力减小30%，提高桥面板的疲劳寿命。

（3）正交异性钢桥面设计。

目前，钢箱梁行车道顶板大多采用闭口U肋的形式。实践经验表明，顶板与U肋焊缝处的裂缝数量多、危害大、修复困难。产生这种疲劳裂缝的主要原因是U肋为闭口结构，U肋与顶板之间只能从外侧单面开坡口施焊，普遍采用75%～85%的部分熔透焊，留下15%～25%的未熔合部分（1～2mm），这1～2mm的未熔合部分本身形成一个天然的初始尖端裂纹，成为疲劳裂缝源；同时，该焊缝处截面减小15%～25%，造成截面突变，传力偏心加剧了应力集中。在车轮荷载反复作用下，导致U肋与顶板焊缝处容易疲劳开裂。

鉴于目前正交异性钢桥面使用过程中出现的疲劳病害问题，通过对正交异性钢桥面疲劳裂纹产生原因的分析，对正交异性钢桥面板纵向加劲肋受力性能进行了探讨，以期改善正交异性钢桥面板的疲劳问题，提高其疲劳寿命。

①对常规U肋设计方案进行了局部改进，主要是将U肋与顶板焊接部分设计为变厚度的形式(图4.2-22)，改善该处的受力。

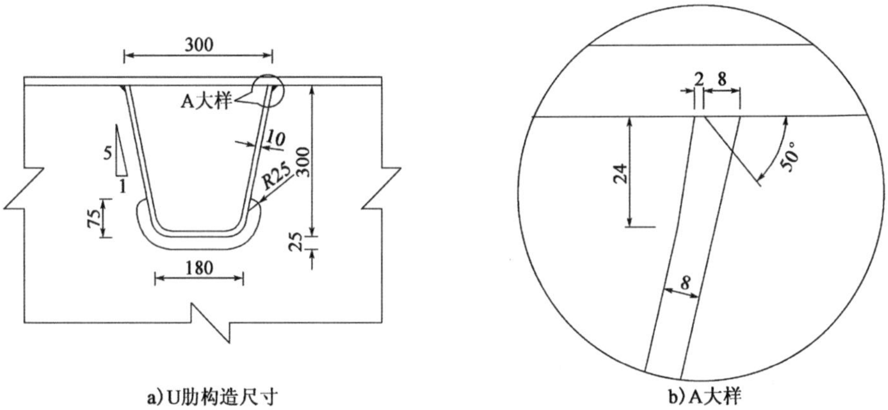

图4.2-22 U肋顶部变厚示意图(尺寸单位：mm)

②加工方法：采用热轧，减少常规U肋的切割、开坡口、弯折等步骤，降低施工残余应力，提高施工精度。

经足尺模型试验验证，上述改进可使焊缝名义横向应力减小约30%，对改善正交异性钢桥面板疲劳性能有较好的效果。

为解决钢桥面铺装难题，结合国内外有关研究成果，可采用超高性能轻型组合桥面结构。该结构由正交异性钢桥面板与超高韧性钢筋、钢纤维混凝土通过桥面板上的剪力钉组合而成，经高温蒸汽养护消除收缩变形，被称为可浇筑的钢板。该结构具有局部刚度大、耐久性能好等优点，可降低主要焊缝应力幅70%，使其达到无限疲劳寿命，从而综合解决正交异性钢桥面板的典型病害问题。目前，该类型桥面铺装已在广东马房大桥、佛陈大桥、东莞黎川大桥、湖南洞庭湖大桥上成功应用。马房大桥桥面铺装结构2011年施工，到本项目方案设计国际竞赛开展时，使用情况良好，未出现任何病害问题。

钢桥面铺装推荐采用高弹改性沥青SMA(30mm)+STC(50mm)，铺装总厚度为80mm，见图4.2-23。

伶仃洋大桥全桥效果图见图4.2-24。

4.2.2.3 中山大桥

1)桥跨布置

根据本项目有关通航专题研究，并依据国家相关主管部门批复意见，中山大桥主跨跨径不得小于580m。故通航孔跨径维持原工程可行性研究推荐跨度不变,即取用580m。

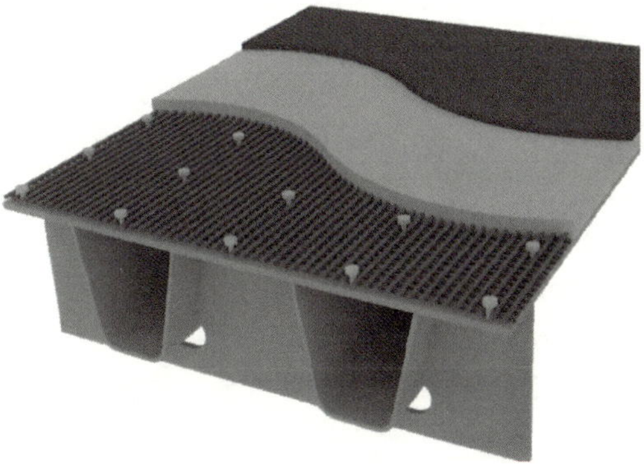

图4.2-23 STC轻型组合桥面铺装结构

图4.2-24 伶仃洋大桥效果图

2)桥型方案比选

主跨580m的跨海桥梁,可供选择的桥型主要有拱桥、悬索桥、斜拉桥等类型。就力学性能、经济性及适应性而言,斜拉桥较其他桥型更具有合理性。

(1)拱桥。

①580m跨径基本超过拱桥的上限范围,故技术与经济方面均不具备优势。

②从全桥景观协调性考虑,宜采用中承式拱桥,但由于下拱肋的防撞问题及侵占通航净空,使其不具备合理性。

③施工复杂,风险大。

(2)自锚式悬索桥。

①可选用,但不是该桥型的经济跨径。

②桥面较高而塔高较矮,与周围环境略欠协调,景观性差。

③造价高。

(3)斜拉桥。

①该跨径是斜拉桥的经济跨径,受力合理。

②设计、建造技术成熟,环境适应性好。

③造价经济。

从以上分析可以看出,斜拉桥是中山大桥的最适宜桥型。

3)总体布置

为减少阻水效应并兼顾全桥刚度,边跨设置一个辅助墩,辅助墩的设置考虑了与非通航孔桥跨的呼应,辅助跨采用与非通航孔跨径相同的110m。考虑辅助墩合理受力位置并兼顾合理边中跨比,边跨采用310m。

桥型方案布置为310m+580m+310m双塔双索面钢箱梁斜拉桥,整体式钢箱梁。

对斜塔方案与直塔方案进行了比选,斜塔方案(图4.2-25)较直塔方案更具动感和韵律感，但施工复杂、风险大。推荐采用直塔斜拉桥方案（图 4.2-26）。

图 4.2-25　斜塔斜拉桥方案

图 4.2-26　直塔斜拉桥方案

4）结构体系

全桥采用半漂浮体系。

索塔处设置竖向球形钢支座、横向抗风支座及纵向阻尼装置。

辅助墩、过渡墩处设置满足横向水平承载力要求的竖向球形钢支座、纵向滑动。

5）主塔及基础设计

（1）塔形方案。

与伶仃洋大桥类似，主塔推荐采用扭转 A 形结构。从受力上说，A 形塔通过其稳定强健的三角形能轻易地将绝大部分横向力转化为塔柱的轴力；从景观上说，A 形塔力线明确，强劲有力。扭转 A 形结构具有非常有利的抗风的菱形断面，并以均匀直线扭转手法，在塔顶相互融入 21m。主塔效果见图 4.2-27。

图 4.2-27　中山大桥主塔效果图

主塔总高为 218.22m，桥面以上高度为 161.8m。顶塔柱为 8m（顺桥向）×10m（横桥向）

菱形截面，塔底为14m（顺桥向）×12m（横桥向）菱形截面。塔柱为单箱单室钢壳混凝土结构。

(2)索塔锚固方案。

斜拉索与主塔锚固采用组合钢锚箱方案（图4.2-28），组合钢锚箱综合了传统钢锚箱与钢锚梁的优点。利用前一施工段的锚箱顶面作为平台，通过前一施工段的PBL锚固板及侧壁剪力钉将竖向力传给塔壁。水平力则由锚梁平衡，可充分发挥锚梁钢材的抗拉强度，同时避免将水平拉力过多传给塔壁。张拉完成后通过螺栓将锚梁与PBL锚固板连接。运营期的不平衡水平力可由两侧壁共同承担，一侧斜拉索损坏或斜拉索换索时两侧塔壁可以同时受力。

图4.2-28　组合钢锚梁三维图

(3)主塔基础。

主墩桩基础采用38根直径2.5m的钢管复合桩，行列式布置，平面布置见图4.2-29。桩底持力层为微风化花岗闪长岩。承台为高桩承台，哑铃形布置，平面尺寸111.03m×27m。承台顶高程+3.8m，位于最高通航水位以上，保证船只不直接撞击主塔塔身。承台底（封底混凝土顶）位于最低水位以下，承台底不露出水面，并保证船舶船鼻不直接撞击桩身。承台厚6m，封底混凝土厚2.5m。

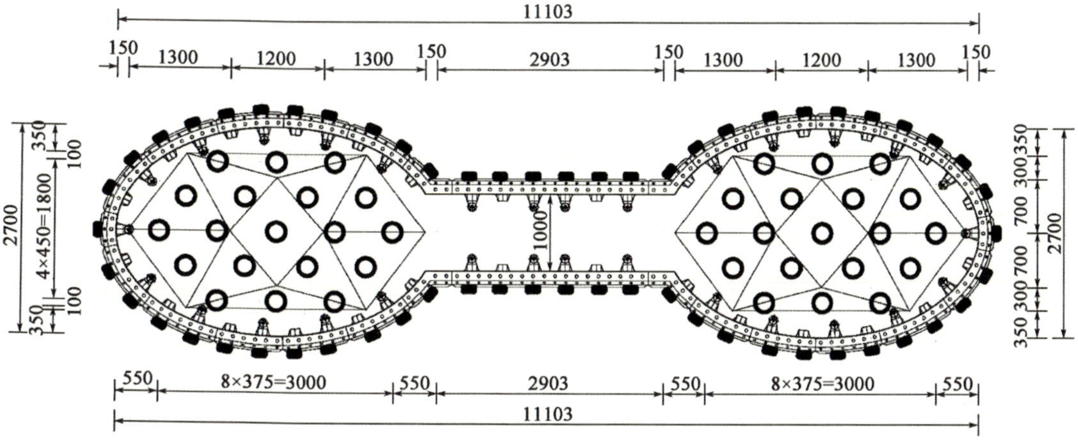

图4.2-29　主塔基础平面图（尺寸单位：cm）

6)斜拉索设计

目前斜拉索主要有平行钢绞线与平行钢丝两种。

平行钢绞线主要优点是钢绞线强度高,吊装、运输方便,所需张拉空间小;缺点是斜拉索张拉、调索烦琐,且钢绞线现场锚固,质量隐患的风险增大。

平行钢丝优点是张拉、调索方便,节省工期,整索、锚头等由工厂制造,质量隐患降低;缺点是当索长较长或索重较重时,吊装、运输不方便。目前国内外大跨斜拉桥如杨浦大桥、南京二桥、苏通长江大桥、多多罗大桥均采用这种类型的斜拉索。

推荐采用标准强度 1860MPa 的镀锌平行钢丝拉索,空间扇形索面,每索面 18 根;钢箱梁上索距 15m,塔上索距 2m。

7)主梁设计

本桥可行的主梁方案有钢箱梁与钢混组合梁方案。钢箱梁在工厂预制,重量轻、悬拼快速方便,但正交异性桥面板钢结构疲劳及铺装耐久性问题突出;组合梁相对来说自重较大,斜拉索及基础工程量规模大,悬拼混凝土板湿接缝工序多,工期相对较长,但没有结构疲劳和铺装耐久性问题。

如果在钢箱梁桥面板上设置 5cm 厚超高韧性钢筋与钢纤维混凝土层,则正交异性桥面板主要焊缝应力将下降 70% 左右,可极大提高结构的疲劳寿命,桥面板自重也比常规组合梁桥面板降低 60% ~70%,结合了传统钢箱梁及组合梁的优点。

推荐采用钢箱梁方案,采用 STC 轻型组合桥面铺装,横断面构造如图 4.2-30 所示。

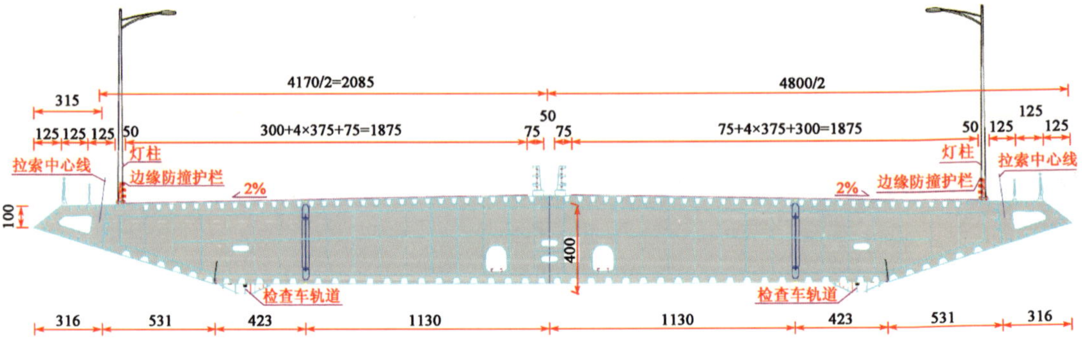

图 4.2-30 主梁横断面图(尺寸单位:m)

主梁梁高 4.0m、全宽 48m。纵腹板采用桁架式腹板,横隔板采用实腹式横隔板与桁架空腹式横隔板间隔布置,横隔板间距 2.5m。

中山大桥全桥效果见图 4.2-31。

4.2.2.4 水中段引桥

1)总体构思

海中非通航孔引桥占桥梁全长的 66%,海上现场施工作业条件差,受风浪、潮汐、材料运输供应、施工作业场地等因素影响较大。若采用现场浇筑混凝土的方法,将需要大量现场作业船舶、施工平台及混凝土的供应,施工组织困难,施工风险高,且难以保证质量。故结构设计方案要与施工方案紧密结合,达到安全、快速、经济的目标。

图4.2-31　中山大桥效果图

为保证施工工期、质量、安全，非通航孔桥桥墩、主梁等结构采用大型构件工厂化预制、现场快速安装的施工方案。按照模数化、标准化、工厂化的“三化”标准进行构件设计与施工。

2）上部结构

（1）泄洪区引桥。

泄洪区引桥段长约5.8km，结合防洪要求、重载交通占比高、桥面板及桥面铺装耐久性等因素，并综合分析地质、水文、船撞和海上施工条件及经济性，参照国内外跨海大桥相关工程经验（表4.2-1），对钢箱梁、预应力混凝土箱梁、钢混组合梁桥等上部结构方案进行比选，推荐钢混组合梁结构，并按照110m最小防洪跨径进行桥跨布置。

国内外跨海大桥非通航孔桥梁主梁一览表　　表4.2-1

桥　名	跨径(m)	主梁形式	架设方法	吊重(t)
Great Belt-East Bridge 丹麦大贝尔特海峡东桥	193	钢箱梁	整孔预制架设	2300
港珠澳大桥	110	钢箱梁	整孔预制架设	2560
	85	钢箱组合梁	整孔预制架设	2000
Oresund Bridg 丹麦—瑞典厄勒海峡大桥	140	钢桁组合梁	整孔架设	6900
Second Severn Crossing 英国塞文桥	98	混凝土箱梁	短线预制，架桥机平衡伸臂架设	200
Northumberland Strait bridge 加拿大诺森伯兰海峡大桥	250	混凝土箱梁	每孔、两节段预制吊装	8700
	93		短线预制，架桥机平衡伸臂架设	90
Great Belt-west Bridg 丹麦大贝尔特海峡西桥	110	混凝土箱梁	分节段预制，整孔吊装	4300/5700
Gauseway 巴林水道桥	50	混凝土箱梁	整孔预制、节段拼装	1350
东海大桥	70	混凝土箱梁	整孔预制架设	2200
杭州湾跨海大桥	70	混凝土箱梁	整孔预制架设	2200
舟山联岛工程金塘大桥	60	混凝土箱梁	整孔预制架设	1900

组合箱梁为单箱单室分幅等高度连续梁,考虑箱梁整体吊装施工及桥面板的受力等因素,采用分幅设计,单幅整孔吊装施工,吊装质量控制在3500t左右。

单幅桥宽20m,梁高5.6m。采用"开口钢箱梁+混凝土桥面板"的组合结构,两者通过钢箱梁上翼缘板、小纵梁顶板设置的剪力钉连接。组合梁采用桁架式横隔板,隔板间距3m,横断面构造见图4.2-32。

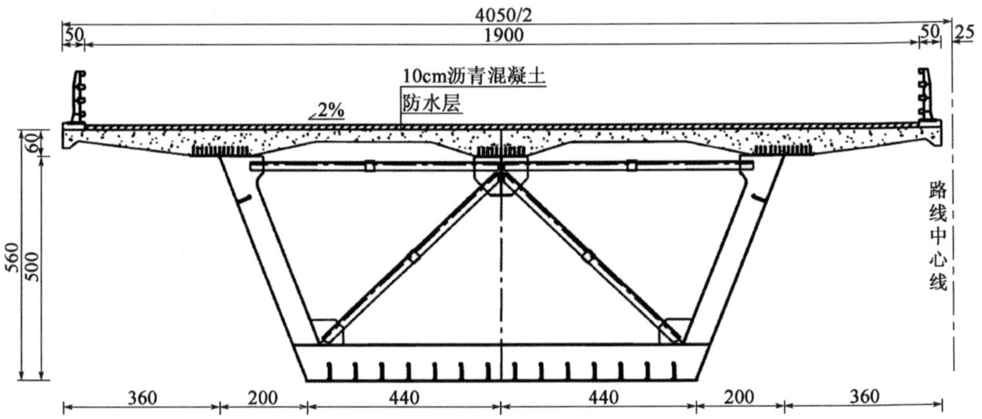

图4.2-32 泄洪区引桥主梁横断面(尺寸单位:cm)

组合梁通过钢梁反拱及支座升降等方法对桥面板预压,增加桥面板应力储备,降低桥面板钢束及钢筋用量,减少工程造价。

(2)浅滩区引桥。

浅滩区引桥段长约5.2km,墩高为22~40m,水深不足3m,有约2.5km长度水深不足2m。考虑与泄洪区引桥的协调性,跨径不宜太小;另外,水深浅,墩高矮,跨径也不宜过大。

推荐该区段非通航孔桥跨径取50m,采用预应力混凝土箱梁,横断面构造见图4.2-33。

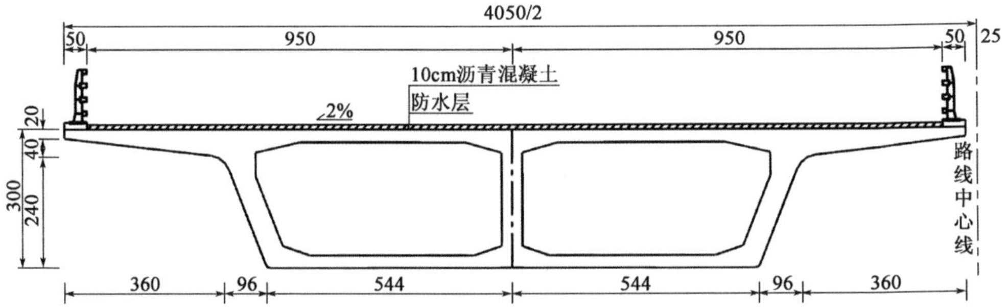

图4.2-33 浅滩区引桥主梁横断面(尺寸单位:cm)

由于50m引桥范围水深浅,河道疏浚工作量大,经技术经济分析比选,50m跨梁采用节段预制拼装经济性更好。采用上下游分幅布置的预应力混凝土箱梁,单幅桥宽20m,梁高3m,单个节段最大吊装质量约150t。

3）下部结构

从美观、船撞、对水流的影响以及施工规模化等方面考虑，采用整体式桥墩（图4.2-34）。

110m引桥桥墩宽13.8m，墩帽悬臂长7.85m，帽梁总宽度29.5m。桥墩采用空心结构，横桥向壁厚1.2m，顺桥向壁厚0.8m。

50m引桥桥墩宽12m，墩帽悬臂长9.65m，帽梁总宽度31.3m。桥墩采用空心结构，横桥向壁厚1.2m，顺桥向壁厚0.8m。

采用钢管复合桩基础，墩身、承台预制施工。

4.2.2.5　桥梁景观设计

1）桥之美

主桥以"大鹏展翅"作为设计概念，两座大桥均采用相似的造型，如同两只大鹏正表现不同的姿态（图4.2-35）。

图4.2-34　水中段引桥效果图

图4.2-35　"大鹏展翅"设计概念

（1）悬索桥。

大桥的轮廓线犹如一只腾空飞跃的大鹏鸟，如云盖影一样在水面上展开。大桥主塔上的阴影线条就像以天空为背景的水墨画。钢结构主塔以两杆优雅的斜撑构筑，中间受力，两旁结构表面的折面效果造成阴影线。光影效果从下而上展开，表现大鹏鸟的高度与力量，与利落的折面线互相呼应，象征站在水中张开羽翼、准备振翅高飞的大鹏鸟，伸展它修长强壮的脚爪。悬索桥立面效果见图4.2-36。

图4.2-36　悬索桥立面效果图

伶仃洋大桥是深中通道吸引眼球的焦点。从伶仃洋进入珠三角，大桥从水波中升起，好像展开翅膀的大鹏，庞大羽翼犹如垂挂天上的云彩，与正在开往珠江口岸的船只打招呼。雄壮的身影在伶仃洋上站稳展开，船只经过大鹏鸟展开的翅膀，进入南沙港。悬索桥每个主塔潇洒地向上扭转，折面构成阴影线，徐徐向上展开，骄傲地向进入港口的船舶致敬。

(2)斜拉桥。

第二道斜拉桥也是采用同样的手法，它就像大鹏鸟的兄弟，富有年轻的生命力，张开充满力量的翅膀，标志着青春、充满成长活力的少年大鹏鸟(图4.2-37)。

2)技巧与几何形象

水墨画与书法的主要技巧在于对毛笔的控制(图4.2-38)。灵活控制执笔之手的动作，收放自如地将水墨变成富有美感的线条，反映画家或书法家的内在功力。在设计中抽取书法艺术当中构造几何线条的方法，以此作为建筑语言，构建富有中国文化特色的大桥建筑。引用勾勒、造影等这些笔法给大桥赋予文化元素，绘制一幅伶仃洋上"大鹏展翅"的画卷。

图4.2-37　斜拉桥效果图

图4.2-38　书法与绘画

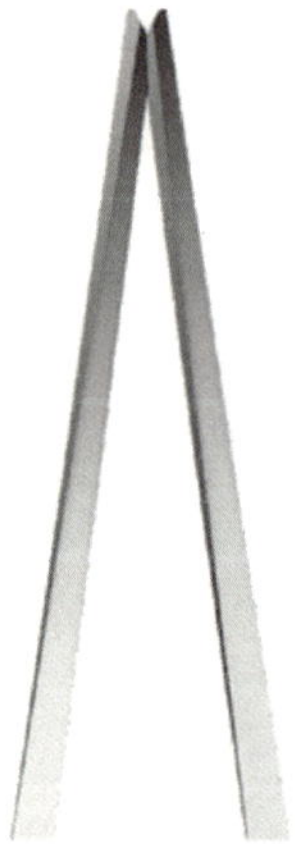

图4.2-39　主塔"光影绘画"

(1)主塔上的"光影绘画"。

书法以水、墨构展现文字的特点及含义，是一种美学与沟通意象的表达。光影和阳光在物料上的反射，成为构筑"书法"的方式。将结构的表面屈折，形成一个利落的反射面，造就动态感和新颖的设计表现。

以"光影绘画"作为设计的表现手法(图4.2-39)，寻找一种简单的意念、一种几何形象作为细节，而它必须是鲜明而又容易掌握的，并可以应用在不同类型的桥梁建筑之上。这种方式可以应用到A形主塔或其他不同形式的桥塔。将同样的设计方式，因应不同的设计原型做适应和调整，将"光影绘画"和几何形象灵活应用，给桥塔打造新颖的形象。

(2)意义。

用建筑表现中国水墨画与书法的特色,通过控制光影和物料的反射,让驾车驶过的人们感受阴影和光的变化,欣赏到大桥的修长线条和动感,也在珠江口两岸的天际线画上一幅具有故事性的画面,表现城市之间联系的重要。

3)形式与和谐

深中通道是由几个不同的部分组成的,需要注意协调不同部分之间的节点,寻求打造完整、和谐的方案。通道鸟瞰图见图4.2-40。

图4.2-40　方案鸟瞰图

为达到这个目的,采取了两种方法:

方法一:在整条通道上运用相同的技巧和几何形象。两座大桥的主塔都"画上"光影。为进一步提升两座桥的整体性,两座主塔也有共通的几何形象,并且延伸体现到隧道和人工岛的设计当中。

方法二:力求打造整个通道旅程的关联性。不论从东往西或从西往东,都必须经过隧道和两座大桥。以说故事的方式,让人感受整条深中通道的整体协调性。从通道的入口开始,就以一个故事作为引线,通过连串的水平活动,局部加强跳动感、坡度和水平弯度,通过种种不一样的具体驾驶经历串联整体。

(1)音乐旅程。

深中通道是由一连串的组合组成,正如一组和谐的音乐。道路使用者通过一连串不同的道路体验,经历一个整体的旅程,就像对乐曲的体验。这样的体验,与固定的建筑有所不同。一些用于音乐的术语和法则,例如节奏、旋律、合奏、和谐、主调和高潮,可套用到走过通道的旅程。当走过通道的时候,每一个平均的跨径就如乐曲的拍子。当开始接近悬索桥的时候,看见主塔缓缓往天上爬升,垂直的悬索就如强烈地嘀嗒跳动的主题曲。到达斜拉桥的时候,每一条拉索的动感就如海水在弹奏竖琴一样,在穹苍中回响。

(2)纵横交错。

整条通道是由纵横交错的线条与不同构件相互交织构筑而成。这些构件形成一个整体的故事。垂直的主塔代表历史悠长的海上贸易，透过精巧的线条和不同色调的光影效果，表现这份历史内涵。水平面上的线条包含快速驶过的车辆、在路面飞驰的车灯、来往大桥和水下隧道的车辆等。这些日间来往繁忙、晚上闪闪发亮的道路，反映区域的发展，跨越珠江东西两岸的界限，拥抱整个珠三角地区。

(3)灯光。

灯光加强通道与大桥的动态感，并重点显现它的“个性”。水平路段的结构部分外侧展现模仿行车速度的动态灯光效果。主塔照明建议使用白光，表现清晰的结构折面和主塔线条。夜景的效果表现主塔富有层次的色调深浅变化效果，呼应白天时日光反射于折面上的光影效果。悬索桥的轮廓线由泛光灯照亮，让吊杆隐藏于黑夜中，让两旁的轮廓线从主塔中拉开、连合、再分开……形成一条垂挂在空中的神奇曲线(图4.2-41)。

图4.2-41　伶仃洋大桥夜景效果图

4.2.3　人工岛

4.2.3.1　西人工岛

1)岛形设计

根据阻水率与道路竖向设计要求，人工岛长625m。岛形是影响水文状况的关键因素，对于岛平面布置，必须考虑一些流线型优化，岛头最好设计成光滑的圆角，使岛对水流的影响降到最低，同时改善岛体周围的冲淤环境。除此之外，设置圆角使结构更加稳定，并能减小波浪冲击力。

西人工岛的主要功能是为桥隧转换提供合适的空间及施工条件，另外也还有其他作用，如交通功能、机电设备装配、环境保护、保护隧道免受雨水和海水水淹等。

基于功能及水利要求，确定人工岛最小尺寸的功能性平面方案(图4.2-42)。也可用加宽的块石护岸作为保护结构，并达到休闲环保目的，形成景观性平面方案(图4.2-43)。从技术的角度，景观性平面方案是功能性平面方案的再拓展，岛壁结构周围的护堤面积扩大了，提供了额外的景观、旅游和环境空间。

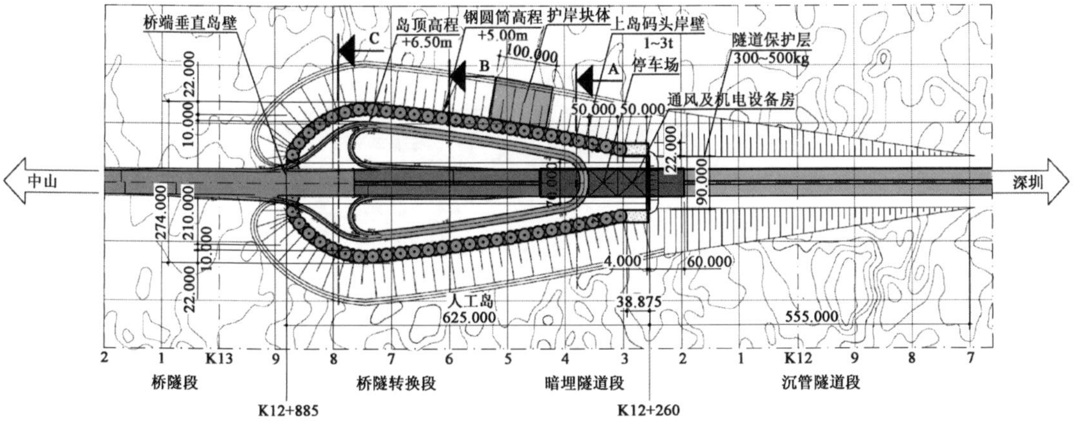

图4.2-42 西人工岛最小尺寸岛形平面(尺寸单位:m)

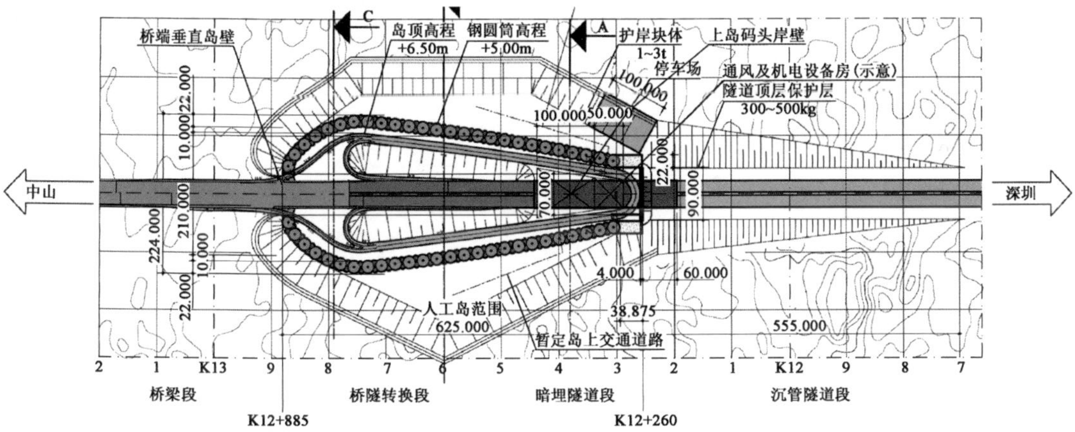

图4.2-43 景观性人工岛岛形平面布置方案(尺寸单位:m)

人工岛额外的宽度对河流防洪没有额外的影响,但是在施工过程中更有利于人工岛施工组织,同时可以降低人工岛挡浪墙的高程。

推荐人工岛采用具有景观布置的方案,西人工岛主体结构相对较高,景观区相对较低,波浪和越浪采用重力式排水设计。

2)岛上建筑设计

(1)交通功能规划。

人工岛主要交通功能包括观光旅游、灾难预防、应急救助与管理运营等。岛上必须具备可达性功能要求,按照匝道最小曲线半径30m,确定了上岛、下岛的出入口位置,无论从桥隧任一方向都能够安全地上岛、下岛。交通流向见图4.2-44。

人工岛北侧(风浪较小的受掩护的位置)留有100m×50m的登岛码头,可用于旅游(摆渡船)、设备供给、运营维护及紧急情况,使西人工岛具备从海上的可达性。

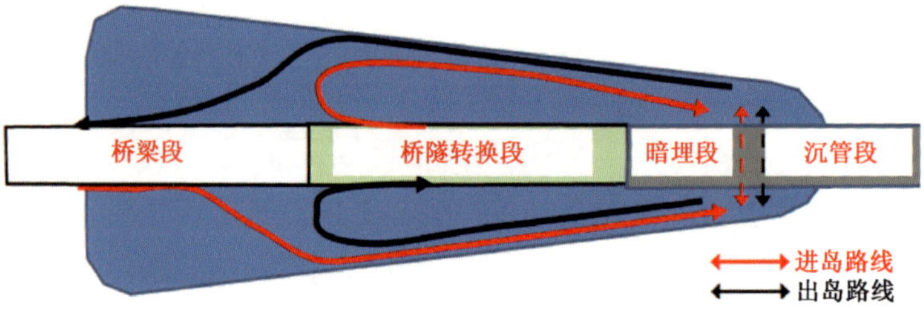

图 4.2-44 岛上道路交通流向图

(2)设施规划。

人工岛东侧(隧道顶部)设置一座机电设备房,主要用于人工岛与隧道的管理。预设一栋两层的建筑,占地面积 7100m^2,主要用于维护和管理设施、交通管理、避难和应急储备、隧道消防蓄水池与泵房、环境保护设施、停车场等用途。

(3)环境保护规划。

建立一个循环利用与管理废水的蓄水池,在人工岛设计中考虑岛体与蓄水池的结合。采用环境友好的设计理念,在设计中处处考虑人工岛对环境的影响,比如在人工岛溢水口采用多层次的堰式挡板和过滤网布等。

3)光过渡段建筑设计

西人工岛隧道出口篷顶以拉膜结构为主体,缆索固定,采用轻质板材形成大型框架式吊顶(图 4.2-45)。吊顶有助于过滤光线,驾驶员进出隧道时,较容易适应光环境转变的过渡。

图 4.2-45 西人工岛效果图

从桥面进入隧道,经过中间部分往下拉、两边翘起的马鞍形的篷顶,构成一个从亮至暗、从外到里的导向性入口。反过来,作为隧道出口的时候,马鞍形的篷顶过滤光线,帮助驾驶员逐渐适应隧道外白天日光环境。在造型上,篷顶向外展开,标志隧道旅程结束,进入另一阶段。

4)结构设计

西人工岛处平均水深大约在10m,地质条件主要为15m厚海洋软土覆盖基岩,其中基岩风化年代各有不同。在这个位置上进行人工岛施工,在技术上是可行的。

借鉴港珠澳大桥首次采用大直径钢圆筒方案筑岛的经验,大直径钢圆筒是快速、可靠筑岛的有效方法,为人工岛抵抗波浪与潮流的破坏起到临时保护的作用,并能够缩短人工岛成岛、地基处理与隧道施工的工期。

推荐采用钢圆筒与抛石斜坡堤结合岛壁方案(图4.2-46)。钢圆筒只用于临时结构,钢圆筒直径22m,高度约45m。抛石斜坡堤下部采用挤密砂桩(SCP)处理。块石护岸采用天然石块级配,最大质量为3t。

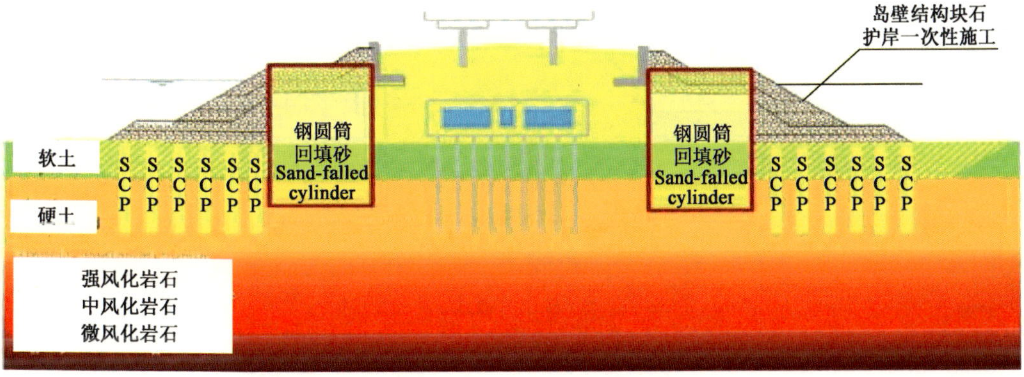

图4.2-46　西人工岛岛壁结构图

明挖暗埋段施工基坑因为开挖深度大,采用组合墙围堰的单独的基坑方案,确保安全降水和施工环境。

4.2.3.2　东人工岛

东人工岛在各方面都比较复杂,除满足交通功能外,必须为运营和应急设施提供充分的空间。设计时面对的挑战是将这些功能整合在一个简洁但具有吸引力的方案中。

1)岛形设计

对于东人工岛,主要挑战是对地下交通进行特别设计,使隧道交通更加流畅和安全,而不只是专注于人工岛本身的景观和布局。

地下空间的设计不仅仅在施工方面存在挑战,而且在人类感知和期望等方面也存在挑战。驾车穿越封闭的空间需要清晰的视线和良好的方向感。若存在汇合车道,在隧道内进行汇车可能会带来严重的不确定性,在某些情况下,驾驶员的恐惧感会导致他们突然减速或者猛打转向盘进行规避,这将会导致交通不畅甚至交通事故。

考虑在隧道入口和汇车段采用开放结构,开放式方案可以为驾驶员提供更好的视线和方向感,因此对周围环境的预知感更好。

主线隧道(从深圳往中山方向)在浅埋段为开放式结构,在人工岛上属于半敞开式结构,在沿江高速公路下方短暂的暗埋段后进入开放式结构的入口段。所有从高速公路汇入的车辆通过的是敞开的车道及清晰安全的隧道入口。平面布置见图4.2-47。

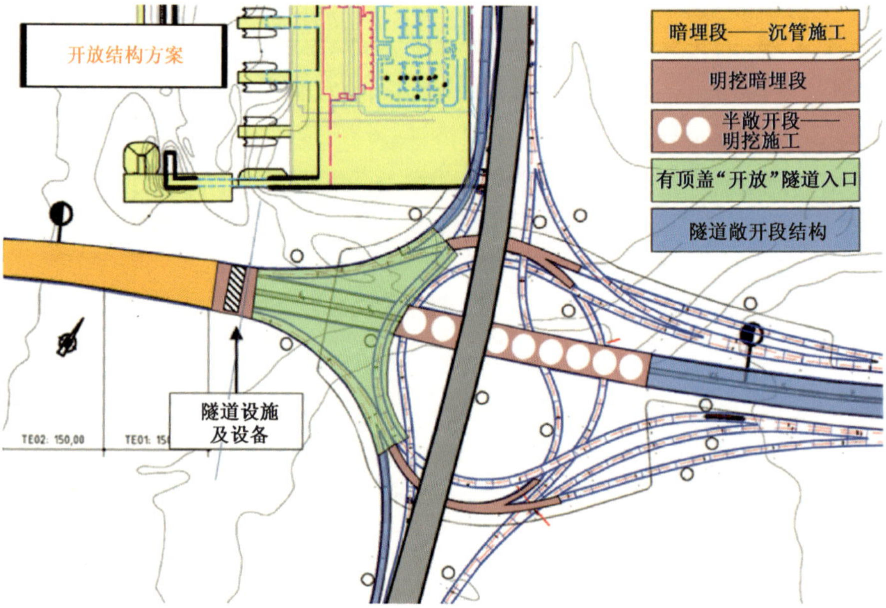

图4.2-47　东人工岛开放式结构布置示意图

道路基础设施设置在视野良好的环境中，设施房位于主线隧道入口上方，部分为地下结构。

2）光过渡段建筑设计

隧道篷顶以浮出海面的大蝙蝠鱼为形象。传说大鹏为天池的大鲲（非常大的鱼）所化成，与鲲鹏属同一物种：入水能游、出水能飞。蝙蝠鱼来自深海，喜在水底"行走"，正配合隧道的属性，它以自己庞大的身躯"引领"道路使用者安全地"潜入"水底，引入自然采光、遮风挡雨。

篷顶上的纹理顺应隧道方向而变化，加强引领交通方向的效果。篷顶上的菱形图案，到接近隧道入口时更加密集起来（图4.2-48），这种逐渐转化的效果，让进入隧道的光源经过有序的自然过渡，以使驾驶员较好地适应环境与光源的转变。

图4.2-48　东人工岛棚顶效果图

3)结构设计

本方案的主要挑战是要建造一个大型、永久性的地下空间。该地下空间的主要尺寸为:敞开段长度350m、宽度70～350m。

主要土建施工特点包括:永久性的挡墙和带锚固设施的钢筋混凝土底板,需要采用抗拔锚(固定在基岩上)底板抵抗地下水产生的上浮力,抗拔锚采用规则的样式进行布置。这些锚杆可在降水之前进行施工。

4.2.4　隧道

4.2.4.1　隧道结构选型

基于现阶段的条件和可获得的信息,当前阶段推荐方案并不意味着其他方案不合适,或者和这个建议的方案相差很远。建议不应忽略其他可能的方案。一旦环境或者条件发生变化,可能会改变对推荐方案的选择。

在各种混凝土结构隧道方案和钢结构隧道方案比选中,分别选出混凝土和钢结构各一种倾向性方案,以两个倾向性方案为基础方案,再进一步比选。

1)混凝土隧道

(1)钢筋混凝土管节。

对于混凝土隧道,推荐采用钢筋混凝土结构,横断面见图4.2-49。

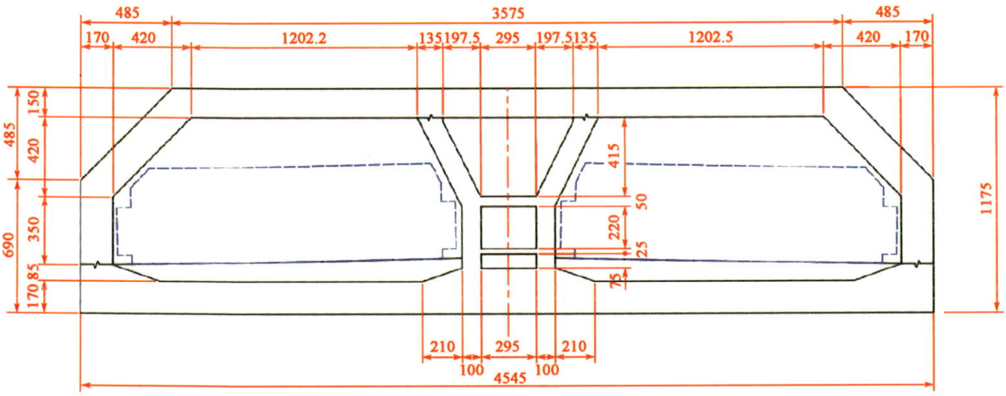

图4.2-49　钢筋混凝土隧道横断面(尺寸单位:cm)

因为整体式混凝土隧道需要采取太多的措施来保证水密性,需要外包防水层,整体式隧道底板采用柔性防水层的案例很少,多采用钢板防水。建议不仅将钢板用作防水,同时用作结构,详见后文介绍的钢结构隧道方案。

推荐节段式隧道。节段式隧道可以采用柔性接头、半刚性接头和刚性接头三种,区别是接头预应力剪断、部分剪断或不剪断。

采用何种接头主要取决于岩土工程条件及临时浮运沉放需要的预应力数量。如果隧道生产场距离项目场地很近,则不需要配很多的预应力,因为浮运线路短,沉放的窗口更多,更便于安排沉放施工。如果施工阶段管节弯矩远小于运营阶段,配备额外大量的预应力,这可能造成不经济。

如果隧道生产场距离项目场地很远,必须通过预应力设计来应对浮运沉放过程中不利的风浪条件,需要非常多临时预应力(例如,荷兰 Piet Hein 隧道和港珠澳大桥隧道)。这种情况下保留临时预应力可能更经济,因为剪断预应力不但耗时而且费用高。保留的预应力可以完全满足运营阶段的要求,但在某些关键的接头可能需要增加预应力来保证运营阶段接头闭合。

推荐采用大铲湾三期作为预制场,管节浮运距离非常短,波浪条件不是很复杂,需要的预应力不多。结合地质条件,钢筋混凝土隧道接头形式纵向布置见图 4.2-50。

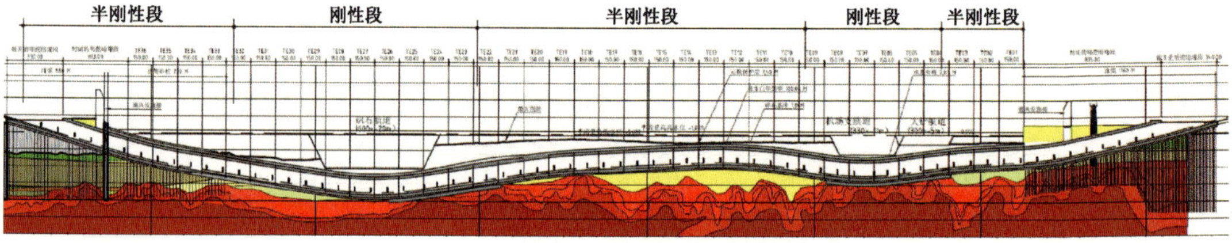

图 4.2-50　钢筋混凝土隧道方案纵向布置

(2)横向预应力隧道管节。

横向预应力隧道管节的采用具有一定的局限性,下面从设计和施工角度对采用横向预应力的可行性及其局限性进行详细的阐述。

①横向预应力沉管隧道历史。

在沉管隧道应用历史上,采用横向预应力的情况非常少。直到目前为止,仅有以下沉管隧道采用了横向预应力:

a. 加拿大蒙特利尔 Lafontaine 沉管隧道(1967 年),见图 4.2-51。在干施工条件下对钢绞线施加预应力(在沉放、最终永久荷载加载之前),同时在中跨设置临时竖向预应力钢筋来防止顶板隆起。

图 4.2-51　加拿大蒙特利尔 Lafontaine 沉管隧道

b. 比利时安特卫普 Kennedy 沉管隧道(1969 年)。因为两岸城市规划的限制,隧道引道段必须尽可能短。基于这个原因,采用横向预应力尽可能地降低顶板和底板的尺寸。因为在管节沉放之前施加预应力,隧道结构中没有平衡预应力的水荷载以及地面荷载,预应力引起的反向荷载通过在反向设置额外的钢筋予以平衡,横断面构造见图 4.2-52。

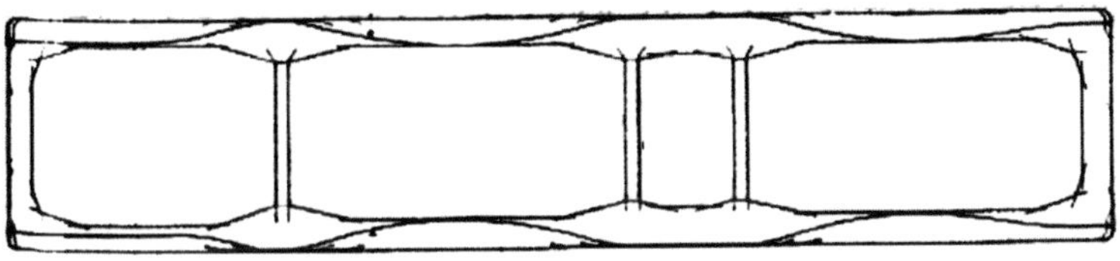

图 4.2-52　比利时安特卫普 Kennedy 隧道横断面

c. 比利时布鲁塞尔 Rupel 沉管隧道(1982 年)。该隧道在局部区域受到很大的堆载荷载,基于这个原因该隧道采用了横向预应力(图 4.2-53)。

图 4.2-53　比利时布鲁塞尔 Rupel 隧道

d. 挪威奥斯陆 Bjorvika 沉管隧道(2010 年)。在西部登陆点顶板跨越了三条车道以及一个高速公路交汇点,同时,隧道顶板上还建造了码头墙;隧道的埋深相对较浅。该沉管隧道最开始的两个节段的顶板和底板采用了横向预应力(图 4.2-54)。

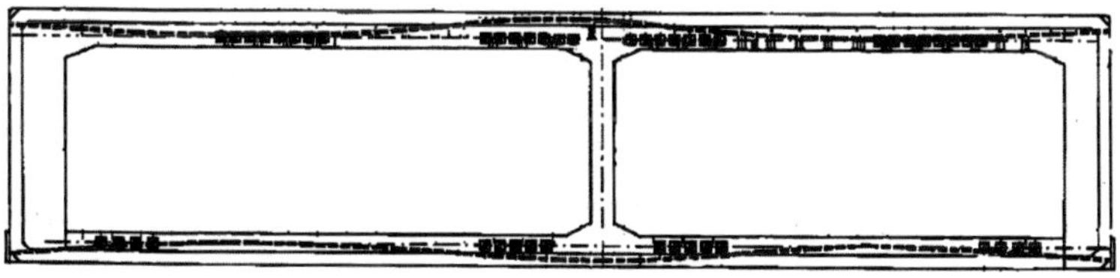

图 4.2-54　挪威奥斯陆 Bjorvika 隧道横向预应力横断面

同时也研究了其他的一些项目,以评估横向预应力方案对于荷载非常巨大的沉管隧道可行性。这些隧道包括:

e. 荷兰鹿特丹 Caland 隧道。隧道为双向 6 车道(2 ×3)隧道,沉管隧道在堤坝位置的上部有大约 20m 的覆土荷载,没有采用横向预应力。

f. 港珠澳大桥沉管隧道项目。隧道为双向 6 车道(2 ×3)隧道,在相当长的范围内,隧道顶板上有大约 20m 厚的覆土荷载,没有采用横向预应力。

②隧道设计。

根据上述研究可得出的结论是:沉管隧道采用横向预应力不是惯用做法,仅在特殊的情况下对沉管隧道是可行的、造价经济的方案。主要原因如下:

a. 绝大多数土木工程结构(如桥梁),采用预应力对结构进行优化后,结构尺寸更小。但在很多沉管隧道项目中,抗浮标准通常使隧道具有相当大的结构尺寸,通过正常的配筋就可以解决,降低隧道结构质量并不是首要目的。

b. 在特殊情况下,增加钢筋混凝土结构的尺寸会导致更大的隧道横断面,增加了基槽开挖工程量。从而导致造价升高。这时采用横向预应力方案是确保横断面尽量小的可选方案。

c. 为了能够经济地采用预应力,重要的一点是需要永久荷载与预应力荷载总是处于良好的平衡状态。以桥梁结构为例,当对桥梁结构施加预应力的时候,70% ~80% 的总的荷载已经施加,这种情况下再施加预应力一般可以获得比较经济的设计。对于沉管隧道,永久荷载一般相当于大约 90% 的总荷载。但是在施加预应力的过程中,仅有隧道结构自重荷载,占永久荷载的比重只有 10% ~40% 。总体上讲不会得到比较经济的方案。

对本项目而言,当施加预应力的时候,实际上没有海水和覆土荷载。以埋深最深处为例,张拉预应力时,顶板上 90% 的荷载尚未发生。这意味着需要在断面的另一面配置 2 ~3 层直径为 36mm、间距为 100mm 的额外钢筋。

采用预应力在反方向上增加的钢筋量与采用预应力节省的钢筋量基本相当,钢筋用量减小有限或不能降低钢筋用量。反而需要在顶板上设置竖向支撑结构来抵抗施工阶段因施加预应力导致的顶板向上隆起(图 4. 2-55)。加拿大的 Lafontaine 隧道采用了这个措施。港珠澳大桥项目也对此进行了研究。这些措施成本比较高昂,而且与其他用于管节沉放施工(如压载水箱)和隧道管节舾装的临时结构、预埋件有干扰。

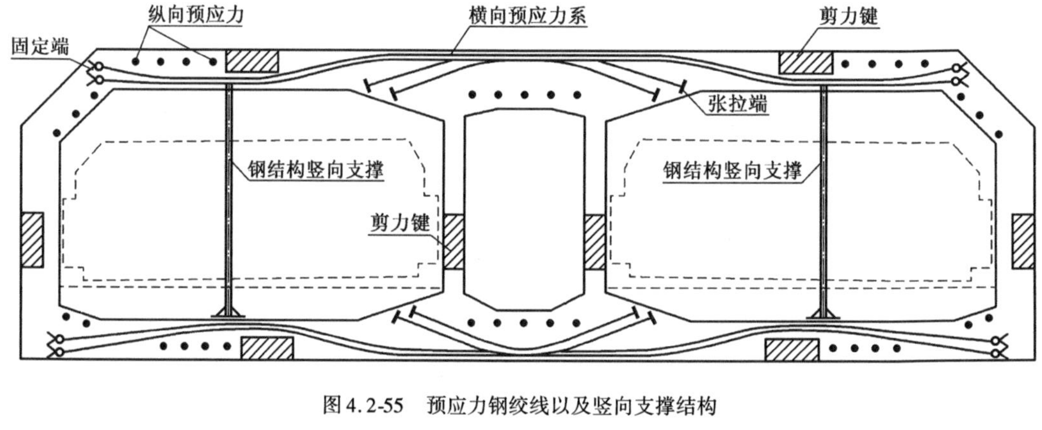

图 4. 2-55　预应力钢绞线以及竖向支撑结构

d. 除非钢筋混凝土结构遇到困难、可行性受到限制或者被其他原因主导的情况下才采用预应力(将隧道高度降到最低,如 Kennedy 沉管隧道)。即使在这些情况下,绝大多数可以考虑其他方案,如钢壳隧道方案。

③隧道施工方面。

与采用纵向预应力相比,如果隧道采用横向预应力,其后张拉施工量将是纵向预应力的10倍,这些数据都是港珠澳大桥项目研究得出的。除了相当高的成本之外,还增加了大量的额外工作量,必须对预应力管道灌浆以及锚头采取保护措施,极大地增加了每个管节的施工时间。

④其他方面。

a. 预应力钢绞线在海洋环境下的耐久性是需要特别注意的问题,这对实现满足设计使用寿命期间的各项要求非常重要。

b. 预应力的锚头可能位于结构外侧,在施加预应力之后,应采取合理的处理和防护措施。

c. 锚头位置的劈裂应力会将预应力扩散到结构,需要在锚头附近的配筋详图设计时谨慎处理,避免产生可能引起漏水的裂缝。

d. 如果在节段式隧道采用横向预应力,需要特别谨慎考虑预应力钢绞线在纵向上的布置设计(初始阶段这些纵向预应力用于管节浮运和沉放施工)。如果需要应对海上条件或者考虑半刚性方案,纵向预应力钢绞线的数量会增加很多,导致纵向和横向预应力钢绞线位置发生冲突,并需考虑节段接头的剪力键布设。

e. 如果在整体式隧道管节中采用了横向预应力,纵向预应力相关的问题可以避免。但是在这种情况下,需要配置相当大数量的纵向钢筋来承受各种变形产生的应力,这很可能导致贯穿裂缝产生。此外,需要设置外包防水(钢板底板、在外墙和顶板上喷涂弹性防水膜)。

⑤主要结论。

沉管隧道采用横向预应力的方案一般用于解决特定的和绝大多数局部问题。

因为要在永久荷载海水和覆土荷载作用之前(初始阶段)就对至少是绝大多数的钢绞线施加预应力,故横向预应力方案不会节省成本。

如果深中通道采用横向预应力,可以在东人工岛登陆点的宽断面段采用横向预应力方案;若用于埋深非常大、荷载非常大的隧道管节,这些管节可能同时也需要配置大量的纵向预应力钢绞线,为了防止出现纵横向钢绞线位置冲突,反而不能获得好的预应力设计。

2)钢结构隧道

(1)敞开三明治+钢筋混凝土。

敞开三明治结构用于底板和外墙。顶板采用钢筋混凝土外包喷涂防水膜或者钢板防水层(非结构),为了控制裂缝,可以采用纵向预应力。敞开三明治结构的混凝土浇筑施工与普通钢筋混凝土结构浇筑类似。隧道横断面见图4.2-56。

(2)敞开三明治+完全三明治。

底板采用敞开三明治结构,内墙可以选择采用敞开三明治结构;外墙、顶板采用完全三明治结构,内墙可以选择采用完全三明治结构(图4.2-57)。因为完全三明治结构的结构承载能力要大于钢筋混凝土结构,所以结构尺寸可以减小,从而也减小了隧道管节的整体高度。完全三明治结构的混凝土浇筑程序更加复杂，采用高流态自密实混凝土，需要熟练工人和良好的施工工艺。除了进行足尺模型试验外，还需要进行非常多的试验和采取质量控制措施来保证结构可靠。

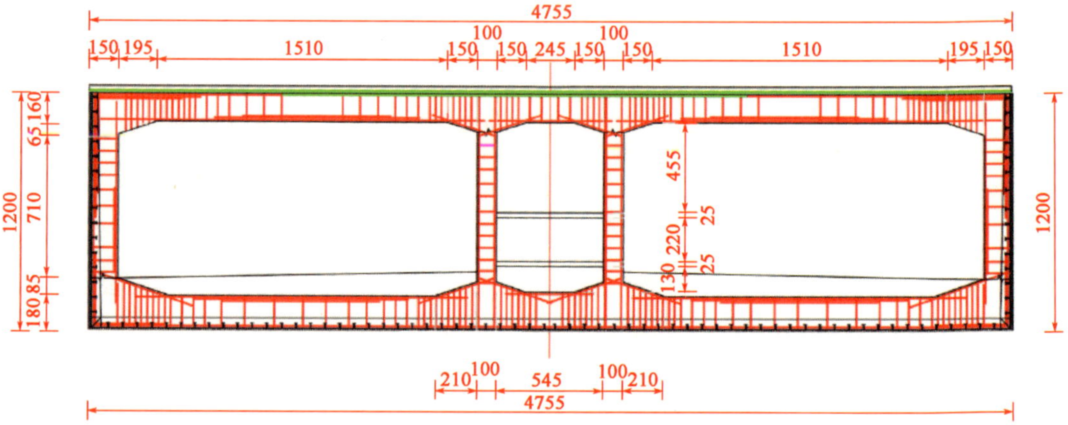

图 4.2-56　敞开三明治 + 钢筋混凝土结构隧道横断面图(尺寸单位:cm)

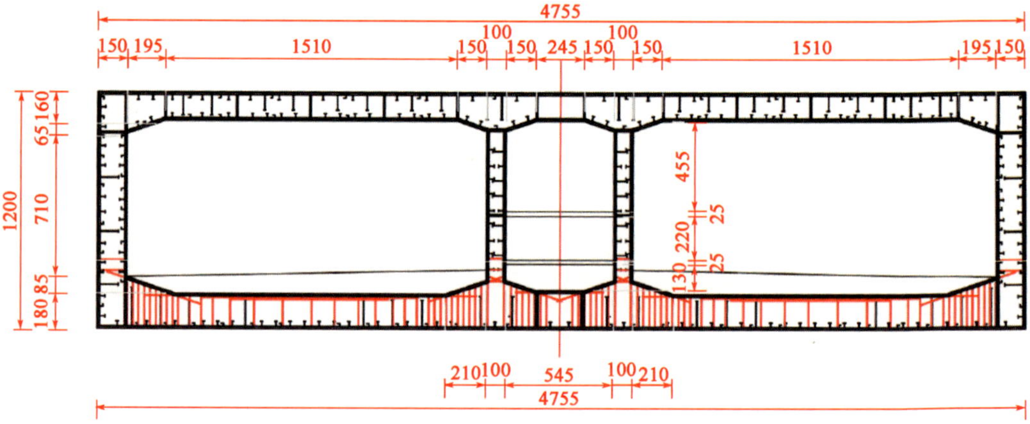

图 4.2-57　敞开三明治 + 完全三明治结构隧道横断面图(尺寸单位:cm)

(3)完全三明治结构(钢壳混凝土结构)。

完全三明治结构用于所有横断面结构(图 4.2-58)这一形式，适用于高地震和多发地震区。很显然本方案用钢量最多，所以对钢材料市场价格的敏感性也最高。因为完全三明治结构的结构承载能力要大于钢筋混凝土，所以结构尺寸可以减小，从而也减小了隧道管节的整体高度。完全三明治结构的混凝土浇筑程序更加复杂。

(4)不同钢结构方案区段划分。

根据不同的地质情况及隧道埋深，选用不用的钢结构方案。所有钢结构隧道都可以认为是整体式隧道，纵向呈现刚性行为，柔性铰位于沉放接头。不同区段的划分见图 4.2-59。

钢结构方案在水密性方面更加可靠和安全，横断面更小，所以疏浚和回填量减少，环境影响降低。

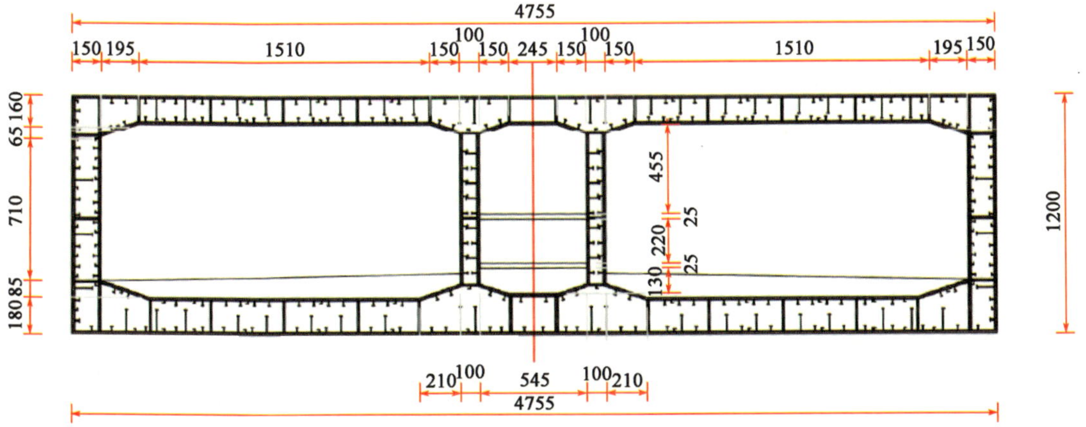

图 4.2-58　完全三明治结构隧道横断面图(尺寸单位:cm)

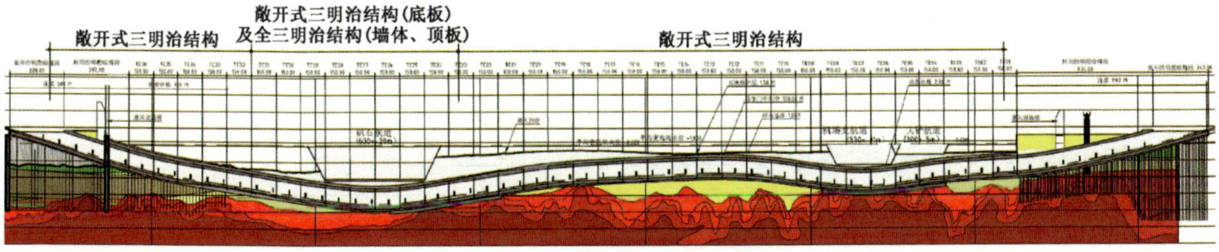

图 4.2-59　钢结构隧道纵断面图

3)结构比选结论

将隧道按照埋深划分为浅埋段和深埋段。深埋段是指隧道内部道路高程低于 -26.0m 的区段。依据这一标准,本隧道浅埋段长度为 4200m,深埋段长度为 1500m,浅埋段和深埋段划分见图 4.2-60。

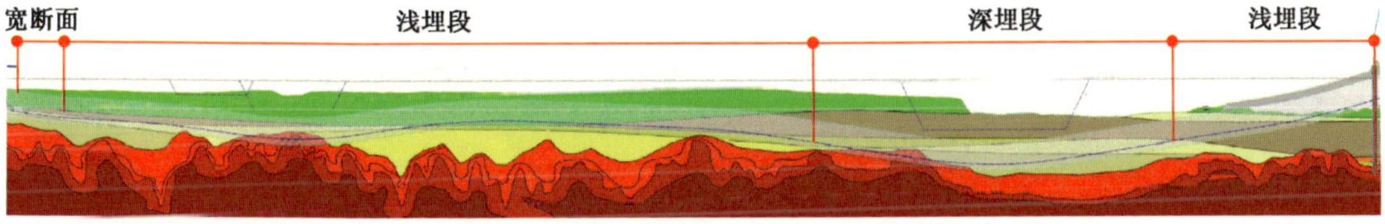

图 4.2-60　沉管隧道浅埋段和深埋段划分图

按照埋深及断面尺寸,对各种不同的结构进行计算。

对于浅埋段,钢筋混凝土隧道可按常规配筋率配筋,从施工角度考虑是一个好的可行方案。对于深埋段,结构承载力不足,导致不合实际的高配筋率,在这种情况下,承载力仍可能不足要求。此时可考虑完全的钢壳三明治结构。

针对水密性,钢结构方案更加可靠和安全。针对可持续性,两种方案都可接受。钢结构方案的横断面更小,所以疏浚和回填量减少,环境影响降低。两种方案的整体性能都能满足目前的规范标准。

在钢材价格很低的情况下,全钢壳方案变得更加有吸引力。

目前阶段,在浅埋区推荐采用钢筋混凝土结构方案;在深埋区推荐钢壳结构方案。

在沉管隧道东部登陆点,隧道断面需要加宽到大约 71m。如果宽断面隧道管节采用混凝土结构方案,其需要浇筑的混凝土的体积非常巨大;工厂需要为宽断面隧道选择其他的生产区域;干坞坞门需要加宽 20m。这很难从成本上证明其合理性。如果宽断面隧道管节选择了上述任何一种钢结构方案,相较于类似的标准钢结构管节,不需要做任何特殊的考虑。

故宽断面选择钢结构方案更为合理。

4.2.4.2　结构体系

根据沉放施工次数和纵向受力,150m 管节的长度最优。采用更大的长度时,隧道管节中的弯矩更大,剪力键中的剪力也会大幅度地增加。

1)钢筋混凝土隧道

在纵向上,钢筋混凝土管节推荐半刚性方案。每隔 25m 设置一个节段接头并安装剪力键。在管节浮运时必须在纵向上设置纵向预应力。在管节沉放安装后不剪断预应力。仅当纵向的力太大,导致接头张开或隧道管节直接支撑在坚硬的岩石的地方时,剪断该节段接头中的预应力,将管节变成节段式管节。港珠澳大桥沉管隧道采用半刚性方案,见图 4.2-61。

图 4.2-61　港珠澳大桥沉管隧道

采用混凝土分离式剪力键(图 4.2-62),剪力由墙体承担。从外观看,分离式剪力键安装在墙体的位置也更好、更合理。

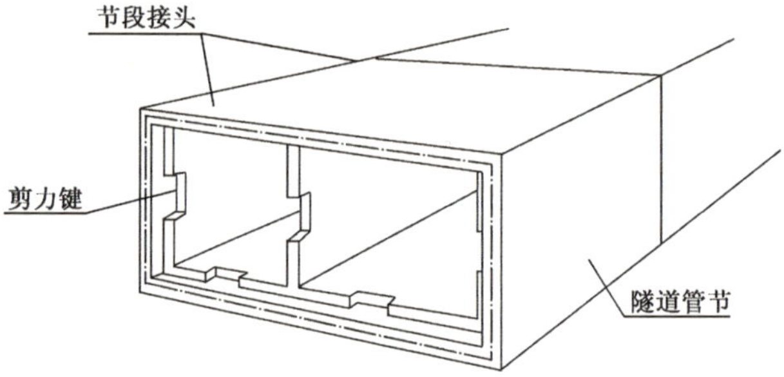

图 4.2-62　分离式剪力键榫槽

2)钢壳混凝土隧道

钢壳混凝土沉管在单个的隧道管节中没有接头。所有钢板都通过焊接连接在一起,形成一个连续的隧道管节,隧道管节采用钢剪力键。钢壳混凝土沉管见图4.2-63、图4.2-64。

图4.2-63　圆形钢壳沉管隧道(美国波士顿)

图4.2-64　矩形钢壳混凝土沉管隧道(日本)

4.2.4.3　可施工性

1)管段预制

(1)混凝土管段。

为满足紧迫的施工工期要求,厄勒海峡隧道管节生产采用了创新性的混凝土浇筑方法,采用顶推桥顶推的技术管节生产。厄勒海峡隧道横断面见图4.2-65。

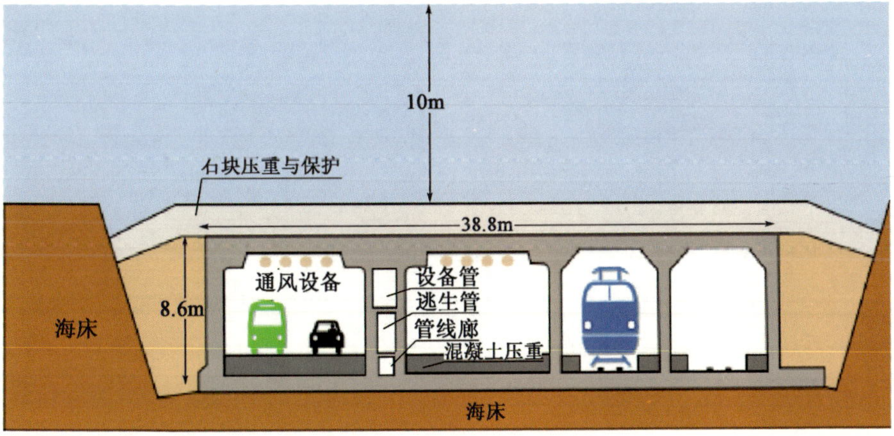

图4.2-65　厄勒海峡隧道横断面

隧道管节在组装线上生产。钢筋笼在大型建筑中绑扎,绑扎完成的节段钢筋笼采用滑移方式滑移到混凝土浇筑区。在浇筑台座上,在钢筋笼的内外两侧安装液压模板(图4.2-66)。然后采取一次性连续浇筑的方法浇筑节段混凝土。完成初始的养护和覆盖后,浇筑完成的节段采用千斤顶移动,以便与下个节段进行匹配浇筑。隧道管节的每堵墙下方设置一个滑移梁,隧道节段通过6条滑移梁进行顶推。

(2)钢壳管段。

对于钢结构隧道,现有船坞是最合适的隧道管节生产场地,因为其中有隧道管节施工所需的所有技术和材料。

如果不能找到合适的船坞,也可以设计制造场地。在制造场地,钢结构分成便于运输的区段进行生产(图4.2-67),然后运输到船坞、干坞或者是浇筑区拼装成隧道管节。钢壳很适合进行长距离的运输,这是个优势。在美国,采用半潜驳船成功地将隧道管节运输了约3000km。半潜驳船运输钢结构见图4.2-68。

图4.2-66　工厂全断面浇筑模板

图4.2-67　钢结构干坞生产

管节拼装完成后,可以进行混凝土浇筑施工。如果隧道钢结构在船坞或干坞生产,一般情况下,隧道管节是被顶推到水中,然后在漂浮的状态浇筑混凝土(图4.2-69)。因为稳定性原因,混凝土浇筑必须按照一定的顺序进行。如果隧道钢结构是在浇筑区或干坞拼装的,混凝土可以在相同的地方浇筑,对混凝土浇筑顺序没有要求。

图4.2-68　钢结构运输

图4.2-69　漂浮状态浇筑混凝土

2)基槽开挖

隧道基槽开挖、疏浚,特别是疏浚公差,会影响沉管隧道基础的质量,进而导致隧道基础支撑刚度发生变化。

针对不同的土质,基槽开挖可采用不同的方法。对于淤泥、淤泥质黏土、砂、砾石等土质,可采用耙吸式疏浚船开挖(图4.2-70、图4.2-71);对于强~全风化花岗岩,可采用抓斗式挖泥船开挖(图4.2-72);对于微~中风化花岗岩,可采用钻爆法(图4.2-73)及抓斗式挖泥船开挖。

在大规模的基槽开挖完成之后,隧道基槽将会被泥沙淤积。因此,在隧道管节沉放之前较短时间内需要进行维护性疏浚,清理隧道基槽中的回淤,使基槽开挖更精确,接近基槽设计要求。

图4.2-70　耙吸式疏浚船(TSHD)

图4.2-71　耙吸式疏浚船(广州号)

图4.2-72　抓斗挖泥船

图4.2-73　水下钻孔爆破的平底船

可采用吸盘式挖泥船(图4.2-74)来进行维护性疏浚。每个管节的隧道基槽维护性疏浚的时间大约为2d,但是可能因为隧道管节所处位置不同有较大差异。

3)隧道基础(人工基础)

可采用的隧道直接基础方案有以下三种:砂流法基础、碎石基础、碎石基床和灌浆组合基础。

(1)砂流法基础。

图4.2-74　吸盘式挖泥船

隧道管节被临时支撑在隧道基槽基床上,预留0.6~1.0m的空间,通过预留在隧道底板上的孔,将砂—水混合物直接泵送到隧道底部和基础之间的空间而形成。通过调整隧道底板上的泵送砂孔洞的间距(典型间距10~15m),整个隧道底板下面将均匀地分布着被称为“砂饼”的砂流法基础。横断面示意见图4.2-75,隧道底板上的砂流法管道实景照见图4.2-76。

采用砂流法时需要强调的是隧道基槽内有可能已经存在一层松散的回淤,这可能会导致隧道管节发生难以预见的不均匀沉降。比较好的做法是在隧道基槽开挖、清淤完成后尽快进行隧道管节沉放,管节沉放施工完成后尽快进行砂流法基础施工。相较于碎石基床基础,在回淤量很大的水域中,砂流法基础比碎石基床基础的风险更大。

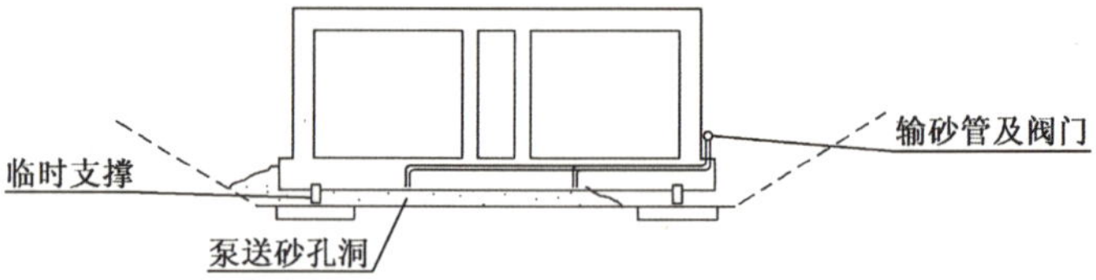

图 4.2-75　砂流法基础典型断面

图 4.2-76　隧道底板上的砂流法管道

同时,必须通过选择合适的级配或者通过稳定措施来保证地震作用下砂流法基础不出现液化。

(2)碎石基础。

碎石基础与砂基础相比有很多不同的特点。碎石基础的中间过程沉降更加容易预测,也更小,但是其更大的优点在于施工顺序。碎石基础在隧道管节之前进行施工,同时在管节沉放之前,如有必要,还可以进行清淤和修补;而且碎石基础施工与隧道管节沉放之间的时间间隔可以降到最小,以避免在长时间的空置期内受到污染或者扰动。

在地震工况下,碎石基床可为碎石基础提供更好的性能,不但可确保不受震沉效应影响,而且碎石层不会受到液化影响,可减少下卧地层中多余水压的积累,从而降低液化的风险。

通常碎石要比砂的成本高,但总体上讲,碎石基础与砂基础造价相当。碎石基础不需要在隧道管节中设置输砂管道,也不需要支撑在大型混凝土垫块基础上的临时支撑千斤顶,且可以避免可能出现的回淤问题。碎石基础是深水区更加常用的基础方案。

碎石基础安装过程中,材料对强水流条件不太敏感。通常采用下料落石管、抓斗或者从驳船(图 4.2-77)上直接倾倒进行铺设,然后将其刮平,以获得平整均匀一致的基床面。刮平碎石基床有很多种技术,具体选用哪种方案,需要根据碎石基床表面的精度确定。

(3)碎石基床和灌浆组合基础。

在深水区实现碎石基床顶部偏差接近允许公差的要求可能比较困难。因此,碎石基床可采用比较宽松的施工公差要求,隧道管节可以设置在临时支撑上,然后采用黏结注浆材料,填满隧道管节与碎石基床之前的空隙。

图 4.2-77　用于碎石基床施工的驳船

这种灌浆的碎石基床造价更高，因为不但需要铺设碎石基床的设备，而且还要动用注浆设备和注浆材料。考虑到注浆材料成本要高于碎石成本，注浆层必须尽可能薄，其厚度取决于碎石施工可以达到的公差，一般为 100～150m。伊斯坦布尔 Marmaray 隧道采用灌浆基础，见图 4.2-78。

通过设置在隧道管节底板的管道进行注浆。可以预见注进去的浆料有可能灌入到下面的碎石层中，故注浆材料应该有充分的黏性（图 4.2-79），不使浆料大范围地进入碎石层，阻塞碎石基床。因为在地震区域，碎石基床的设计目的是作为过水的通道，以便减轻发生地震时，空隙水压力的积累。

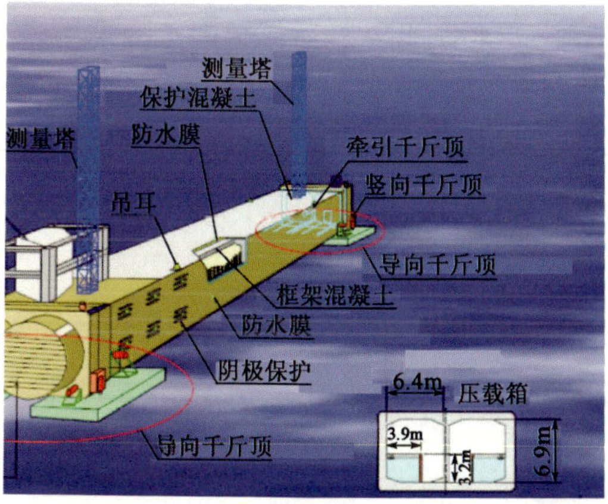

图 4.2-78　伊斯坦布尔 Marmaray 隧道灌浆基础

图 4.2-79　灌浆用黏稠浆液

鉴于深中通道线位的水深条件，碎石基础的精度可能难达到容许偏差要求范围内，建议采用碎石和灌浆相结合的基础方案。

4）斜坡段基础

东、西人工岛斜坡明挖暗埋段的基础为混凝土钻孔桩，桩深至基岩。将隧道支撑在深度达到基岩的钻孔桩上，优点是隧道完全不会受到人工岛沉降的影响。

西人工岛靠近明挖暗埋段附近存在软弱的淤泥层，推荐与西人工岛相连的沉管段下面采用挤密砂桩进行地基处理。

5)浮运

当一批管节浮运出干坞,存放在临时系泊位置时,管节沉放施工周期即开始。每个沉放施工周期包括以下施工作业内容(1 节隧道管节):

(1)用于隧道管节浮运和沉放施工的舾装。

(2)隧道基槽清淤(大约 2d)。

(3)碎石基床安装和水深测量(大约 6d)。

(4)沉放位置准备工作。

(5)隧道管节浮运。

(6)隧道管节沉放,总共持续 7 ~ 10d。

(7)压重施工、锁定回填以及常规回填(大约 5d)。

(8)沉放设备拆除。

浮运沉放施工周期为 20 ~ 23d,其中处于安装周期关键路径上的时间为 15 ~ 18d(根据不同的季节,时间为 2 ~ 3 个星期)。在可行性层面,这些周期为关键阶段,因为它们相互之间影响非常大。任何一个安装周期的延误都会在短期内影响另一个安装周期,从而影响总体安装进度计划,在任何时候都必须避免出现这种情况。

当碎石基础完成、可进行沉放安装之后,在沉放位置进行各项沉放准备工作,例如潜水员检查、河底锚固设施安装、回淤测量、盐度测量、水流测量等。

在管节浮运时,利用四艘拖船调转隧道管节的方向,并将其从舾装位置的系泊桩处拖走,穿过干坞浮运航道,转入航道并运往已经开挖好的隧道基槽(图 4.2-80)。

图 4.2-80 隧道管节浮运

6)沉放

沉放施工分为以下几个阶段:

(1)将管节绞移到沉放位置。

(2)拆除 GINA 止水带防护装置,清理顶板。

(3)压重。

(4)顶板淹没过水位线。

(5)分步下放管节。

(6)补充额外的压重水,以抵抗基槽中的盐水产生的浮力。

(7)将对接榫插入榫中。

(8)管节坐床。

(9)派潜水员下水检查 GINA 止水带和管节接头。

(10)安装千斤顶的拉缸。

(11)将管节拉合到此前沉放好的管节后面,并压缩 GINA 止水带鼻尖。

(12)打开水阀,抽出管节接头中的海水。

(13)打开端封门上面的水密门。

(14)消除双体船卷扬机的拉力,将隧道管节放置在基床上。

(15)测量。如有必要,进行非对接端校正。

(16)将压重水箱完全注满水并接入明挖暗埋段的电力。

(17)潜水员和浮吊拆除沉放设备。

沉放前照片的隧道管节见图 4.2-81。

图 4.2-81　沉放前的隧道管节

7)压重、锁定回填、常规回填

当管节安装完成之后,其测量之后的位置必须予以验收。管节内的压重水箱将被注满水(图 4.2-82),确保管节在这个临时的工况期间有 2% 的抗浮安全系数。

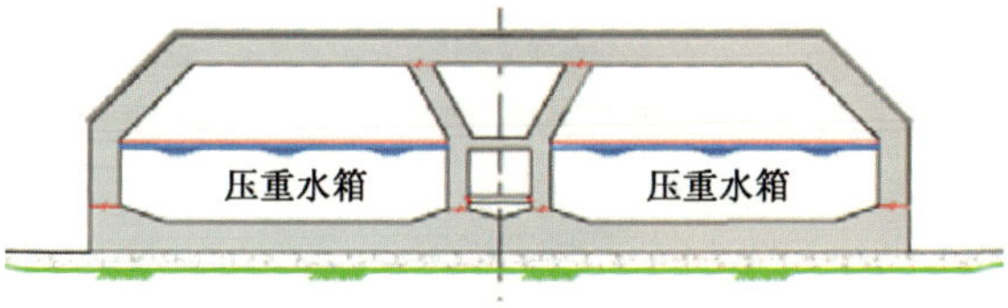

图 4.2-82　沉放后的管节

此外,在潜水员拆除管节上的沉放设备之后,需要从隧道管节非对接端两侧进行锁定回填,锁定回填长度为25m。注意防止出现在隧道管节的一侧出现过多回填,使管节产生侧向水平位移,导致管节位置出现偏差。锁定回填材料为碎石,直径小于60mm。

开挖的基槽将进行回填,隧道顶板上铺设防护层,防止落锚损害隧道,见图4.2-83。隧道管节中的临时压重水将替换成永久的压重混凝土。在所有隧道管节内部的施工过程和拆除过程中,必须确保管节有足够的抗浮安全性。

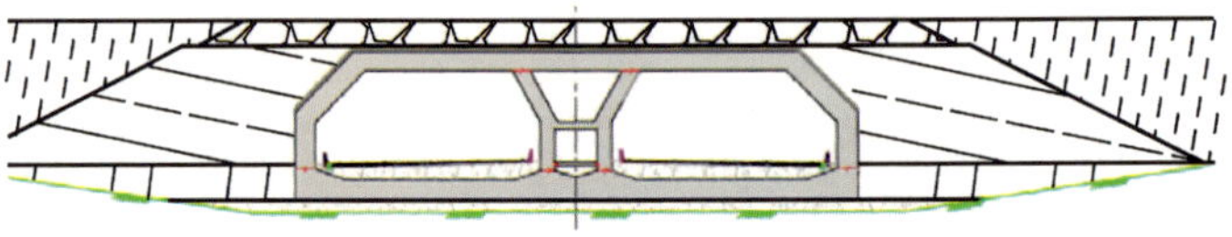

图4.2-83 完成回填和永久压重置换管节

8)宽断面隧道沉放

宽断面隧道管节沉放并不比标准管节沉放复杂许多,但沉放设备要适合沉放这种宽度很大的管节。在这方面,双体驳船可能不是最好或最经济的方案,因为两个驳船之间的横向连接梁将变得非常巨大。对于宽度很大的管节,很多项目都采用了沉放驳船,将沉放驳安装在隧道管节上,当管节淹没在水面下时,沉放驳转换成漂浮状态。在这种情况下,浮力计算需要考虑沉放驳的影响。第二荷卢隧道采用沉放驳固定在隧道管节上进行沉放(图4.2-84)。

图4.2-84 第二 Benelux 隧道沉放驳固定在隧道上沉放

4.2.4.4 隧道安全

1)安全链

项目安全可采用安全链进行评估,安全链基本结构如下:

(1)防止出现危险情况(事前主动,前瞻性)。

(2)在不能防止危险的情况下,尝试降低发生事故的可能性以及限制事故可能的后果(预防性)。

(3)如果(某些风险事故)发生了,确保各种响应措施到位,以最优的方案利用这些措施逃生(正确性)。这种情况下最经常使用的词是"自救"(某些风险事故发生后,紧急救援服务尚未到达,道路使用者必须进行自救)。

(4)对于某些需要应急响应的情况,确保这些响应措施尽可能地好(能够控制风险等)。

(5)将现场恢复到初始状态(后续措施)。

2)疏散及通风

深中通道隧道设置有中央管廊,设置了独立于行车孔的安全通道,确保在隧道发生事故的时候能够进行人员疏散。逃生通道包括多条逃生路径,通往救援服务能够到达的安全区域。

逃生通道中设置了可以形成正压力的通风系统,当逃生门处于打开的状态下,阻止烟雾进入逃生通道。

隧道设置纵向通风系统,采用射流风机确保隧道在正常运营工况时拥有良好的空气质量。针对紧急工况,除了纵向通风系统,还设置了横向排烟系统。纵向通风系统,结合横向排烟系统,防止了隧道结构混凝土过热、烟雾反向层叠、隧道内形成爆炸混合物,确保烟雾不进入相邻的(安全)管廊中。

在隧道其中一个行车孔中发生事故,两个行车孔中的纵向通风系统都将被启动(图4.2-85),确保了两个行车孔有相同的压力(因通风系统产生的压力)。因此,烟雾流入另一个安全行车孔中的概率可以忽略不计。

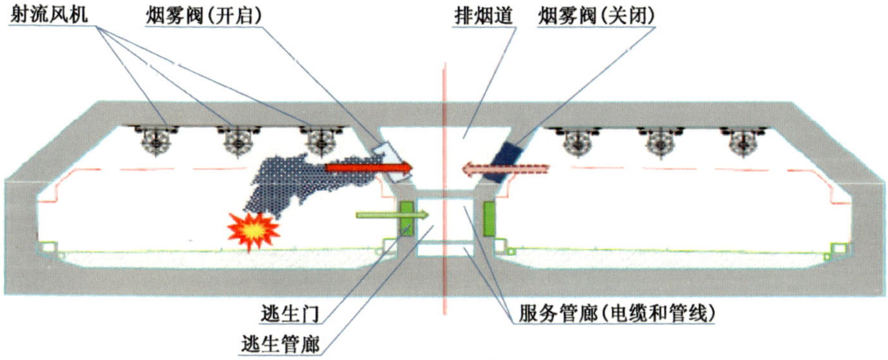

图4.2-85　隧道段事故工况横断面

在排烟系统不可用的情况下,例如在对排烟挡板或者风机进行维护的时候,采用射流风机的纵向通风系统可以作为备用方案。可以通过射流风机控制吹向事故位置的风速,保证期望的纵向空气流。

在紧急工况时,必须启动没有发生事故的邻近行车孔中的射流风机,防止烟雾从事故行车孔中通过再循环流入相邻的、没有发生事故的行车孔中。

4.2.5　评委会总体评价

主桥整体大气,采用A形塔柱并扭转90°,结构受力合理,造型有特色,线条硬朗、流畅,具有较好表现力,中山大桥主桥桥塔造型须结合跨径、通航净高进一步优化。

引桥及人工岛设计普通,手法与主桥不大协调。

隧道结构设计深入,方案比选较充分,结构选型建议进一步深入比选。

应合理控制造价。

4.3 第三名方案(中铁大桥勘测设计院集团有限公司联合体)

4.3.1 美学设计创意

4.3.1.1 和谐性

深中通道连接深圳、中山。深圳是我国改革开放的前沿阵地,经济发达,是我国现代化程度最高的城市之一。中山是国家历史文化名城,发祥于中山的香山文化是中国近代文化的重要源头,享有“广东省曲艺之乡”“华侨之乡”的美誉,孙中山先生在此诞生。

深圳与中山,一个有现代化城市风貌,一个有悠久的历史和文化。深中通道连接着两者,通道的总体美学设计思路必须体现出历史与现代。像典型的中国现代化进程之路,在实现社会与经济的现代化的同时保持历史与文化的传承。

传统的建筑业一直极大地消耗着自然资源,同时附带着种种对自然环境的副作用。但随着社会的发展,人们对建筑的关注逐渐从建筑本身投向了与建筑相关的环境上,这是当代建筑领域的一个重要特征。建筑离不开其所处的环境,环境则是建筑所依存的条件,建筑与周边环境应当保持和谐的关系。荷兰建筑大师基·考恩尼说过:“建筑绝不只是单一存在的个体。它与构成自然的许多次序一样,也是庞大次序中的一个。”建筑设计归根到底是设计环境,即创造适合人类生活工作并能激发心智的新环境。因此,建筑创造不但要满足使用功能,还要与周围环境相适应,体现一定的文化特色,这对保持城市空间环境的整体与和谐尤为重要。

深中通道为桥、岛、隧组合工程。桥梁方案因其耸立于海面之上、可观看的视点多而成为整个通道景观设计的重点;人工岛则应从岛形外观、岛上建筑上体现出美学效果;海底隧道的美学设计应达到舒缓隧道内行车的压抑感、降低行车时视觉疲劳的效果。整个工程鸟瞰图见图4.3-1。

图4.3-1 工程鸟瞰图

4.3.1.2 设计创意

西人工岛的外形美学构思来源于中国古代神话传说“八仙过海”,造型取自八仙之一汉钟离的芭蕉扇。在日益科技化的现代，随着电扇、空调的普及，芭蕉扇早已成为历史，但在岭南民间，芭蕉扇(图 4.3-2)却能勾起无数人无限怀念的童年，芭蕉扇的造型在日常生活中仍然随处可见。芭蕉扇造型结合了传统文化、神话传说和民间生活，同时芭蕉扇造型为流畅的曲线，对局部水流形态影响小，岛形规则对称，便于岛上建筑布设。

岛上设置各种清水、观景、休息平台，可供游客在此远眺壮美海景。伴随着清风椰影，富有流动韵律的建筑曲线随着空间、角度、光照变化，近距离感受海洋文化的魅力。

桥梁主塔造型构思来源于岭南常见的富贵塔造型盆景(图 4.3-3)和南方常见的植物——竹子，并进行适当的拓扑变化，以适应建筑自身受力和景观的双重需要。富贵塔是将富贵竹剪成不等长的茎段，按内长外短，逐层递减排列，捆扎成层数不等的宝塔状。它线条简洁，茎叶纤秀，造型别致，富有竹韵，充满生机，有富贵吉祥之意。

图 4.3-2　日常使用的芭蕉扇造型

图 4.3-3　富贵塔

独柱式桥塔富含现代气息，与 H 形、A 形、倒 Y 形相比，更显简洁、挺拔、修长。对主塔在高度上进行分节，桥塔由下至上逐节上升(图 4.3-4)，象征着升腾与持续的力量，节与节之间形成收拢上升的造型效果，内含了“富贵、长久、顺利、高升”的吉祥寓意。整体造型简洁刚劲，充分体现了现代桥梁的美学特征。

西人工岛的芭蕉扇(图 4.3-5)与大桥形成统一主题，寓意“雨打芭蕉，节节高”。

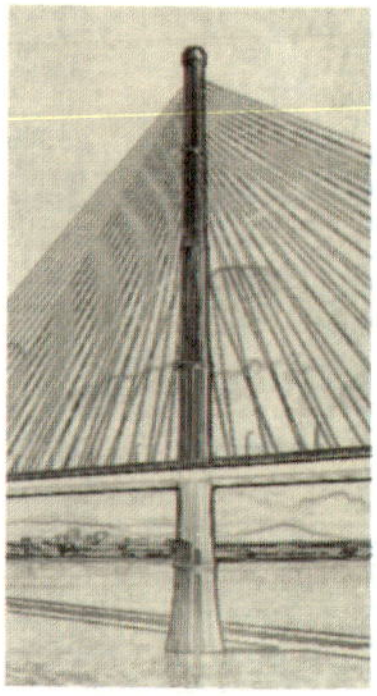

图 4.3-4　主塔造型创意

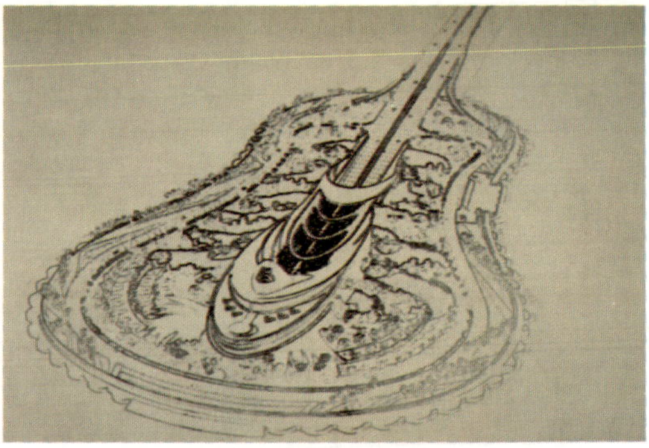

图 4.3 5　西人工岛岛形创意

4.3.2 桥梁

4.3.2.1 伶仃洋大桥

1)总体布置

主跨考虑单孔多线通航,单孔通航净宽不小于1520m,同时预留一定的安全距离,主跨采用1620m。边跨需跨越龙穴南水道,其通航净宽为325m,但由于航道与桥轴线斜交,考虑基础横桥向宽度影响,桥轴线方向需要的通航宽度不小于420m。为给无索区主梁提供支撑,采用在锚碇上设置V形墩的方案。

采用桥跨布置为(520+1620+520)m=2660m的斜拉—悬索协作体系桥型方案(图4.3-6),独柱式桥塔,分体钢箱梁,空间主缆。

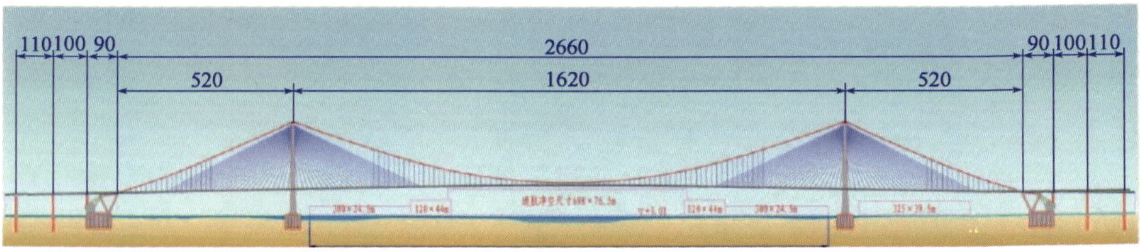

图4.3-6 协作体系总体布置图(尺寸单位:m)

主塔每侧375m范围内为斜拉结构,中跨跨中1140m、边跨梁端280m采用悬吊结构。为保证两种索锚结构的受力均匀过渡,斜拉和悬吊结构重叠长度135m。斜拉索和吊索锚固点分别位于梁体外侧和内侧腹板。

2)协作体系优点

与同等跨度布置的悬索桥方案对比,协作体系有如下优点:

(1)减小工程规模。

由于主缆的悬吊区域长度为1140m,明显小于传统悬索桥,从而有效减小了主缆拉力,减小了主缆、锚碇及基础的工程规模。对于缆索体系桥梁而言,主缆是缆索体系中的主要构件,其工程量占缆索总量的大部分。主要工程量对比见表4.3-1。

主要工程量对比(悬索桥/协作体系) 表4.3-1

部　位	悬　索　桥	协作体系	工程量对比
主缆和拉索	钢丝34226t	钢丝27845t	1/0.81
索夹及索鞍	钢材2793t	钢材2183t	1/0.78
锚碇体	混凝土16.3万m^3	混凝土11.6万m^3	1/0.71
锚碇基础	混凝土29.9万m^3	混凝土21.8万m^3	1/0.73

(2)提高结构刚度。

经计算,悬索桥方案主梁在活载下挠跨比为1/461,在横风作用下的挠跨比为1/394。而协作体系方案主梁在活载下挠跨比为1/537，在横风作用下的挠跨比为1/433。可见协作体系的竖向及横向总体刚度较悬索桥方案均有明显提升。

(3)减小阻水面积。

协作体系方案主缆力较悬索桥方案小23%，锚碇基础规模较小。得益于协作体系主缆锚固在梁体下方，两个锚体横向间距小，有效缩小了基础的横向尺寸，减小了水中锚碇的阻水效应，有利于行洪纳潮。

(4)独柱塔景观效果突出。

采用独柱式的主塔便于斜拉索的锚固和主索鞍的布置，塔形和悬索桥常规的H形、门形相比更具有现代感和耸立感。

3)结构体系

采用全漂浮体系，纵向采用阻尼限位约束体系，在主塔和主梁之间设置阻尼器(图4.3-7)。横向设置抗风支座，不设置竖向支承。在边支承处设置纵向活动支座和横向抗震挡块。

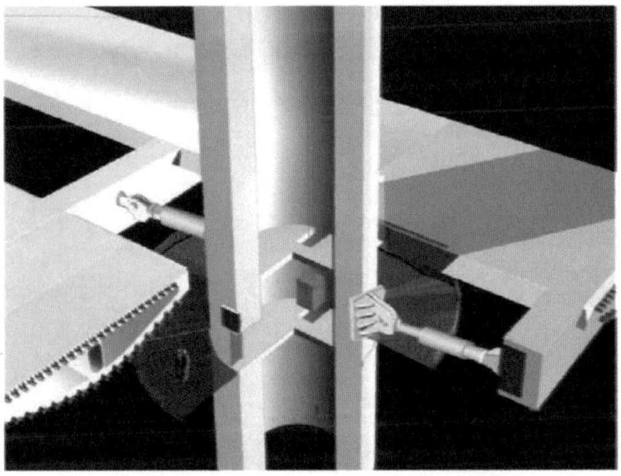

图4.3-7　梁塔之间阻尼器安装示意图

4)主梁

对于大跨度桥梁通常要进行抗风模型试验以验证桥梁的抗风性能。早期主要依靠加劲梁和缆索的重力提高大跨度桥梁的抗风性能，最新的研究表明采用横向分体式的桥面结构，在空气动力方面具有优越性。相关试验表明，分体式桥面结构的悬索桥和常规悬索桥相比，前者扭转角仅为后者的1/5。韩国光阳大桥抗风试验表明，采用流线型单幅整体式箱梁，在风速为75m/s时，加劲梁将发生颤振失稳，而采用分体式桥面结构，在风速为120m/s时，主梁仍保持稳定。

近年修建的大跨度悬索桥和斜拉索有较多采用分体式桥面构造，见表4.3-2：

采用分离式桥面的桥梁　　　　表4.3-2

桥　名	桥　式	所在国	建成年份	跨度组成(m)
墨西拿海峡大桥	悬索桥	意大利	待建	960+3300+810
西堠门大桥	悬索桥	中国	2010	578+1650+485
光阳大桥	悬索桥	韩国	在建	522.5+1545+487.5
青马大桥	悬索桥	中国	1998	355.5+1377+300
昂船洲大桥	斜拉桥	中国	2008	主跨1018
上海长江大桥	斜拉桥	中国	2010	主跨730

从世界范围看，在特大跨度桥梁中多采用分体式桥面结构以提高桥梁的抗风性能。因此在伶仃洋大桥和中山大桥的方案构思中，也采用了流线型分体式的桥面结构(图4.3-8)。

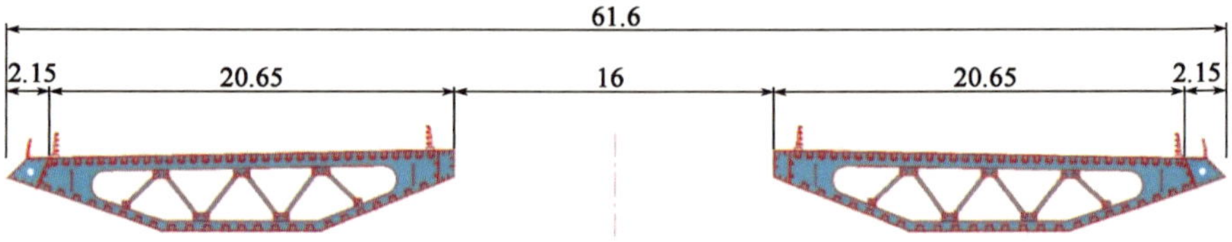

图 4.3-8　伶仃洋大桥主梁横断面(尺寸单位:m)

箱梁采用正交异性桥面板流线型扁平钢箱梁结构,桥梁中心线处梁高 4.0m,单幅全宽(包括风嘴)22.80m,桥面宽 20.65m。钢箱梁净间距为 16m,可满足主塔及主缆结构布置的要求,钢横梁纵向每 15m 布置一道,与斜拉索及吊索的吊点相对应。箱梁内每 3m 设置一道横隔板。普通隔板设计为空腹桁架式结构,便于后期检查、养护及更换;吊点处采用实腹式隔板,并与箱外钢横梁的腹板相对应,以改善吊点处的局部受力。

5)主塔及基础

索塔设计为独柱式主塔,布置在双幅箱梁之间(图 4.3-9)。主塔不设置下横梁,避免了主梁支撑在主塔上的外观印象,外观更为简洁。主塔塔顶高程 +265m。上塔柱高 190m,横桥向宽度由塔顶处的 10m 渐变至 14m,顺桥向宽度由塔顶处的 9m 渐变为 13m。下塔柱高 75m,横桥向宽度由 14m 渐变至塔底的 20m,顺桥向宽度由 13m 渐变为塔底的 20m。

图 4.3-9　主塔效果图

桥面以上塔柱设计为钢—混凝土组合结构(图 4.3-10),并设置足够的剪力钉将钢板与混凝土结合在一起联合受力。该设计可提高主塔在极限风荷载、地震工况下的抗弯能力,在不增加截面尺寸和配筋的情况下满足受力要求。不锈钢外壳在施工时还能兼作模板,节省模板费用。不锈钢的金属光泽为主塔增加了现代气息。

主塔塔柱内设置抽湿系统,保证空气湿度在 50% 以下,确保钢锚箱后期不发生锈蚀。

主塔基础采用沉箱基础(图 4.3-11)。基础放置在碎石垫层上,依靠碎石垫层来调整岩面的高低不平,可保证沉箱落在平整的水平面上。在沉箱基础隔舱内填充碎石,加强防船撞能力。

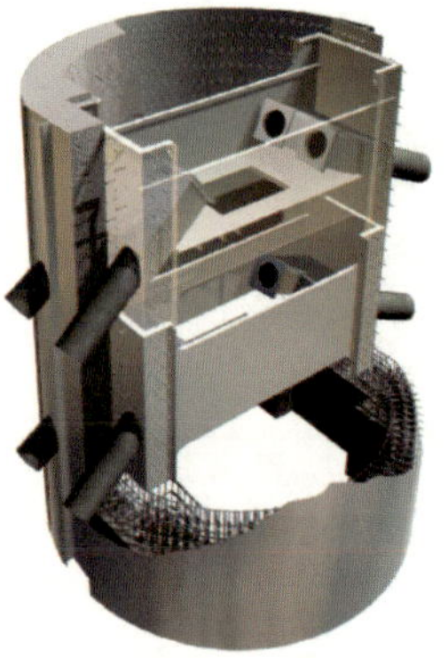

图4.3-10　主塔结构透视图示意

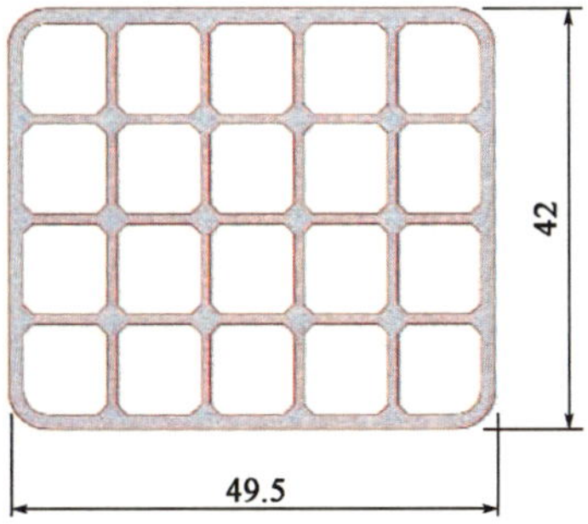

图4.3-11　主塔沉箱基础平面布置图(尺寸单位:m)

沉箱基础平面尺寸为49.5m×42m,顶高程为+4.0m。内部分为20个小腔室,隅角处进行倒角。沉箱采用钢壳混凝土组合结构。

沉箱基础在欧洲和日本修建的大型跨海桥梁中得到广泛的应用。厄勒海峡大桥51个水中基础、希腊里翁—安蒂里翁大桥主塔基础(图4.3-12)、土耳其伊兹米特海湾大桥、日本明石海峡大桥主塔基础、南北备赞濑户大桥主塔基础等均采用沉箱基础。

图4.3-12　希腊里翁—安蒂里翁大桥沉箱基础预制、浮运、接高

采用沉箱基础的优势在于工厂化制造,避免了大量的水中作业,有利于工期和质量的控制。沉箱基础类似于扩大基础,需要地基承载力较高的覆盖层或基岩作为基础的持力层,必须对墩位处的地质条件调查清楚,采用不同的方法进行地基处理。日本的明石海峡大桥、南北备赞濑户大桥、丹麦厄勒海峡大桥等采用开挖基坑的基础处理方法,将覆盖层开挖后,岩面整平,下沉沉箱基础,在沉井外周抛石进行防护。希腊里翁—安蒂里翁大桥、土耳其伊兹米特海湾大桥(图4.3-13)采用在软弱覆盖层中打入钢管桩进行加固的方法,覆盖层上铺碎石垫层,起到隔震和消除基础和地基间相互位移的作用。

6)锚碇及基础设计

目前,水中大型锚碇仅在日本的明石海峡大桥、南北备赞濑户大桥(图4.3-14)和丹麦的大带桥(图4.3-15)等桥梁中得到了应用,国内还没有工程实践,缺乏相应的经验可供借鉴。

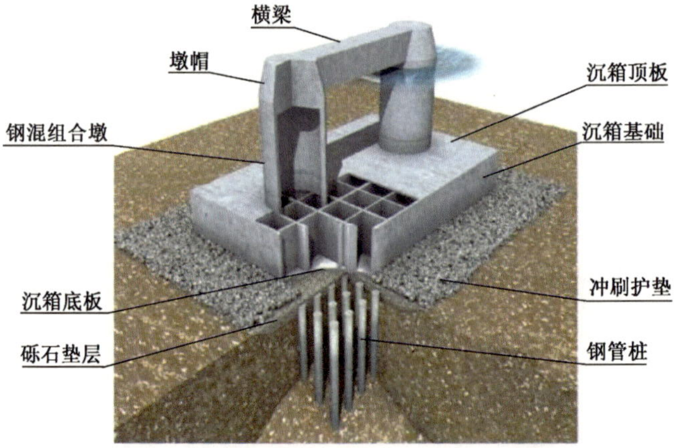

图 4.3-13　伊兹米特海湾大桥主塔基础布置示意

图 4.3-14　南北赞备濑户桥

图 4.3-15　大带桥

本工程桥位基岩面起伏较大，东锚碇附近基岩顶面在 100m 长度范围内高差达到 10m，西锚碇附近基岩顶面在 100m 长度范围内高差达到 15m。基岩埋深浅，锚碇位置中强风化花岗岩顶面高程约为 -35m。特殊的地质条件给锚碇基础的类型选择和施工工艺带来难题。

锚碇基础采用重力式锚碇。基础设计位置处覆盖层主要为淤泥质土和粉砂，承载力低，不能作为锚碇基础的持力层。基岩为花岗闪长岩及花岗岩，强度高。采用沉箱基础作为推荐方案。

锚碇基础平面尺寸为 75m × 58m，平面上分为 24 个隔舱，隅角处进行倒角。沉箱采用钢壳混凝土组合结构。在隔舱内填充片石，提高锚碇侧壁的抗船撞能力，并提供足够的抗滑和抗倾覆质量。

主缆散索点高程为 +54.0m，锚固系统采用后锚梁锚固系统，为满足散索空间需要及锚固受力要求，锚室轴向长度为 30m，前后锚面距离为 20m，锚体与基础接触面顺桥向宽度为 22m，横桥向宽度为 32 ~ 38m。锚碇基础剖面见图 4.3-16。

7)缆吊系统设计

(1)主缆。

矢跨比为1/9.5,塔顶处主缆IP点(主缆、主塔中心线的交点)高程均为+268.0m。为配合本方案索塔的造型,主缆采用空间索面,主缆横向间距在塔顶位置为5m,在主跨跨中位置约16.5m,在散索点处为15m。

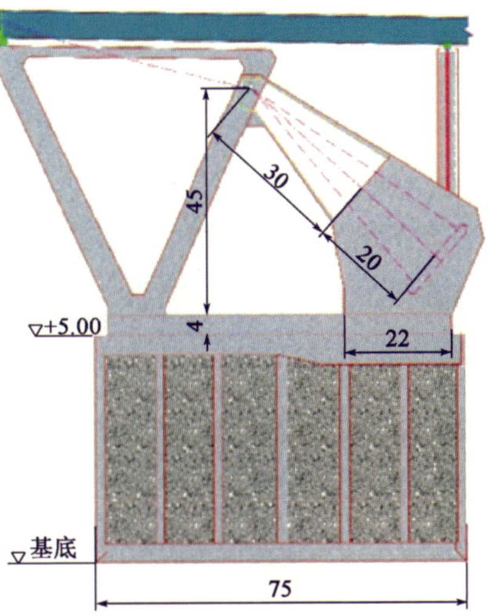

图4.3-16 锚碇基础剖面图(尺寸单位:m)

主缆采用预制平行钢丝索股。全桥共两根主缆,每根主缆由169个丝股组成,每个丝股含127根直径5.5mm的锌铝合金镀层高强钢丝。索夹外主缆直径为901mm,索夹内主缆直径为890mm。钢丝标准抗拉强度不小于1860MPa,两端设热铸锚头。主缆强度安全系数$K \geqslant 2.5$。主缆钢丝在鞍槽内抗滑安全系数$K \geqslant 2.0$。

主缆防腐性能通过采用锌铝合金镀层钢丝、缠包带密封防腐、设置除湿系统三方面的措施来实现。

(2)斜拉索及吊索设计。

斜拉索采用平行钢丝,钢丝采用直径7mm锌铝合金镀层高强钢丝,标准强度为1860MPa,斜拉索设计安全系数2.5。塔内采用钢锚梁锚固体系,钢箱梁上采用锚拉板形式,锚固在风嘴内侧,斜拉索均在塔上张拉。斜拉索在梁端设置有拉索减震外支架。

吊索亦采用平行钢丝斜拉索,钢丝采用直径5mm锌铝合金镀层高强钢丝,标准强度为1860MPa,吊索设计安全系数3.0。标准节段吊索规格采用139ϕ5mm,吊索与主缆采用销接式连接,吊索上端通过叉形耳板与索夹连接,下端通过叉形耳板与钢箱梁上的锚板连接。

8)正交异性钢桥面板耐久性

正交异性钢桥面板具有自重轻、极限承载力高、运输与架设方便、施工速度快、结构美观等优点,在桥梁工程特别是大跨度桥梁中得到了广泛应用。

但由于车辆超载、结构布置不合理、疲劳细节构造处理不当等因素的影响,部分桥梁出现了疲劳开裂问题,严重影响结构的使用寿命,疲劳问题成为正交异性钢桥面板应用和发展中的重要课题。近年来随着疲劳设计理论的完善、制造加工质量的改善、管理养护水平的提高,正交异性钢桥面板的疲劳性能得到了明显提高。经验表明,只要正交异性钢桥面板疲劳细节构造合理、结构布置各参数匹配,其疲劳性能可大大改善,完全可以满足桥梁使用寿命的要求。

本方案在设计上从以下几个方面来保障正交异性桥面板使用寿命:

(1)优化总体布置。

采用斜拉—悬索协作体系,在较长一段区域内主梁将处于受压状态,恒载作用下主梁中存在部分压应力,主梁受拉区范围减少,这样可大大改善正交异性钢桥面板的疲劳性能。

(2)合理的构造尺寸。

在构造上保证桥面顶板的厚度及闭口加劲肋的几何尺寸和刚度。桥面顶板采用14mm以上厚度钢板,纵向U肋厚度不小于8mm,横隔板间距不大于3m。采用以上结构构造,可以有效减少结构局部变形,降低疲劳开裂的风险。

(3)匹配合适的桥面铺装。

桥面铺装与正交异性桥面板之间的匹配关系对铺装本身及正交异性钢桥面板的使用寿命都有着重要影响。

(4)提高细节构造疲劳强度。

最重要的是采用合理的正交异性钢桥面板的疲劳构造细节来保证其疲劳寿命。正交异性桥面板常见的疲劳开裂位置主要有:①横隔板U肋开槽部位;②横隔板与U肋间焊缝;③钢箱梁顶板与U肋焊缝部位;④U肋纵向对接连接部位。目前这四类关键构造细节的疲劳性能得到了广泛研究,研究人员通过大量的试验,积累了丰富的经验,形成了成熟可靠的处理方法,能有效地保证正交异性钢桥面板的耐久性。

(5)控制加工精度。

控制桥面板加工精度对提高正交异性钢桥面板的质量、保证正交异性钢桥面板的使用寿命也极其重要。在焊缝检测中采用超声相控阵探伤等技术,可保证正交异性钢桥面板U肋焊缝的质量。同时,通过采用喷砂、喷丸、超声波锤击、局部加热等手段在构件表面引入有利的残余应力来延长构件的疲劳寿命。

(6)提高养护管理水平。

通过在大跨度桥梁中使用健康监测系统,可对通行车辆荷载进行实时监控,有效防止极易引起结构损伤的超载、超限车辆的通过。

目前,正交异性钢桥面板结构体系的疲劳性能影响机理、抗疲劳设计理论与方法得到了进一步完善,制造加工质量得到明显提高,管理维护水平也得以大大提升,新设计的正交异性钢桥面板结构体系同以往有着明显的区别,其疲劳性能有了明显提高。尽管目前出现了一系列新型的桥面系统,如新型钢—PRC组合桥面、STC轻型组合桥面,然而在超大跨度桥梁中,采用正交异性板在力学性能和经济性能方面仍具有明显优势。

9)飞机碰撞

飞机与桥梁相撞的情况发生的概率极低,各国对此研究也较少。以民航客机的飞行速度800km/h(约220m/s)、机身长度40m做初步估算,飞机正面撞击主塔的持续时间仅40/220 = 0.182s,属于瞬时冲击荷载。

因撞击的时间极短,撞击时相对速度非常大,因此造成撞击点处的冲击荷载巨大。以民航客机的质量为60t计算,可计算出瞬间冲击力$F=72.5$MN。

假设飞机撞击区直径为客机直径6m,塔壁的厚度为1.2m,撞击区塔壁承受的冲击剪应力达3.2MPa,撞击区域的塔壁混凝土会剪坏击穿,造成局部的破坏。

假设主塔为自由结构，忽略拉索和基础对主塔的约束，可得到在飞机撞击力作用下，主塔加速度为0.115m/s^2，在撞击发生的时间内，主塔的位移为1.9mm。如此小的位移使主塔和拉索产生的附加应力是非常有限的。

因此可以判断客机的撞击不会造成主塔的总体破坏，但会造成局部穿透破坏。从飞鸟与客机相撞造成的损伤以及飞机对撞击高层建筑产生的破坏状态看，其破坏基本为局部冲击破坏。

因客机撞击发生的概率很低，且不造成主塔的总体破坏，因此可不进行额外防护，按照民航要求在主塔上设置航空障碍灯即可。

10)可施工性

(1)沉箱基础施工。

沉箱基础施工主要顺序如下：

步骤一：沉箱钢壳在船坞内进行整体制造，钢壳内浇筑一定高度混凝土，满足浮运时稳定性要求。利用拖船将沉箱沿着伶仃航道浮运至桥位附近后浇筑剩余井壁混凝土。

在制造沉箱的同时，在桥位处基础设计位置进行河床清理放样，清除淤泥层和粉砂层，对岩石进行局部爆破清理(图4.3-17)。

图4.3-17 施工步骤一

步骤二：铺设砾石垫层，并夯实整平(图4.3-18)。

图4.3-18 施工步骤二

步骤三：沉箱浮运到桥位，定位，沉箱着床，基底压浆(图4.3-19)。

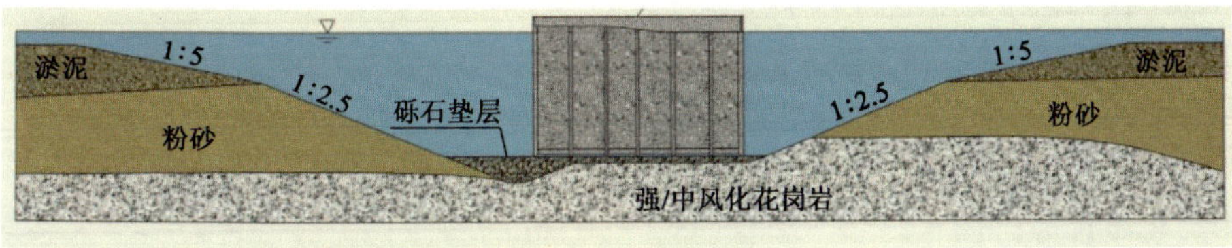

图4.3-19 施工步骤三

步骤四:沉箱填芯,盖板施工,沉箱外回填(图4.3-20)。

图4.3-20 施工步骤四

(2)主梁架设。

①有斜拉索区域的主梁采用架梁吊机架设,无斜拉索区域的主梁采用缆载吊机架设。这些架设方法均为国内成熟的施工方法。

②由于有斜拉索区域的主梁和斜拉索系统自成体系(即斜拉桥体系),而主缆系统又是另外一个体系,因此在该主梁架设过程中,不影响主缆系统受力,相互之间无干扰,施工控制难度低。

③由于有斜拉索区域的主梁可以提前架设,因而可节省工期至少半年时间。由于此架设方法的优越性,土耳其博斯普鲁斯三桥(Third Bosphorus Bridge)也是采用此架设方法(图4.3-21)。该桥是跨度为1408m的斜拉悬索协作体系桥梁,公铁两用,于2012年动工修建。

图4.3-21 土耳其博斯普鲁斯三桥主梁架设

④本桥主缆为空间的线形。空缆状态,主缆在塔顶及跨中的横向间距均为5m;成桥状态,塔顶横向间距为5m,跨中横向间距为16.5m,跨中主缆横向间距随着梁段的架设而逐渐变化。缆载吊机在塔顶附近安装完成后,走行至无斜拉索区域主梁进行节段吊装,须研制走行轮箱具备横向间距调整功能的新型缆载吊机,此为本主梁架设的关键技术。

伶仃洋大桥全桥效果见图4.3-22。

4.3.2.2 中山大桥

1)总体布置

采用跨径布置为(110+135+580+135+110)m的斜拉桥方案(图4.3-23),主塔与伶仃洋大桥风格统一,采用独柱式。主梁采用分离式钢—混凝土组合梁。

图4.3-22　伶仃洋大桥效果图

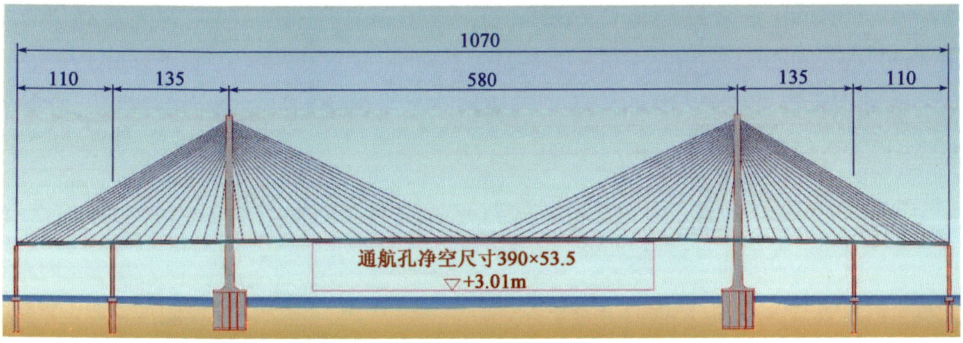

图4.3-23　中山大桥总体布置图(尺寸单位:m)

和工程可行性研究跨径相比,减小了边跨的跨度,边中跨比在0.4左右,有利于缩短桥梁总长度,提高体系刚度。110m的边跨与相邻泄洪区引桥110m钢箱结合梁跨度相同,跨度的过渡匀顺。

2)结构体系

纵向采用阻尼限位约束体系,在主塔和主梁之间设置阻尼器。在主塔和主梁之间设置横向抗风支座。在辅助墩和边墩处设置横向抗震挡块。辅助墩和边墩墩顶设置纵向活动支座。

3)主梁

主梁采用结合梁,梁高4.0m。桥面全宽55m(含风嘴),中央分隔带宽12.25m。结合梁可以充分发挥钢与混凝土两种材料的优点,使结构设计、施工、维护更趋合理。主梁横断面见图4.3-24。

组合结构的优点体现为:

①和钢箱梁相比,采用结合梁可有效解决桥面铺装的问题。结合梁刚度比钢箱梁大,斜拉索的疲劳应力幅较钢箱梁小,且造价也较低。

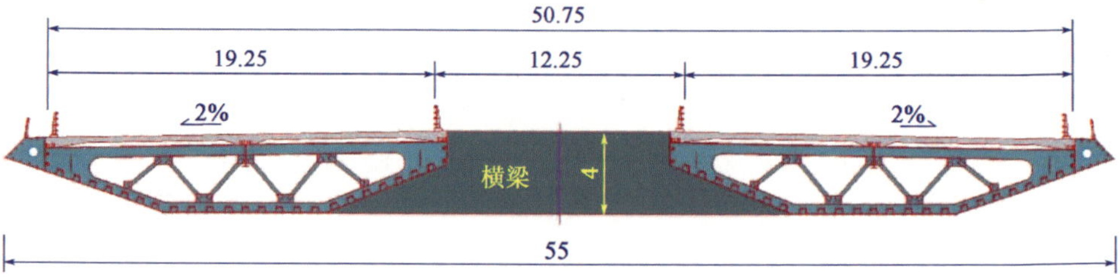

图 4.3-24 中山大桥主梁横断面(尺寸单位:m)

②和混凝土梁相比,结合梁的自重较轻,可减小主塔及基础的规模,地震响应小;节段长度可更大,钢结构与混凝土桥面板可分别制作、安装,施工灵活、便捷、速度快。

③结合梁有箱形断面结合梁和工字形断面结合梁。采用箱形断面结合梁,主梁外形为流线型扁平构造,分体式双箱构造对抗风有利,外观效果好。

4)主塔及基础

主塔采用独柱式,与伶仃航道桥风格统一。主塔布置在双幅桥面之间,总高度为 196m。主塔顶面高程 +200.0m。

主塔锚固区设置钢锚箱(图 4.3-25),钢锚箱与主塔壁之间通过剪力钉连接。在锚箱底设置有底座,与主塔隔板浇筑在一起。

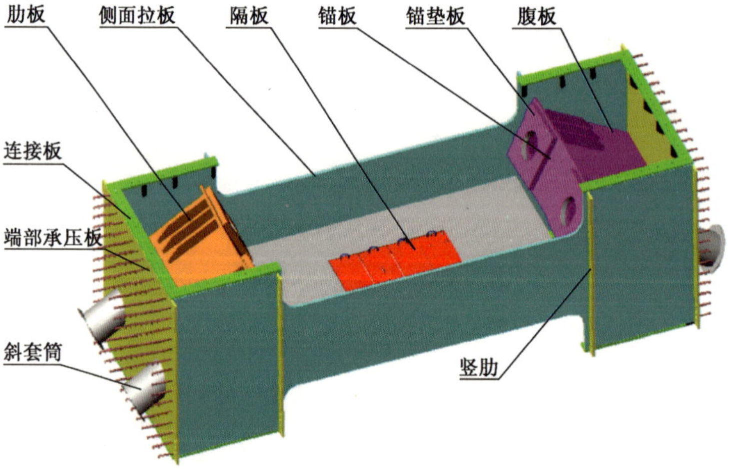

图 4.3-25 钢锚箱构造示意图

根据类似桥梁分析结果,85% 的斜拉索索力由锚箱拉板承受,15% 斜拉索索力由塔壁承受。因塔壁承受的索力较小,索锚区主塔壁厚可选用较小值。

与伶仃洋大桥类似,主塔基础采用沉箱基础。基础设计位置处覆盖层主要为淤泥质土和粉砂,承载力低,不能作为主塔基础的持力层。基岩为花岗闪长岩及花岗岩,强度高,可作为基础的持力层。

基础平面尺寸为 50m×47.5m,内部分为 16 个小腔室,隅角处进行倒角。沉箱采用钢壳混凝土组合结构。

5)斜拉索

斜拉索在主梁上锚固在外侧风嘴内,在主塔侧锚固在钢锚箱内。斜拉索采用直径 7mm 锌铝合金镀层高强钢丝,标准强度为 1860MPa。梁上纵向基本索距 15.0m,塔上索距 2.5m。

因桥面高度较高,桥面风速大,为减小风振,在斜拉索上安装阻尼器。在拉索外侧 PE 护套上设双螺纹线,减少风雨振。

中山大桥全桥效果见图 4.3-26。

图 4.3-26　中山大桥效果图

4.3.2.3　非通航孔桥梁

1)方案比选

在泄洪通道范围内的非通航孔桥均采用 110m 跨度。可选择变高度混凝土连续梁、等高度钢箱梁或等高度组合梁。

变高度混凝土连续梁自重大,对于抗震不利,且增大了基础的规模。钢箱梁的桥面铺装在国内出现的病害较多,且铺装层造价高。水上非通航孔桥总长达 11km,在伶仃洋大桥两侧有长大纵坡段,更是增加了对桥面铺装的要求。选择钢箱梁方案无疑增加了桥面铺装出现问题的概率。

而组合梁可很好地解决桥面铺装的问题,同时组合梁自重较轻,可较好地满足抗震要求。扁平的流线箱形结构与伶仃航道桥和中山大桥的箱形结构外观上统一,可取得良好的视觉效果。

组合梁的桥面板和钢箱均可在工厂制造,厂内结合,整节段吊装,充分实现了“标准化、预制化、装配化”的理念,因此泄洪通道范围内 110m 跨选用钢箱组合梁。

浅滩区引桥设计为 80m 跨钢箱组合梁,全桥水中非通航孔桥均为钢箱组合梁,减少了混凝土箱梁预制场,降低了临时工程的投入。

80m 跨和 110m 跨相同的箱形外观构造,使梁体外观统一、景观效果好。

2)结构设计

通航孔桥两侧双幅桥面间距较大,不适合整体墩身和基础。为保证效果统一,不论中央分隔带宽度大小,墩身及基础均采取分幅布置。引桥横断面见图4.3-27。

主梁采用等跨等高度钢箱组合梁。标准段桥面宽40.5m,两幅主梁中心距20.75m,单幅桥面箱梁宽20m(不含风嘴)。组合梁透视图见图4.3-28。

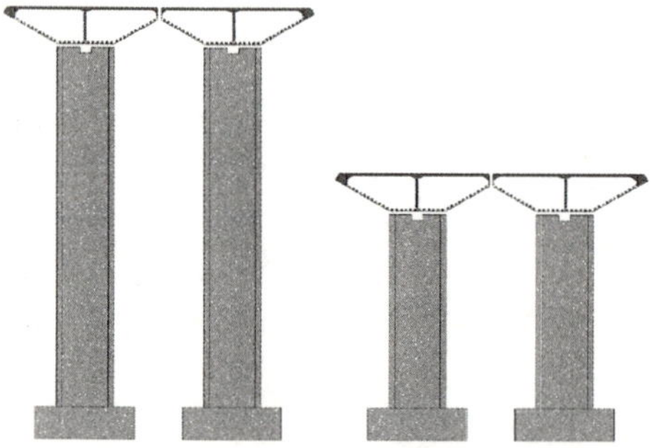

图4.3-27　非通航孔引桥横断面

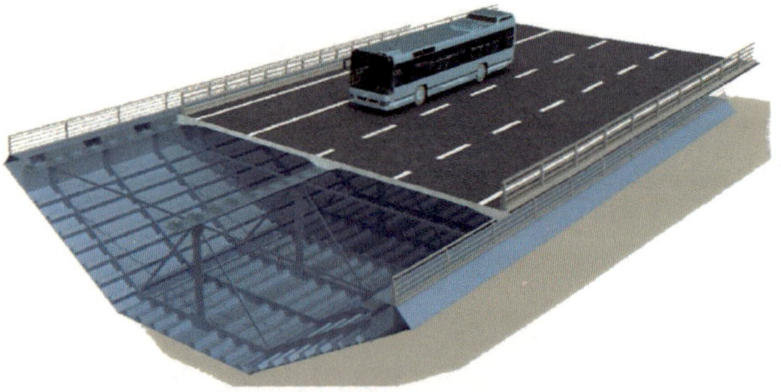

图4.3-28　组合梁透视图

110m跨主梁梁高5.5m,其中钢箱槽形梁梁高5.0m,结合面处桥面板厚0.5m。

80m跨主梁梁高4.0m,其中钢箱槽形梁梁高3.5m,结合面处桥面板厚0.5m。

基础采用变截面钢管复合桩。桩顶区段施工护筒保留,作为永久结构参与受力。承台和墩身均预制。

采用钢梁预弯来调整正弯矩区钢梁应力,采用支点顶落法来调整负弯矩区混凝土桥面应力。

钢梁预弯具体方法为:将钢梁节段按设计预拱度线形拼装成梁,梁下设支点,桥面板放置在钢梁上,与钢梁不结合;顶升中间支点,使钢梁预弯;正弯矩区段桥面板和钢箱梁结合,拆除中间支点。

顶落梁的具体方法为:墩顶区段25m长度范围的桥面板与钢箱梁不结合,共同吊装。待一联吊装完成后,在墩顶处顶起梁体,再结合墩顶区段桥面板,浇筑桥面板接缝,落梁。通过起落梁措施给桥面板施加压应力,保持在恒载状态,桥面板有一定的压应力储备。整孔吊装示意见图4.3-29。

下部结构采用大规模工厂化、预制拼装化及大型设备机械化作业的方式进行施工,承台和墩身均采用预制施工、架设。

110m组合梁墩身高度基本在20m以上,可根据吊船起吊能力和起吊高度分节预制,在现场采用湿接缝连接。所有湿接缝的高度都在浪溅区顶高程以上。

80m组合梁区段墩身高度不高,墩身质量在750t左右,可采用整体预制吊装的方式。

4.3.2.4　桥梁美学设计

随着社会的进步和审美情趣的提高,人们对建筑结构的美学要求也越来越高。桥梁结构作为重要的交通运输建筑,与人们的日常生活紧密联系。许多优秀的桥梁作品,在承载交通功能的同时，也是城市自身一道美丽的风景。比如悉尼港湾大桥（图4.3-30）和悉尼歌剧院完美结合，形成澳大利亚的象征；伦敦塔桥（图4.3-31）体现了英国维多利亚时代辉煌的历史和文化；金门大桥（图4.3-32）更是旧金山国际性现代化城市的标志。

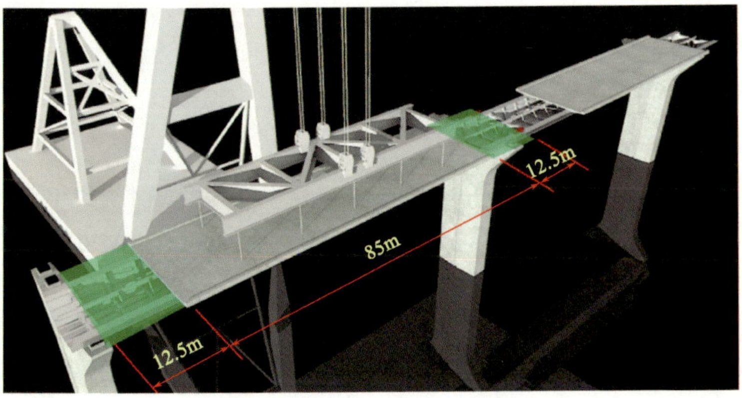

图4.3-29　箱梁整孔吊装示意图

图4.3-30　悉尼湾大桥

图4.3-31　英国塔桥

图4.3-32　金门大桥

不同的时期，人们的审美观也不同。文艺复兴时期，西方建筑普遍以复杂烦琐的装饰为美。20世纪后,人们普遍欣赏简洁明快、优美流畅的建筑风格。但无论何时,比例均衡、和谐稳定、韵律优美的建筑始终受到人们的青睐。

1)比例均衡

比例包括三方面的内容:一是桥梁结构整体比例关系;二是桥梁结构整体与局部比例关系;三是桥梁结构实体部分与空间部分的关系。

(1)整体比例。

整体比例体主要体现在桥梁的跨度布置上。

伶仃洋大桥跨度布置为(520+1620+520)m。边中跨比为0.32,在悬索桥常用的边中跨比范围内,与润扬大桥0.315、虎门大桥0.342、大贝尔特桥海峡大桥0.33的边中跨比接近。从以上已建桥梁效果看,其边中跨比是和谐的。伶仃洋大桥立面效果图见4.3-33。

中山大桥跨度布置为(110+135+580+135+110)m,边中跨比为0.42,该比例除了考虑较小的边跨可提高桥梁总体竖向刚度外,还考虑了边跨梁端斜拉索不因边跨太短而过分集中在一起,影响视觉效果。辅助墩的位置也考虑了比例关系。将边跨分为110m和135m两部分。110m的锚跨和相邻110m钢箱组合梁引桥跨度相同,使主桥和引桥的跨度顺接。中山大桥立面效果图见4.3-34。

图4.3-33 伶仃洋大桥立面效果图

图4.3-34 中山大桥立面效果图

水中非通航孔引桥设计方案加大了浅滩区引桥跨度,从50m调整到80m。从比例上看,110m和80m的跨度布置过渡自然、比例和谐。立面见图4.3-35。

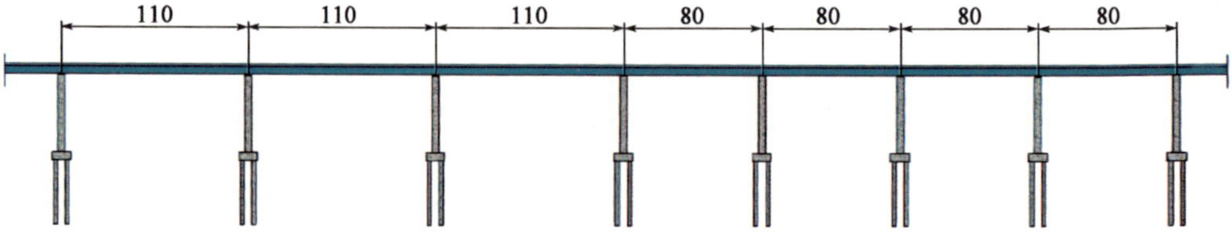

图4.3-35 水中非通航孔跨径比例(尺寸单位:m)

(2)整体与局部。

桥梁由若干要素组成,每一要素都占整体的一定比重和地位,如果所有要素都要竞相突出，则会削弱整体统一性。各要素的功能和造型应符合整体的需要，结构要素应统一。

整体与局部的关系主要体现在局部结构的尺寸要和总体结构相匹配，方案中桥梁的桥面宽度和高度受制约，基本不能调整。影响到局部尺寸效果的部位主要是主塔和墩身。

以伶仃航道桥为例，主塔采用独柱式。为了从各个方向观看都能保持一样的主塔景观效果，主塔的纵向和横向尺寸应基本一致。但在计算分析时发现，横向极限风加载时，因主缆横向风力都施加在塔顶，使独塔横向受力非常不利，出现了较大的拉应力。常规的解决方法是加大主塔截面尺寸，桥面处主塔截面尺寸为16m×18m，与常规的悬索桥H形主塔所需的10m×12m比，明显偏大，造成局部和总体比例不协调。为减小主塔尺寸，采用了钢—混凝土组合结构，截面尺寸缩减为13m×14m，主塔与全桥的比例更为和谐。全桥效果图见图4.3-36。

图4.3-36　全桥效果图

(3)实体与空间。

实体与空间的处理体现在如何巧妙地在空间中布置实体，如何利用空间削弱实体的笨重感。空间与实体的“虚”“实”结合，使空间变化更为丰富。方案中最为突出地表现为伶仃航道桥和中山大桥的主塔布置。伶仃洋大桥和中山大桥跨度大，为满足主梁抗风稳定性要求，采用了分体式双箱结构，双箱之间有较大的空间。为充分利用该处空间，采用了独塔结构，主塔从双幅桥面之间耸立而出，该处理方案不仅有效利用了空间，同时也营造出独特的景观效果。伶仃洋大桥、中山大桥面视觉效果图见图4.3-37。

图4.3-37　桥面视觉效果

2)形式和谐之美

桥梁关键设计元素要有形式上的稳定与和谐感。桥梁主桥和主桥之间、主桥和引桥之间的形式也要有机地和谐统一,但不能千篇一律、千人一面,整体上的统一不意味局部上不做任何的修改与变化。

(1)稳定与力量。

对于任何建筑,在外观形式上都要给人以稳定感,桥梁建筑也不例外。从几何知识可以知道,三角形是最为稳定的结构形态。主桥均采用了独塔造型,塔柱和外侧锚固的斜拉索构成空间三角形结构,给使用者以稳定安全感。在锚碇结构上,利用锚碇支腿和斜墩形成V字形,与墩顶系梁一起形成三角形,使结构具有视觉稳定性。

主塔是桥梁的脊梁,强壮的主塔能给人以稳定和力量感。主塔设计时,对桥面以下的塔柱和桥面以上的塔柱进行了不同斜率的处理。加大了下塔柱的斜率,使下塔柱尺寸扩张,形成基础稳固、强壮有力的视觉美感。

方案中,伶仃洋大桥和中山大桥均采用了对称的立面布置,两侧引桥纵坡基本一致,总体结构的对称,产生均衡、稳定、庄重的美感。

(2)重复与变化。

结构有规律的重复或有秩序的变化可获得简洁统一的外观效果。但如果只是简单的重复,结构就显得单调,不够生动,必须在高度、大小、细节等方面做变化处理。

主桥的桥塔是旅客最为关注的视觉中心,在两座主通航孔桥的上部结构设计中运用了重复与变化的设计手法。两座通航孔桥分居桥梁东侧和西侧,相距约10km。为保持通道桥梁风格统一,两座通航孔桥均采用了独柱式主塔和分体式双箱。风格独特、造型一致的独柱塔的重复运用,给整个通道桥梁景观留下最为深刻的外观印象。

主桥和引桥之间也运用了重复的设计手法。在主梁和墩身的结构与外形处理上都保持了一致。全桥梁体均为扁平流线箱梁外观。

(3)厚重与飘逸。

桥梁结构体量巨大,自身具有厚重、大气的外观,可通过平面和立面的变化,减少直线线条,增加曲线元素,使总体结构显得飘逸、生动。

每个通航孔桥梁端都设置有平面曲线。平面曲线的设计提高了驾驶员的注意力,提高行车的安全性,也丰富了观桥的视点,可多角度、多距离欣赏两座主通航孔桥的效果。立面曲线的设置主要考虑通航要求,也使大桥立面产生高低起伏的变化。通过平面和立面线形的高低、曲直变化,在满足水利、通航要求的同时,桥梁总体上形成矫健飘逸的曲线美感。

3)夜景照明

斜拉索最外侧的拉索及悬索桥大缆装饰蓝色LED线形灯,将大桥的整体轮廓勾勒得清新雅致。

桥面设置LED投光灯,由下而上点亮吊索及斜拉索。

桥塔分节处采用蓝色及白色光源洗墙灯洗亮，将桥塔营造出一种梦幻般的未来感，醒目而不失柔和。桥墩及桥塔梁下部分由上而下洗亮，弱化承台部分照明，产生一种桥梁仿佛“漂浮”于海面上的视觉效果，整体恢宏大气，如梦如幻。

梁体外边缘勾勒暖色 LED 线形轮廓灯，将大桥整体轮廓勾勒出来。同时，暖色的桥面照明与冷色的桥塔及吊索照明形成对比，更加丰富及升华了桥梁的整体景观视觉印象。大桥夜景照明效果见图 4.3-38、图 4.3-39。

图 4.3-38　伶仃洋大桥

图 4.3-39　中山大桥

4.3.3　人工岛

人工岛作为隧道与桥梁的转换连接体，具有重要交通枢纽作用，同时也是整个深中通道项目的景观亮点。

4.3.3.1　西人工岛

1）岛形设计

综合西人工岛的功能要求，考虑极具岭南特色的芭蕉植物及丰富的降水，设计采用芭蕉叶岛形（图 4.3-40）。岛的平面轮廓为渐进流线型，整体平顺、和谐、自然，大大降低了人工岛的阻水率，同时避免紊流、急流，利于周边通航船只的安全。

图 4.3-40　西人工岛岛形平面图

西人工岛轴向长625m。根据隧道宽度及施工要求,最小宽度约223m,最大宽度约353m,陆域面积16.2万m^2。西人工岛陆域设计顶高程5.0m,通过设置挡浪墙满足防潮防浪要求,挡浪墙顶高程暂定为8.0m。

2)岛上建筑设计

(1)功能布局。

人工岛上设置环形车道与主线连接,车道宽度和转弯半径按照标准设计。岛上设有停车场,供小型车辆、救援车辆停放。在岛北侧受外海波浪影响较小处设置救援码头一座。救援码头主要停靠补给船、交通船,长度按照靠泊一艘补给船或同时靠泊两艘交通船考虑。在一层观光平台设有直升机停机坪,满足疏散救援需求。

(2)建筑设计。

将岛上功能建筑、隧道排风口及隧道入口景观设计成一个整体,其外形美学构思来源于驰骋于大海之上的豪华游轮(图4.3-41)。

图4.3-41　岛上建筑拓展图

岛上的建筑包括两部分,即营运、养护、管理、旅游部分,隧道排风设施部分,两部分的功能是截然不同的,前者是以人的活动为主,而后者以隧道排风设施布置安放为主。为了能使两部分的建筑融合为一体,在设计上,采用隧道设备放置中间,营运管理用房环绕外侧的布置形式。

西人工岛管理大楼分三层,采用分块组合式方案,将各种不同功能的单体建筑统一融合成一栋建筑进行设计,既解决了在景观上原本零乱的建筑布局,又满足了功能需求并节约了造价,同时也方便了运营维护期工作人员的办公和管理。最顶层设计三角锥形的隧道排风口。在一层楼顶面设计观光平台。

3)隧道光过渡段建筑设计

隧道洞口造型应有将驾乘员引入隧道的效果,且建筑造型应与周边环境协调;另外,为了减小驾乘人员进出隧道的黑、白洞效应,洞口处应设置自然光过渡。主线上的自然光过渡长度按约130m设置,折减系数为70%,也就是隧道暗埋段洞口处的光照强度是全敞开处光照强度的70%。隧道入口顶棚与建筑大楼连为一体,是建筑的重要组成部分。光过渡段效果见图4.3-42。

图4.3-42　隧道光过渡段效果图

本着建筑与环境有机结合的设计原则，隧道洞口顶部光过渡结构的设计以简明清爽的白色为主色调。隧道的流线型设计，宛如一只向往着碧海蓝天的海豚，惬意地靠在芭蕉扇上，眺望着远处的美景。

顶棚上面大小不规则的几何图形犹如照在海面上波光粼粼的阳光一样，海洋的蓝点缀其中，通过大大小小的多面遮阳板将光进行不同方向和不同深浅的折射，让光线在隧道内外的过渡变得柔和自然。顶棚上圆弧的绿化设计，将顶棚与岛的绿化融为一体。

4）结构设计

（1）岛壁结构方案比选。

人工岛处在无掩护敞开海域，岛壁结构直接遭受到波浪的打击，其自身的稳定对人工岛的安全至关重要。岛壁主要有三方面作用：

①围堤挡土作用，承受人工岛内填土压力，防止填料外漏。

②防渗止水作用，为岛内隧道主体提供干的施工条件。

③护岸作用，直接承受外海风、浪、潮以及台风的冲击力，为岛内隧道和岛上建筑物提供必要的保护。

以此为立足点进行岛壁结构设计时，在保证结构止水性能的同时可兼作永久岸壁，使结构实现功能最大化。根据对已建和在建国内外海上人工岛结构形式的调查研究，人工岛岛壁主要分为斜坡式和直立式两种结构形式。

图4.3-43　澳门国际机场人工岛

对于斜坡式岛壁，一般采用抛石或充填袋堤心结构，表面设置护面块体。该结构在国内外的人工岛工程中被大量采用，如澳门国际机场人工岛工程（图4.3-43）、厄勒海峡人工岛（图4.3-44）、美国 CHESAPEAKE 湾隧道人工岛工程以及港珠澳大桥人工岛（图4.3-45）等。

对于直立式岛壁，多采用沉箱、格形钢板桩、对拉钢板桩类的结构形式，当人工岛设计使用年限较长(如100年及以上使用年限),钢结构在海水环境下的长期耐腐蚀能力相对较差,故此类设计主体一般选用混凝土沉箱结构。此结构在设计、施工方面技术成熟,也在许多的工程中被采用,如日本横滨关联产业用地护岸、日本大阪南港人工岛护岸及加拿大波弗特海采油人工岛项目。

图4.3-44　厄勒海峡人工岛

图4.3-45　港珠澳大桥人工岛

斜坡式及直立式岛壁结构优缺点比较如表4.3-3所示。

岛壁结构比较表　　表4.3-3

岛壁结构类型	优　　点	缺　　点
斜坡式	1. 结构对地基承载能力要求不高,对地基的沉降变形适应能力强; 2. 钢筋混凝土用量少,耐久性好; 3. 施工简单,适应性高	1. 土石方用量大,对环境影响较大; 2. 占海面积较大; 3. 结构整体性差,施工期遇台风、风暴潮等恶劣气候时易发生破坏; 4. 需组合连续墙等结构达到止水要求
直立式沉箱	1. 岛壁结构整体性更好,自重大,自稳性好; 2. 施工期间抗浪能力强; 3. 预制安装程度更高,施工速度较快	1. 对预制场要求较高,出运及安装需要大型专业化船机设备; 2. 基底应力较大,对地基承载能力要求较高,对地基沉降和不均匀沉降变形的要求较高; 3. 单个沉箱间及沉箱下部止水须单独处理,防渗处理工艺较复杂

无论斜坡式岛壁结构或者直立式沉箱岛壁结构,均是海岸防护工程中技术成熟的结构形式,国内外有许多成功的工程实例可供借鉴。本次结合功能要求、地质及周边建设条件,从技术、经济、施工、工期等方面进行综合比选,推荐西人工岛岛壁主体采用斜坡与直立式组合的桩筒结构。

斜坡与直立式组合的桩筒结构(图4.3-46)利用桩基与钢筋混凝土圆筒组合,优化结构受力,充分利用现有条件,尽量减少软土大开挖对环境造成的不利的影响。

单个圆筒直径20m,高约23m,圆筒高度可随地质变化进行调整。单个圆筒内布置14根直径1200mm大管桩,桩端高程-39m,桩顶部通过浇筑平台与圆筒连接,圆筒内回填砂或开山石渣。通过筒间止水处理及两侧设置连续封闭的水下深层水泥搅拌桩达到防渗要求。筒前设置抛石棱体满足结构稳定及基底防冲刷需求。结构上部浇筑钢筋混凝土挡浪墙,顶高程根据岛壁越浪标准控制。

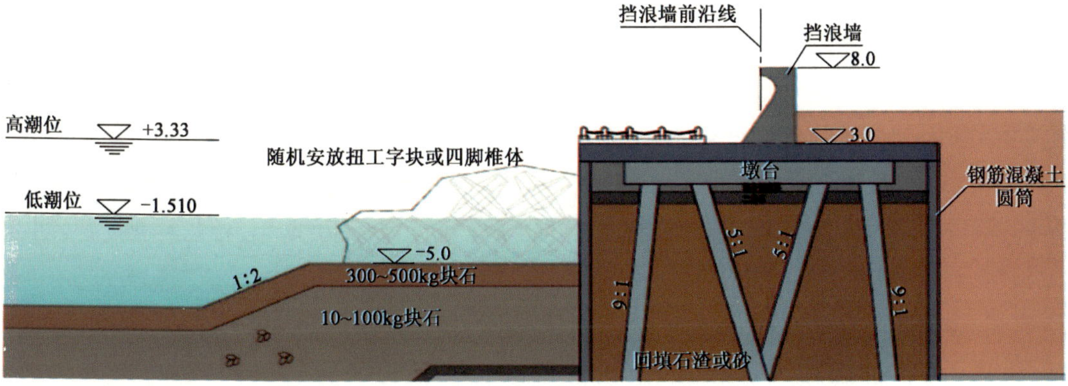

图4.3-46 西人工岛岛壁结构图(高程单位:m)

(2)桩筒结构方案特点。

①主体结构采用混凝土结构能形成永久直立岸壁,且圆筒结构便于曲线岛形的形成,兼具美观效果。

②配合桩基结构,尤其尽可能增加斜桩数量,可减少结构变形及沉降,增加结构稳定。

③筒壁预留孔可进行高压旋喷桩施工,用以提高整体稳定及满足防渗需要。

④筒前设置抛石棱体及人工块体,在增加结构稳定性的同时满足人工岛防船舶撞击需要。

⑤岛壁下方地基采用水下沉层水泥搅拌状法和打设塑料排水板排水固结法,施工简单造价低,抗管涌效果好。

(3)岛隧结合处方案。

岛隧结合处为便于拆除,采用格形钢板桩结构,由直腹式钢板桩形成的主格仓、副格仓以及格仓内的填料组成。格形钢圆筒具有良好的自身稳定性,可采用陆上拼装、水上整体沉放的施工工艺,施工速度快。主格仓直径暂定为25m。桩底打入风化岩以满足稳定及防渗要求。格仓内填筑经密实处理的中粗砂。

5)绿色环保设计

(1)建筑节能环保。

由于岛的面积较大,设计中将岛内陆域按照不同高程变化形成阶梯状布局,减小岛内回填方量,减少隧道与大桥连接视线遮挡。高程变化布置可以较好地收集雨水,便于净化进而综合利用,体现了生态环保理念及可持续性发展思路。岛上建筑采用下沉式设计,屋顶设置绿化。

设计中贯彻了环保理念,充分利用自然风的循环、太阳光引入,节能环保,具有可持续性,成为观赏大桥、领略大海的新的景点及地标。

(2)排水设计。

岛上设置污水处理设施,实行中水收集利用的方案,岛上设置中水池,水源来自生活用水处理后排放及雨水。收集的雨水经沉淀后用于消防、绿化和中水系统。岛上生活废水经中水处理后用于冲洗用水，再次排出后经污水处理达标后排入附近水体。

(3)绿化设计。

在树种选择上，本着“适地种树”的原则，结合道路绿化的特点，大量选用易管理、抗逆性强的乡土树种为主的植物种类。

在植物配置上注重生态多样性，通过乔、灌、花、地被相结合，常绿与落叶相结合，发挥良好的生态效应。同时注重色彩和季相的搭配，进行多样性的配置，力求通过植物的花期、叶期、季相等自然的变化，创造多样性的绿色景观。根据当地生长环境，绿化的树种主要有油棕、海蓬子、红树、椰子树等。

西人工岛效果见图4.3-47。

图4.3-47　西人工岛效果图

4.3.3.2　东人工岛

1)岛形设计

在深圳侧通过东人工岛实现隧道与沿江高速公路、机荷高速公路的衔接。人工岛的造型应与立交功能相结合，主要考虑互通匝道的设置要求，不应追求独特的外观，使立交工程能充分利用人工岛的面积，减少水上施工可能给附近水体带来的污染。东人工岛效果图见图4.3-48。

图4.3-48　东人工岛效果图

东人工岛面积约35万m^2,东西向长约920m。东岛陆域设计顶高程为5.0m,通过挡浪墙满足防潮防浪要求,挡浪墙顶高程暂定为7.0m。

人工岛面积巨大,立于海平面之上,和周围环境不协调。因此在人工岛上进行绿化,使其融入自然环境中,成为海面上的一座绿岛。

2)结构设计

东人工岛邻近深圳机场,工程区域存在已建大型桥梁,设计时以岛壁坡脚线不超过珠江治导线、筑岛方案满足航空限高及沿江高速下净空限制、围岛成陆保证沿江高速结构安全且不影响其正常运营为前提。

东人工岛区域泥面较高,岩面埋深浅,岛形复杂且与沿江高速公路有交叉。考虑东岛施工限制条件较多,不宜采用大型机械设备,且北侧和东侧邻近陆域,故在岛壁方案设计时主体采用斜坡堤与板桩组合结构(图4.3-49),通过板桩墙满足岛内隧道支护干施工要求。

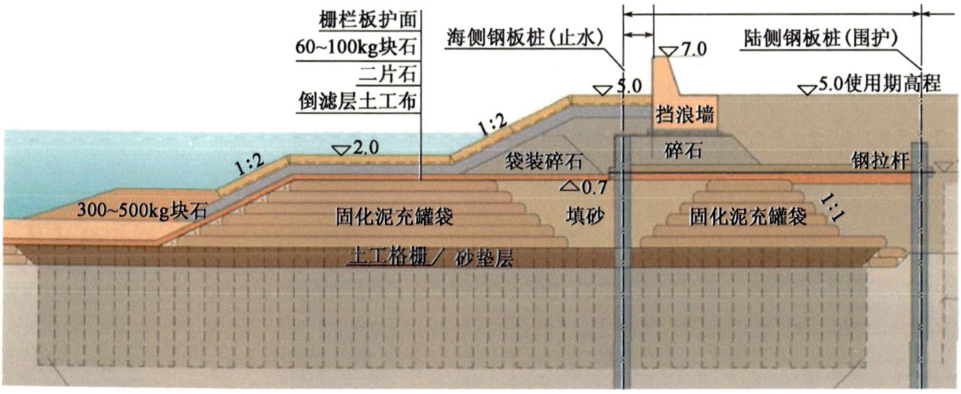

图4.3-49 东人工岛典型岛壁结构(高程单位:m)

岛壁结构主要特点:

(1)堤心材料以现场开挖制造的固化泥充填袋为主,内设钢板桩满足止水及隧道开挖支护需要。

(2)堤下软基采用袋装碎石桩处理,在淤泥中易成形,能尽可能减少占海面积。

(3)岛内软土地基采用打设排水板加降水预压处理,回填砂采用振冲法处理。

(4)沿江高速公路下净空受限处可采用灌注桩+高压旋喷桩替代钢板桩施工。

(5)岛壁通过桥墩桩基区域时采用抛石堤心,并在桩周围设置防护结构。

4.3.4 隧道

4.3.4.1 横断面设计

1)技术难点

由于管节埋深深、断面跨度大,按一般常规的两孔一管廊钢筋混凝土平板结构方案考虑,经试算结构尺寸如下:

管节顶、底板厚度均为1.7m，中隔墙厚0.95m，侧墙厚1.6m。管节外包宽度47.4m。不难发现所确定的结构过于笨重，起浮困难。通过管节浮力计算得出，须将管节外包高度抬高至12.4m后，方能满足管节干舷高度的要求，管节干舷高度≥135mm。这样每沿米混凝土用量高达210.445m³。

经比选发现常规的钢筋混凝土平板结构厚度无法满足强度、刚度之需，即便考虑对管节顶、底板结构厚度进行适当的增大，也会因结构自重过大，导致管节无法起浮。如何能确保结构的强度和刚度，又能适当控制结构自重，是困扰本工程沉管管节设计方案的一对突出矛盾。

管节结构设计中，断面高度的变化是颇为敏感的参数，其数值变化的影响大于宽度变化的影响，直接影响到工程的造价。因此在本工程管节断面设计中，力求在满足工程功能、结构受力要求的前提下，尽可能减小构件尺寸和结构总高，以使总体设计更经济合理。

2）横断面结构形式的比选

纵观目前世界上已建成通车的沉管隧道，针对本工程管节结构跨度大、顶部荷载大的特点，提出钢筋混凝土折板拱结构方案、钢壳混凝土结构方案和预应力混凝土结构方案三个横断面结构形式进行比选。

（1）钢筋混凝土折板拱结构方案。

方案的设计中引入了折板拱结构体系（图4.3-50），顶板采用折板拱，利用合理的拱轴设计，改善受力条件，有利于减小结构厚度，而顶部拱形结构的矢高部分，可作为隧道内部设备安装空间。同时将排烟风道范围内的中隔墙略往车道孔侧倾斜（约450mm），排烟风道侧中隔墙上下对齐，既能改善顶板受力条件，又不会对中隔墙混凝土浇捣造成过大的影响。

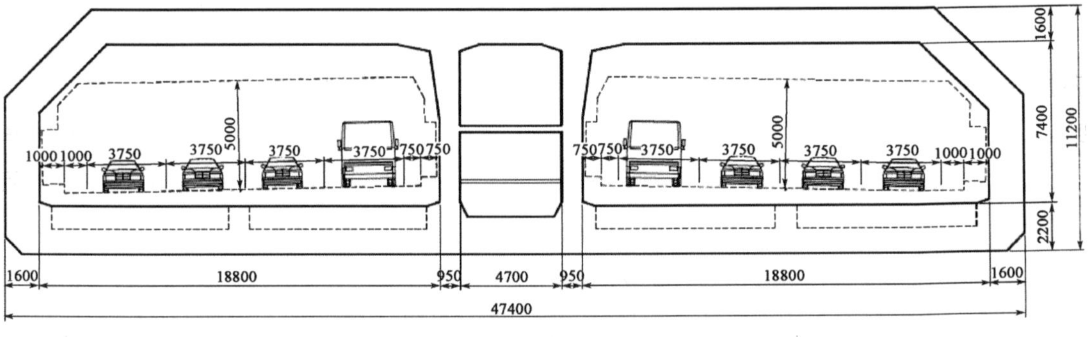

图4.3-50　两孔一管廊折板横断面（尺寸单位：mm）

管节外包宽度47.4m，外包高度11.2m。根据管节施工阶段受荷特点，在确保管节结构满足强度、刚度之需的前提下，将底板按两阶段分别实施，尽可能减少施工阶段底板的浇筑厚度，以减轻管节自重，既确保了管节干舷高度，又尽可能压低了管节外包高度。施工阶段（管节预制、浮运、沉放阶段）底板厚按1.15m考虑。在管节沉放完成后，结合压舱重量需求浇筑第二阶段底板混凝土。

浮运沉放阶段管节断面面积177.823m²/m；管节干舷高度≥208mm。

较常规钢筋混凝土平板结构,本方案能有效降低横断面高度、减少基槽开挖土方量和永久结构钢筋用量。

(2)钢壳混凝土结构方案

管节采用钢壳混凝土结构(图4.3-51),通过钢板和剪力键来代替混凝土结构中配置的钢筋,将钢结构和混凝土结合成一体。钢与混凝土共同受力,减小了结构厚度,减小了自身质量。该方案能较为有效地降低横断面高度、减少结构混凝土用量及基槽开挖土方量,断面规整,断面利用率高,也便于施工。标准管节宽46.9m、高10.6m。

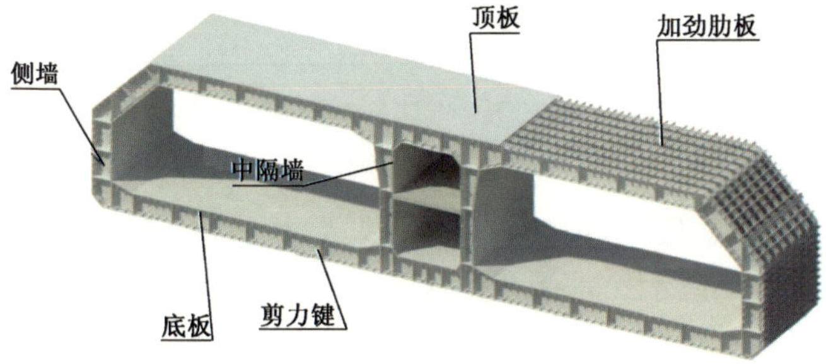

图4.3-51　钢壳混凝土结构管节示意图

钢壳自身用钢量较大,制作复杂,焊接工作量巨大,焊接质量要求高。钢壳内由于密布剪力键、加劲肋板等构件,形成闭塞断面,为确保钢壳、混凝土的整体结构性能,对于内部填充的混凝土要求具有高流动性和避免混凝土材料离析的措施,故必须大幅提高混凝土中水泥含量,且需添加抗离析剂和高性能减水剂。

断面面积为169.278m^2/m,管节干舷高度≥228mm。

(3)预应力结构方案。

管节顶板和底板采用预应力混凝土结构(图4.3-52),按运营荷载作用下预应力管节顶板和底板最大拉应力1.8MPa、最大压应力0.5f_{ck}控制,管节顶、底板中支点范围内须对结构厚度进行适当加厚,同时也便于预应力束的安装。

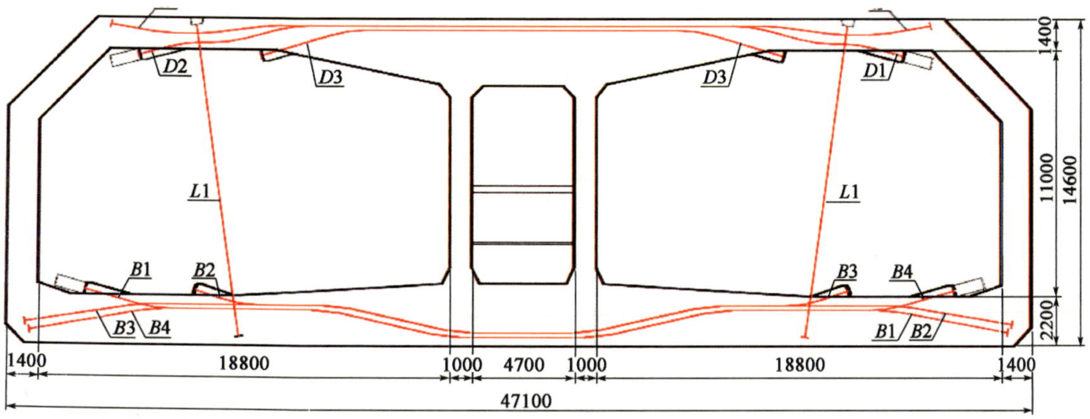

图4.3-52　管节预应力钢束布置图(尺寸单位:mm)

采用预应力混凝土结构方案，结构刚度大，全断面混凝土拉应力均小于混凝土抗拉强度设计值，结构无开裂之忧，耐久性好；采用交叉锚布索，预应力张拉端位于管节内侧，封锚后无海水侵蚀之虞，耐久性有保证；管节结构含钢量稍低，有利于保证结构受力和混凝土施工质量。主要问题在于：一是增加了预应力张拉工艺，且须根据管节施工工况分阶段张拉，施工工艺和施工步骤均较复杂；二是考虑结构最大拉、压应力的限制和预应力束架设空间的需求，管节顶、底板中支点范围内需对结构厚度进行适当加厚，导致结构过于笨重无法起浮，须将管节外包高度调整至14.6m，方可满足管节干舷高度的要求。

（4）方案综合比选。

对工程具有外荷载、结构跨度特别大的特点，从方案比选可知，对于钢筋混凝土结构，即便结构采用折板拱形式，含钢量仍高达400kg/m^3，结构单侧出现需要布置四至五层大直径钢筋的情况，不但施工质量难以保证，长期使用情况下难以保证混凝土结构不开裂，且从造价上该方案亦无优势。预应力混凝土结构方案结构刚度大，长期使用情况下混凝土不开裂，耐久性好，用钢量经济合理，但考虑到结构最大拉、压应力的限制和预应力束架设空间的需求，管节顶、底板中隔墙范围内须对结构厚度进行适当加厚，为确保管节干舷高度须将管节外包高度调整至14.6m，从而使得基槽浚挖、回填覆盖矛盾异常突出，致使采用预应力混凝土结构方案的优势丧失殆尽。相对而言，钢壳混凝土结构方案虽用钢量较大，焊接工艺要求高，但其整体施工质量和施工工期易控制，运营阶段钢壳可作为管节永久防水层，施工阶段钢壳可作为浇捣内部钢筋混凝土的外模，混凝土浇筑后形成钢—混凝土的复合结构共同受力，减小了结构厚度，减小了自身质量，能较为有效地降低横断面高度、减少基槽开挖土方量及结构混凝土用量。

综上所述，推荐采用钢壳混凝土结构方案。

4.3.4.2 管节长度选择

根据钢壳混凝土管节制作工艺，采用整体式管节，不存在管节节段接头。管节纵向分节长度是影响隧道纵向体系受力性能的关键。

1）设备能力

180m管节总质量近8.8万t，沉放时负浮力达1.68×10^4kN，单个吊点平均起吊力约4.2×10^3kN，浮运拖带动力也很大。根据目前的拖带起吊设备能力及类似工程经验，管节最大长度不宜超过180m。

2）工期

本工程沉管段长达5646.5m，按管节标准长度180m，划分为33个管节。33个管节经预制、系泊、浮运、沉放、回填覆盖等一系列工序，工期需44个月。如果标准管节长度小于180m，则管节总数多于33节，一方面所需工期将大于44个月；另一方面管节数增加必然会增加管节接头、止水带和相应构造的数量，增多浮运沉放次数，增加造价和施工风险。

3）力学性能

根据工程场地现有水文资料和地质资料，经施工阶段与运营阶段的纵向计算初步分析，

180m 长管节抗弯和抗剪承载能力、管节接头张开量、管节接头压缩量及接头转动等均能满足要求，取标准段管节长 180m。

经管节综合排布及考虑施工机械吊装能力，拟将沉管段自东往西分成 7 节非标准段（126.5m + 6 × 140m）和 26 节标准段（180m），总共 33 节，纵向布置见图 4.3-53。

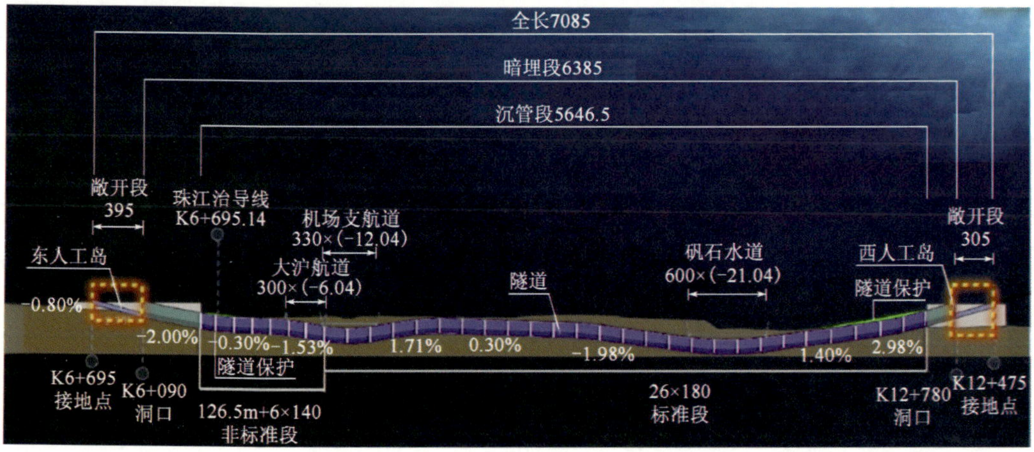

图 4.3-53　隧道纵向布置图（尺寸单位：m）

4.3.4.3　管节接头与防水

1）管节接头

沉管隧道的接头形式有刚性接头（图 4.3-54）和柔性接头（图 4.3-55）两类。刚性接头在管节接头部位钢筋全部连通，并设有加强钢板，其刚度与管节本体刚度相接近。柔性接头则允许管节接头的转动和变位，在接头承受拉力和剪力的同时，仍能保证接头的水密性。

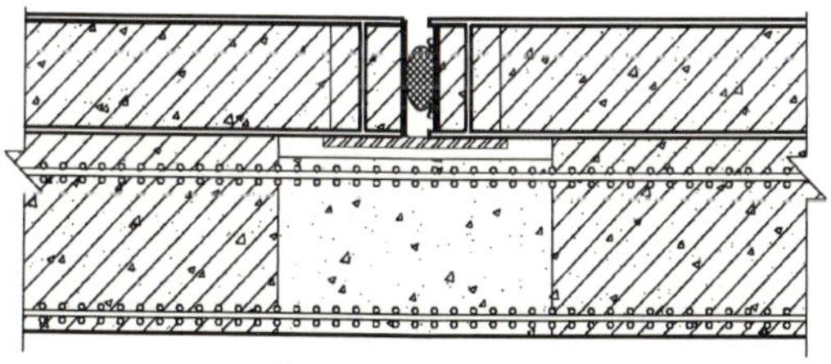

图 4.3-54　管节刚性接头构造示意图

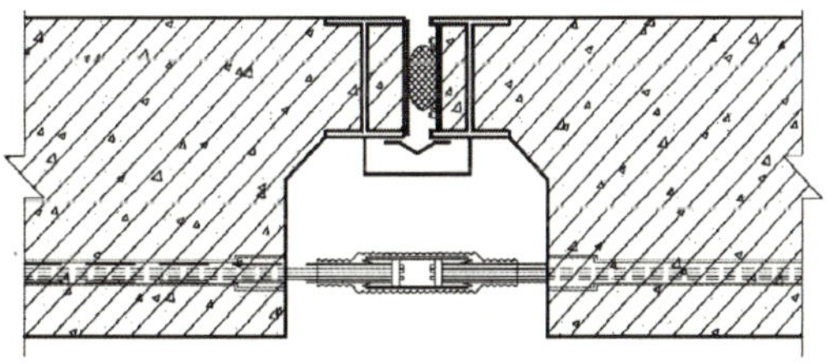

图 4.3-55　管节柔性接头构造示意图

通过计算比较，在岸边段与管节之间如采用刚性接头，会在管节与岸边结构相接处产生很大的支座弯矩和剪力；若采用全部柔性接头，与岸边段相邻的管节内力仅约为刚性接头方案的 42.6% ~55.9%。岸边段与管节之间采用柔性接头，从结构受力角度来看，具有明显的优势。故本次设计管节与管节之间、管节与岸边段之间全部采用柔性接头。

2）防水

接头间主要由 GINA 橡胶止水带和 Ω 形橡胶止水带形成两道防水线。GINA 橡胶止水带同时又是实现管节水力压接的关键部件。防水构造见图 4.3-56。

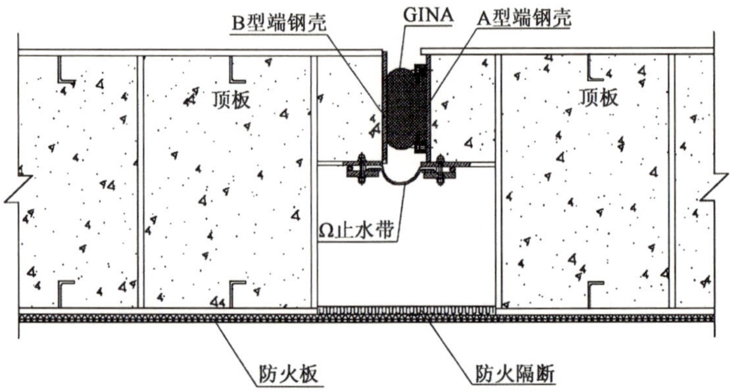

图 4.3-56 管节接头与防水图

吉娜橡胶止水带为管节接头首道也是最重要的一道防水线，材质为天然橡胶，宜采用卡箍方式固定。Ω 形橡胶止水带的材质为丁苯橡胶，固定方式应采用杠杆式构造。

3)剪力键

管节与管节之间设置 2 组水平向钢剪力键和 4 组竖向钢剪力键来传递剪力。其中水平向钢剪力键在两个行车孔底板顶附近各设置 1 组；竖向钢剪力键分别在 2 个侧墙、2 个中墙处各设置 1 组。剪力键布置见图 4.3-57。

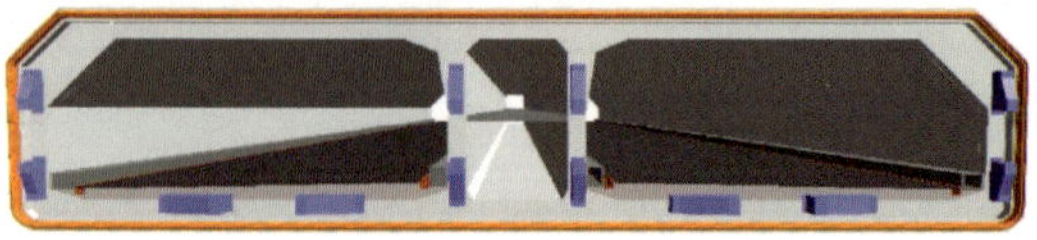

图 4.3-57 剪力键布置示意图

每组剪力键包括上剪力键、中剪力键和下剪力键，上剪力键与中剪力键之间、中剪力键与下剪力键之间设置橡胶支座(图 4.3-58)。每个钢剪力键为钢板焊接成形，通过螺栓与钢剪力键预埋件连接。为保证侧墙有足够的空间安装竖向钢剪力键组，钢壳管节的侧墙在管节接头位置进行适当外扩。

4.3.4.4 可施工性

1)管段加工

钢壳按照纵向 15m 分段，每个分段分为底板、中墙、侧墙、顶板、端钢壳五大区段，每个分段分区段制作，最大质量不超过 250t。装配焊接安装顺序如图 4.3-59 所示。钢结构焊缝的质量等级均为二级。钢壳管节的钢板所围成的隔腔均采用流动性好的自密实混凝土充填，混凝土强度等级 C35。混凝土浇筑时，每个隔腔均设有 1 个浇捣孔和多个排气孔。

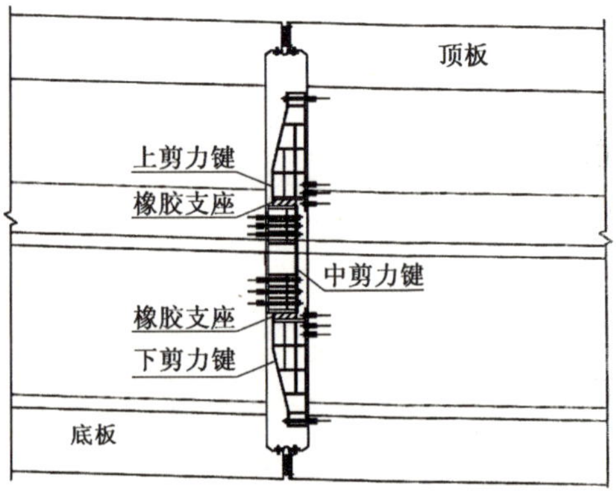

图 4.3-58 竖向钢剪力键组纵向布置示意图

2)基础方案

(1)沉管段基础处理。

沉管隧道对地基的作用为先卸载再回填，其对地基的作用力要比地基的原始应力小，因此沉管隧道对于基础的承载能力要求并不高。基础处理的主要目的是充填管底和基底之间的空隙,保证结构和基底受力均匀,减少再压缩沉降和协调不均匀沉降。

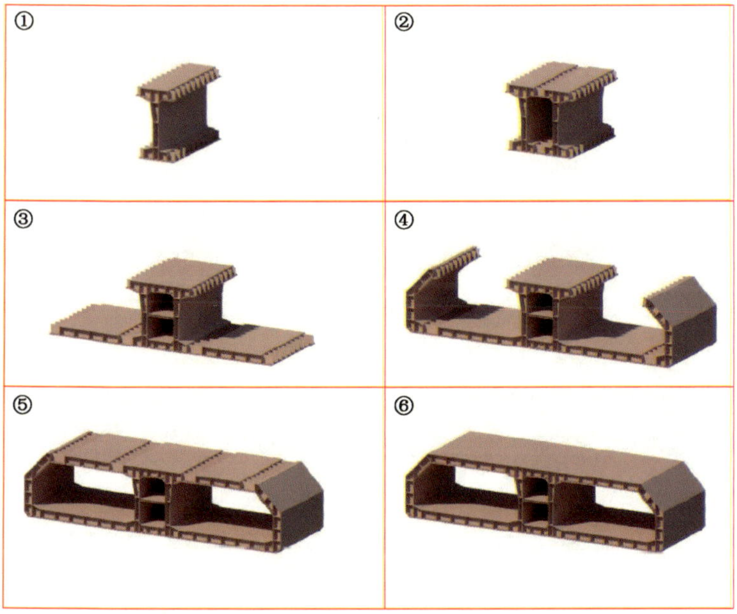

图4.3-59　管节钢壳在加工基地的作业顺序图

从本工程的建设条件看,可能的基础处理方式有注浆法、砂流法、灌砂法、刮铺法,上述几种基础处理方式的优缺点比较详见表4.3-4。

基础处理方法比较表　　表4.3-4

方法	优　点	缺　点	特　点
注浆法	·施工速度快 ·受水文条件影响小 ·注浆材料中含有水泥,能固结基底的少量淤泥 ·无地震液化问题	基底的回淤对基础处理质量影响大	·须设监测设备,以免引起管节起浮或基底压力分布不均匀造成的管节倾斜 ·须通过配比试验确定注浆材料
砂流法	·对航道无影响 ·施工速度快 ·受水文条件影响小	·基础处理和管内作业同步进行,可能相互影响 ·对管底止水阀要求较高 ·须采取专门措施解决地震液化问题	·须设监测设备,以免引起管节起浮或基底压力分布不均匀造成的管节倾斜 ·砂流材料选择须考虑砂的粒径、级配,也可采用掺入水泥熟料等方法处理,使基础具有较强的抗液化能力
灌砂法	·可使用于宽度较大的管节 ·施工速度快	·施工影响航道 ·须租用专用设备 ·须采取专门措施解决地震液化问题	·须设监测设备,以免引起管节起浮或基底压力分布不均匀造成的管节倾斜 ·砂水混合比、出口速度与形成的砂积盘直径密切相关 ·可采用掺入水泥熟料等方法处理,防止地基液化
刮铺法	·综合造价低 ·施工速度快 ·施工质量可检测性好	·对航道有一定影响 ·施工机械要求较高 ·清淤较困难	·刮铺碎石的粒径级配须与水力条件相适应 ·刮平精度要求 ±40mm

管节沉放后的基础处理是减小后期沉降量和满足工程抗震要求的关键。借鉴已有工程沉管隧道的成功经验和本工程特点,基础处理推荐采用碎石基础刮铺法(自升式碎石整平船施工)。

(2)斜坡段基础方案。

斜坡段基础需要考虑的因素较多,因此协调斜坡段隧道基础变形是整条线路基础沉降控制最为突出、也是必须解决的难点。考虑到水域沉管段大部分采用开挖后的天然地基,下卧超固结的黏土或密实的砂层,在隧道荷载作用下,会产生一定再压缩沉降。两侧人工岛岛头段及岛上暗埋部分地基处理后所产生的沉降须与水域沉管段天然地基沉降相适应,使隧道全线不产生过大的不均匀沉降,以满足结构设计对地基刚度变化的要求。

因此人工岛岛头位置须采用合理的基础处理方案,使基础不“刚”也不“柔”。采用适当的方法对软弱土层进行改良,使之形成一定刚度的复合地基过渡是比较合适的方式。

岛外斜坡段隧道基础结合岛域加固工艺,采用深层水泥搅拌桩复合地基方案。沉管段与暗埋段对接区域,采用高压旋喷桩复合地基方案。岛内斜坡段隧道基础采用 PHC 桩的复合地基,实现岛内外斜坡段的隧道基础与水域段的沉管隧道基础平顺过渡。地基处理方案见图 4.3-60。

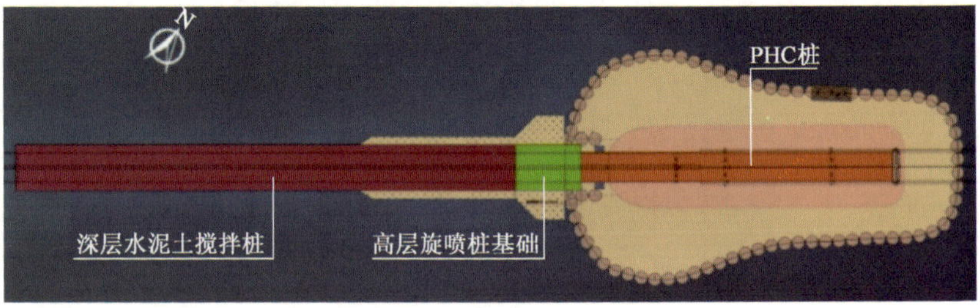

图 4.3-60　斜坡段地基处理方案

3)管节的浮运与沉放

管节浮运采用四艘大功率全回转拖船进行拖带(图 4.3-61),另有两艘全回转拖轮随航辅助。海事部门派警戒船在管节浮运船队前后及两侧护航。浮运航线根据需要申请禁航或限航,海事部门负责对航道通行船舶进行管制。

满足沉放条件前,管节须系泊等待。满足沉放条件后,开始利用沉放驳进行沉放作业(图 4.3-62)。利用压载水控制管节负浮力、利用锚泊系统控制管节平面位置、利用吊缆系统控制管节沉放速度和水中姿态、利用测控系统指导沉管对接就位,管节落于基床后,拉合千斤顶精确测量、调整管节对接端偏差后,进行拉合作业和水力压接使 GINA 止水带压缩。贯通测量确定管节轴线偏差,偏差超过设计要求时采用体内调整系统精调。管节安装偏差满足设计要求后,向压载水箱内灌水至 1.05 倍抗浮系数,完成管节安装。锁定回填后拆除舾装设施。

4)管节回填与覆盖

管节的回填、覆盖由管节两侧锁定回填、一般回填和顶部护面层三部分组成。管节沉放完毕后，即进行管节的锁定回填。在管节顶部设置0.5m厚的一般回填和1.5m厚的护面层，为管节提供足够的抗浮安全系数和保护；在管顶两侧覆盖层位置还设有2m厚护底石，以保护管节免受可能的拖锚影响。标准段管节回填覆盖见图4.3-63。

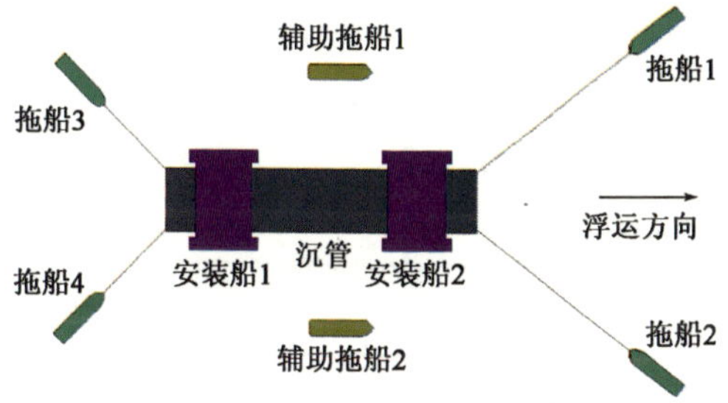

图4.3-61　管节浮运方式

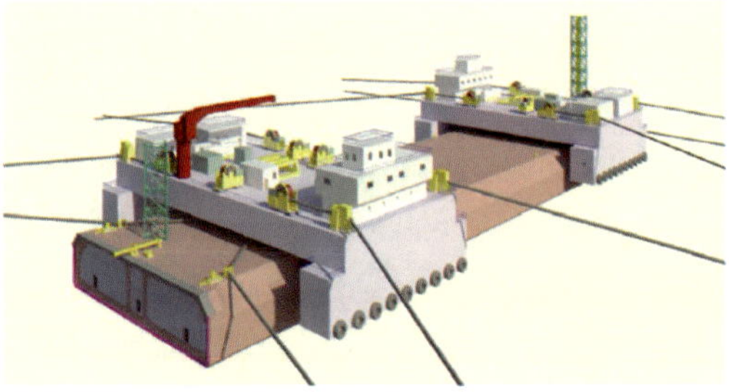

图4.3-62　管节沉放作业

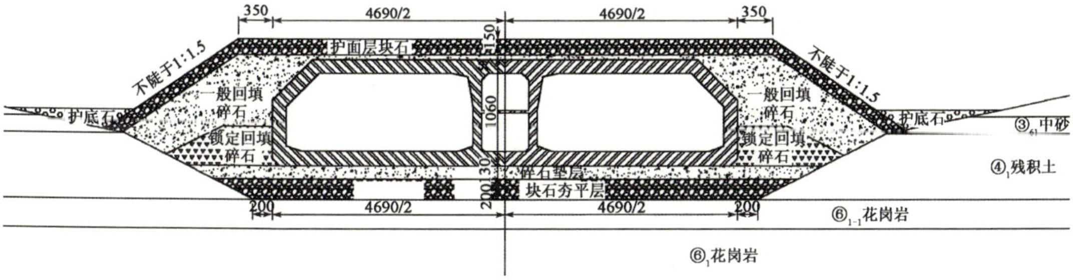

图4.3-63　标准段管节回填覆盖示意图（尺寸单位：cm）

5）最终接头

最终接头采用V形块体进行施工（图4.3-64）。该方式是将V形块体插入沉管段最终连接部位，利用块体自重和形成的楔形水力压差，使预设在已沉管节端面上的GINA止水带充分压缩，实现管节接头间的临时止水，为完成最终接头提供干施工条件。V形块体的断面构造形式与结构尺寸在设计时需要考虑初始压接的荷载要求。初始压接完成后，通过对最终接头内腔水压的监测，对初始压接的密封效果进行确认，再通过最终接头内腔排水，完成水力压接。

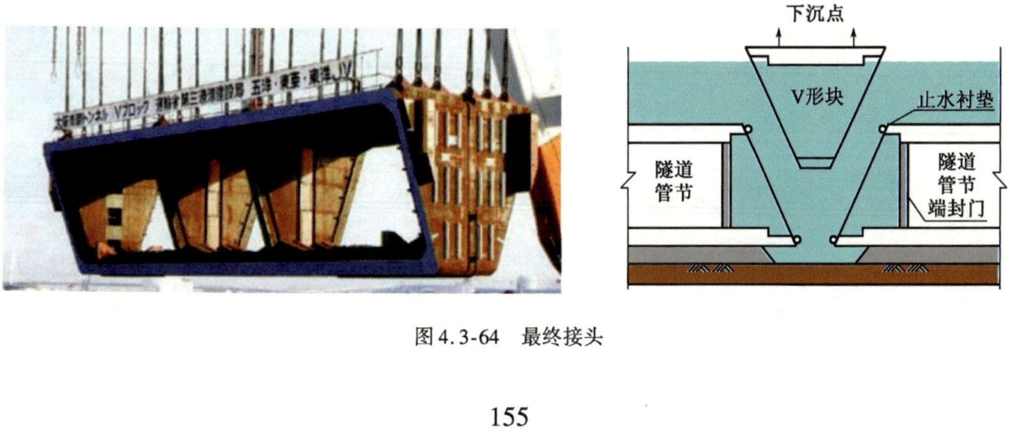

图4.3-64　最终接头

4.3.4.5 隧道通风

重点对采用纵向通风加重点排烟通风方式进行论证计算，满足正常运营工况、阻塞工况、火灾工况的通风排烟需要。

隧道投入运营后，平时采用射流风机诱导型纵向通风方式，正常工况时活塞风足够使用，对于偶尔发生的阻塞工况，辅之以一定的机械通风即可满足需风量要求。

火灾工况时，根据火灾位置及交通状况等预案采取不同排烟方式，基本可分为两种情况。

第一种工况：非阻滞工况下汽车火灾。此时，火灾前方车辆可迅速向前撤出隧道，只考虑火灾后方车辆被阻。此时采用全纵向通风排烟，通风方向与行车方向一致，纵向通风风速大于临界风速，即可有效控制烟气流向，使后方驾乘人员及疏散隧道均处于新风保护区内。

第二种工况：阻滞工况下，火灾点发生在队列中部。此时车辆行驶缓慢，火灾前方和后方车辆均不能快速撤离。此时，若采用全纵向通风排烟方式，必然有一部分驾乘人员受烟气影响，处境危险。设计中，利用隧道中部管廊空间设专用排烟风道，通过控制火灾区域附近一定范围内的一组排烟风阀，由专用风机经风塔将烟气就近、迅速排离行车道。通风系统具有不小于计算排烟量的排烟能力，能有效控制烟气和热量扩散，为火灾点两侧的车辆和驾乘人员创造疏散条件。此方案可以通过风道重点排烟的方式解决阻滞工况时的火灾排烟，就近将烟气排离行车道，将损失降至最低。

4.3.4.6 隧道景观设计

在隧道敞开段的侧墙内壁采用“节节高”象形的图形元素（图 4.3-65），以浮雕的形式装饰，采用预制艺术清水混凝土模板制作。节节高的纹理和桥梁主塔节节高升的造型相呼应，使整个通道的景观设计寓意统一。

对于超长隧道，考虑到驾乘人员长时间在同一环境中行驶，容易产生视觉疲劳，造成安全隐患。将隧道侧墙装饰分为两段基本色，在中间位置设置过渡区段，在过渡段及隧道入口和出口处设置海豚元素的图案，使驾乘人员在入口、中部和出口处均可有明显的感受，与隧道建筑造型相互呼应（图 4.3-66）。

图 4.3-65 隧道敞开段侧墙造型

图 4.3-66 过渡段侧墙造型

4.3.5 评委会总体评价

隧道结构设计深入，方案比较充分；主桥采用斜拉—悬索协作体系，能提高主桥刚度，结构体系较新颖。

总体布置设计过于具象，缺乏力学美，主桥桥塔竹节选型过于装饰，显得烦琐，不够简洁。

人工岛芭蕉造型过于具象，设计不够简练，力度不够；主桥拉索、吊杆交叉，不够简练美观。

4.4 第四名方案(安徽省交通规划设计研究总院股份有限公司联合体)

4.4.1 美学主题

4.4.1.1 美学设计主题

伶仃洋在虎门处湾顶宽3km，至项目洋区宽22km，纵深72km，水域面积2100km^2，入海口宽度超过50km。项目洋区水下地形条件复杂，但周边自然环境优越，景象宏伟。

四门入海，三滩两槽。项目洋区有珠江东四大口门——虎门、蕉门、洪奇门、横门，西浅东深、南浅北深，洪潮交汇、水势强劲，塑造出三滩两槽的河床地形。

南沙前出，龙穴居中。西滩巨大，南沙岛、龙穴岛并列其中。双岛合璧，控制了大珠江三角洲的地理中心。

群岛拱卫，波澜不惊。珠江口周边海域的波浪主要是由季风和台风引起的风浪。每年6—9月，常有台风巨浪发生，但受珠江口万山列岛、佳蓬列岛、蜘洲列岛、外伶仃岛、香港岛、澳门岛、淇澳岛、内伶仃岛、桂山岛等的掩护，伶仃洋内相对平静。外海5m以上海浪传入项目洋区时，已减至3.5m以下。

大好山河总是伴随有多舛的历史。千百年来，国家和民族的命运多次在伶仃洋上冲撞。“惶恐滩头说惶恐，零丁洋里叹零丁”，寂寞和悲壮似乎是伶仃洋上空那一抹永恒的阴霾！

直至中山武昌首义，小平深圳先行，伶仃洋上开启了中华民族的伟大复兴。今至百年，山河重整。此次深中通道的建设，应时因地，恰如“百年盘龙，吐气成虹”(图4.4-1)！

方案以“百年盘龙，吐气成虹”为美学设计主题，营造工程文化背景，构筑工程结构造型。

方案以伶仃洋大桥、中山大桥为依托，以锚碇、边墩、主梁、拉索为载体，表现盘龙吐气意向(图4.4-2)。

四龙吐气，形成两虹，近对两水道，远应四口门，日间见形态，夜间现光影。

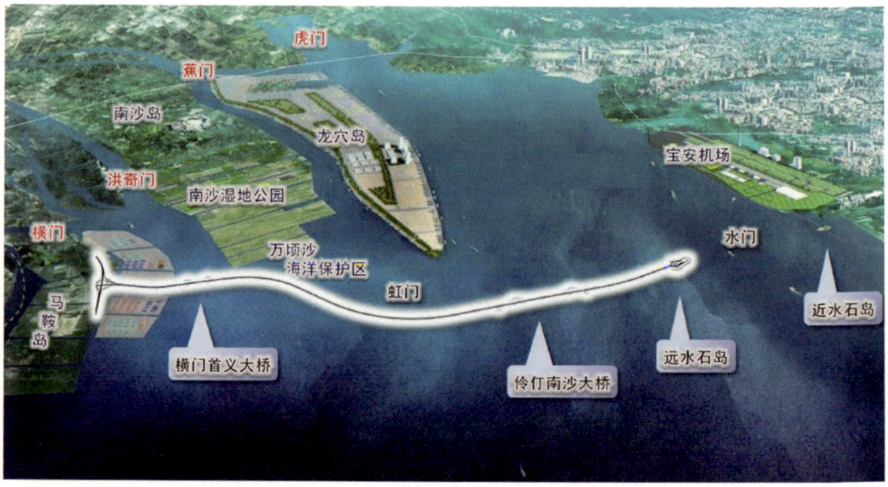

图 4.4-1　工程美学设计主题“百年盘龙,吐气成虹”

图 4.4-2　工程美学载体

以此象征辛亥革命以来,中华民族奋斗百年,伟大复兴已成大势,扬眉吐气,势不可挡。

4.4.1.2　工程概念设计

设计方案呼应“东隧西桥,外环门户”工程特点,将项目划分为“东水门”“西虹门”两特征段。“水门虹门,路转峰回”,给八方游人带来多重环境体会。

深中通道位于深圳前海中心北侧、广州南沙新区南侧、中山翠亨新区东侧。设计方案在与珠江口自然环境和区域规划整体和谐的基础上,进一步体现珠江两岸人民弘扬历史文化、追求时代特色的意愿。

工程概念设计背景见图 4.4-3。深圳侧,将东、西人工岛分别赋名为“近水石岛”“远水石岛”。

中山侧,深中通道梦起于伟人故里,谋划于辛亥百年之际。设计方案延伸“一湾文化”精髓,将中山大桥赋名为“横门首义大桥”。结合桥形方案单柱式双塔结构特点,将两索塔设计为丰碑标志造型。如丰碑,似重剑,此象征中山先生培育的辛亥革命精神已成为中华民族觉醒和奋斗的百年丰碑,生生不息!

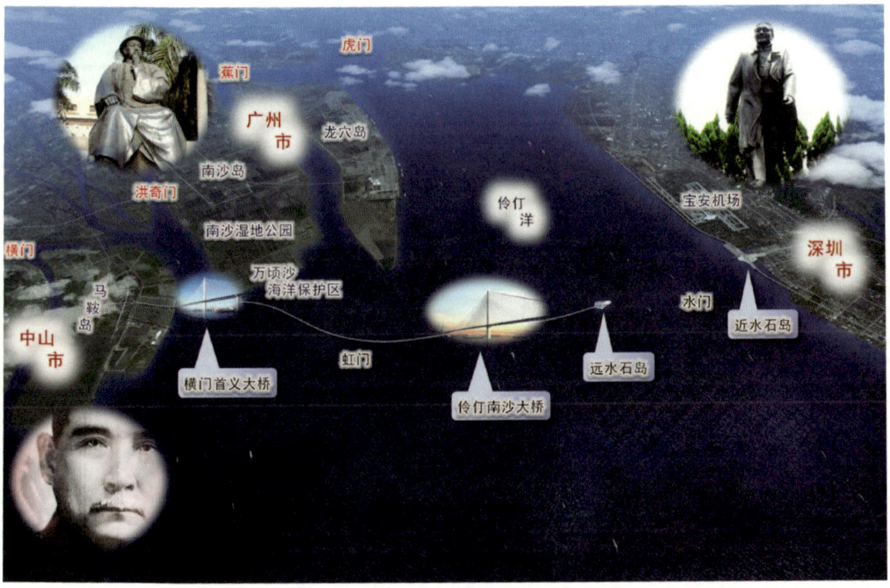

图4.4-3　工程概念设计背景

广州侧,伶仃洋大桥依托广州南沙岛、龙穴岛,将伶仃航道桥赋名为“伶仃南沙大桥”,以彰显建设南沙的决心和能力。

设计提出了一种实用型的超大跨径斜拉—悬索协作桥,其独特标志造型将充分展示工程建设者对“创新美”“比例美”和“力学美”的追求,也同时象征“港珠澳大湾区协作有为”的历史和未来。结合桥形方案结构特点,将两索塔设计成菱形截面单柱式结构,状似重剑,寓意“南沙定海,协作有为”。

4.4.2　桥梁

4.4.2.1　伶仃洋大桥

1)跨径布置

伶仃洋大桥跨越伶仃水道和龙穴南水道(图4.4-4),综合考虑桥梁的基础宽度、航道变化及助航设施布设,跨越伶仃航道通航孔的主跨可设置为1620m。

龙穴南水道需要双向通行5000t级海轮,通航净宽不应小于325m。

根据同类桥梁跨径选取经验,桥梁跨径的一般计算方法为:

(1)桥跨跨径 = 通航宽度 + 基础宽度 + 航道变化(河槽左右摆动) + 助航设施。

(2)桥跨跨径 = 通航宽度 + 桥墩中心距航道边缘的距离(宜大于2~3倍的桥墩宽度)。

取以上二者较大值,并考虑通航孔桥墩间距与通航净宽的几何关系,伶仃洋大桥边跨跨径最少约为436m,取450m。从桥梁景观、结构受力的均匀性、减低施工难度等方面考虑,东侧边跨非通航孔按照对称布置原则也采用450m。

因此主桥的跨径布置为450m + 1620m + 450m。

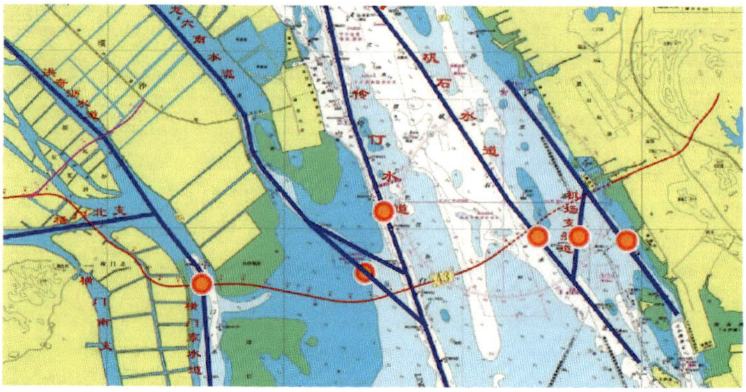

图 4.4-4　航道位置示意图

2)桥型方案选择

跨径超千米级的桥梁可选桥型方案主要为斜拉桥、悬索桥及悬索—斜拉协作体系桥。

(1)斜拉桥。

目前世界上已建成的最大跨径斜拉桥为俄罗斯岛大桥(主跨 1104m)。由于本桥跨径超大且桥位临近深圳机场,桥塔高度受限,故斜拉桥方案不可行。

(2)悬索桥。

根据本桥桥位水文、自然环境等特点,悬索桥方案存在以下难点:须设置水中锚碇,且锚碇处基础覆盖层较厚,锚碇施工费用极高,阻水比大;桥位区设计风速较大,悬索桥抗风刚度相对较差,动力性能方面存在一定缺陷。

(3)悬索—斜拉协作体系桥。

悬索—斜拉协作体系方案有以下优点:

①可减小锚碇规模,降低在海水中修建庞大锚碇的困难和降低风险。

②在静力性能方面,由于斜拉桥具有比悬索桥更大的刚度,因而协作体系跨中活载挠度比悬索桥小,最大限度上利用桥塔的抗弯刚度对全桥刚度的贡献。

③在动力性能方面,协作体系的一阶扭转频率较悬索桥有明显提高,桥梁有更强的抗风能力。

④主缆建成后,可以在悬臂施工斜拉桥部分的同时,可自跨中向两侧吊装悬索桥节段,同时在 6 个工作面上展开工作,施工速度快。

⑤由于减小锚碇和主缆尺寸,施工更加快速,可以节省施工费用。

故推荐悬索—斜拉协作体系方案。

3)总体布置

采用三跨斜拉—悬索协作体系方案,跨径布置为 450m + 1620m + 450m(图 4.4-5)。主塔采用方尖碑形独柱式桥塔,上塔柱呈菱形。主缆采用空间索面,中跨设置 5 道横撑,将主缆由 4.2m撑开至 37.8m。

图4.4-5 伶仃洋大桥总体布置

采用分体式钢箱梁，斜拉段采用四索面，悬索段采用四吊索，中跨过渡段长72m，边跨范围过渡段长180m，过渡段拉索内置，吊索外置（图4.4-6）。

通过增大边跨斜拉索索力，并对边跨压重，从而使主梁向中跨挤压，在中跨悬索部分形成压力储备。在中跨设置过渡段斜吊索（图4.4-7），使得过渡段主梁应力过渡平缓，上下缘均处于受压状态。为改善中跨侧吊杆和拉索过渡段的吊杆受力，对过渡段也施加压重。

图4.4-6 拉索与吊索布置图

图4.4-7 中跨拉索与吊索重叠段布置图

由于跨越的龙穴南水道通航条件的限制，无法设置辅助墩，需要450m一跨跨越，因此对结构刚度及边跨尾索区应力幅控制均是巨大挑战。

通过在边跨尾索区设置吊索的方式来解决这一问题：边跨设置9对吊索（图4.4-8），增大边跨刚度及减小斜拉索应力幅，起到柔性辅助墩的作用。

为确保在施工过程和正常运营荷载下，过渡墩不出现上拔力，同时增加边跨的刚度，在过渡墩处及边跨钢箱梁内施加压重。

4）约束体系

采用三跨半漂浮体系，塔柱下横梁设置横向抗风支座和纵向阻尼装置，约束系统见表4.4-1。黏滞阻尼器对脉动风、制动和地震引起的动荷载具有阻尼耗能作用，而对温度和汽车作用引起的缓慢位移无约束。当由静风、温度和汽车引起的塔梁相对纵向位移在阻尼器设计行程以内时，不约束主梁运动；超出行程时，对主梁运动产生固定作用。

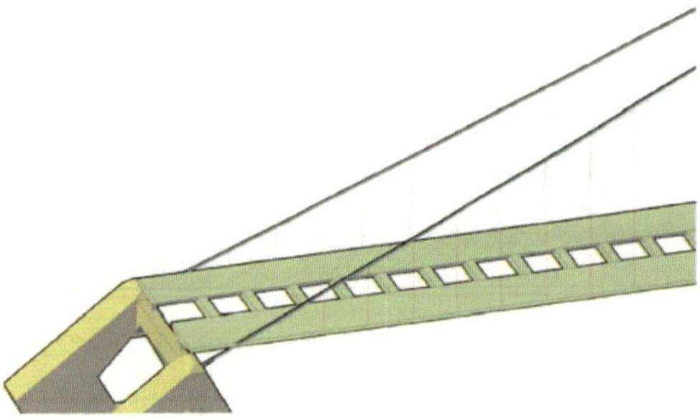

图4.4-8 边跨尾索区吊索布置示意图

结构体系约束系统　　表 4.4-1

约束方向	过渡墩	主缆与锚碇、桥塔	塔梁连接处
纵桥方向	滑动	约束	动力阻尼额定行程限位
横桥方向	主从约束	约束	横向抗风支座
垂直方向	约束	约束	约束

5)主梁

桥位基准风速大,桥面很高,颤振检验风速达到 70.8m/s。分体箱具备优越的抗风性能,同时适应独柱式桥塔的需求。通过计算表明,分体式主梁颤振临界风速可达 88m/s,抗风性能卓越。

主梁横桥向总宽度 64.5m(含风嘴),四索面结构明显改善主梁横向受力,有效降低横梁高度及其工程量;桥梁纵向受力性能与两索面结构相当,但结构抗扭性能有所提高。

主梁采用扁平流线型分体钢箱梁,梁高 3.0m,正交异性钢桥面板。两箱通过中间的钢横梁连接,单幅梁宽 22.5m(不含风嘴),中间横梁长 17.0m。锚拉板处顶板厚度 20mm,桥面外侧混合车道及应急车道 7.2m 范围顶板厚 18mm,其余位置厚 16mm,箱形横梁自索塔处第一道拉索向两侧每 36m 设置一道。

主梁节段标准长度为 18m,设 5 道实体式横隔板,间距 3.6m。主梁局部梁段构造图如图 4.4-9所示。梁段最大吊重为 220t。

6)主塔及基础

随着跨径的增大,下部基础及桥塔的造价比例相应提高,采用柱式塔与抗风性能优良的分体式钢箱梁相配合,可以节省桥塔自身的造价,景观性也更突出。

采用方尖碑形独柱式桥塔,桥塔与基础规模会相应减小,抗船撞性能、海中基础适应性更好。

桥塔全高 267m,其中下塔柱(桥面以下)高 68.68m,中塔柱高 91.32m,上塔柱(锚索及功能区)高 107m。塔顶采用玻璃装饰,高 4m,玻璃塔顶高程为 271m,避雷针顶高程不超过 275m,满足航空限高要求。

塔顶断面为 9.5m×9.5m,采用 3.5m×3.5m 的大倒角设计,实际为八边形断面;塔底为 19m(横桥向)×18m(纵桥向)断面,倒角 2m×2m。主塔外形见图 4.4-10。

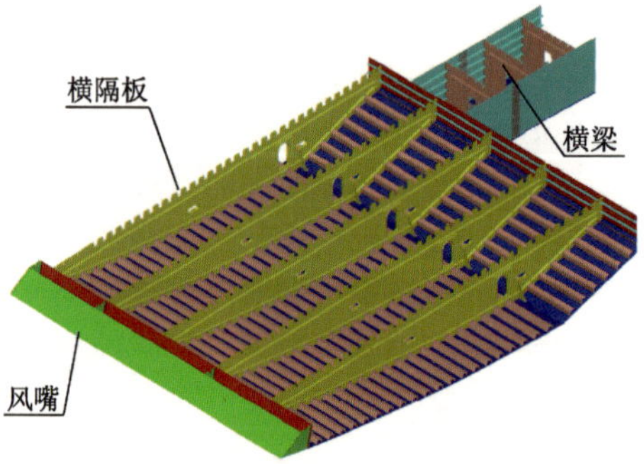

图 4.4-9　主梁局部梁段图

图 4.4-10　主塔三维图

桥塔上塔柱的八边形结构可以与同向回转鞍座协调设计，使斜拉索出塔点布置于倒角面上，拉索导管从倒角面尽早出塔，减少鞍座的埋入量，出塔点不会显得凌乱。同时，菱形大倒角桥塔，可以有效地降低桥塔的风阻系数，大倒角与小倒角的风阻系数见表4.4-2。

柱式塔风阻系数对比表　　表4.4-2

索　塔	横　桥　向		纵　桥　向	
	小倒角	大倒角	小倒角	大倒角
上塔柱	1.15	0.96	1.116	0.92
中塔柱	1.435	1.35	1.38	1.29
下塔柱	1.604	1.59	1.586	1.51

主塔基础采用圆形承台接钻孔灌注桩群桩基础。其中承台分两级设计，上级承台高3m，圆台形，圆台顶面直径28m，底面直径34m；下级承台高7m，圆柱形，直径42m。主塔基础轴视图见图4.4-11。

在计算阻水效应时，圆形截面阻水效应相对于同尺寸的矩形截面，可降低16.7%，同时采用双层阶梯式承台，在保证结构受力的同时，进一步减小了阻水断面。

群桩基础由37根直径3m的钻孔灌注桩组成，呈梅花桩形布置（图4.4-12），桩间距不小于桩径的2倍，采用高桩承台。

7）主缆

主缆采用两根空间线形主缆，平行钢丝预制丝股法制作。

单根主缆由169股索股组成，每根索股采用127ϕ5.4mm的镀锌高强钢丝，强度为1960MPa。空隙率取20%，单缆直径为885mm，与悬索桥相比，主缆材料用量减少46%。塔顶鞍座处间距为4.2m，沿顺桥向至跨中逐步张开至37.8m。

两端锚具采用套筒式热铸锚，丝股通过锚碇锚固面前端的锚固联结器与主缆锚固系统相连。单根主缆设计内力$N=367953$kN，安全系数$K=2.54$。

主缆横撑采用索夹式法兰连接（图4.4-13）。

图4.4-11　主塔基础轴侧图

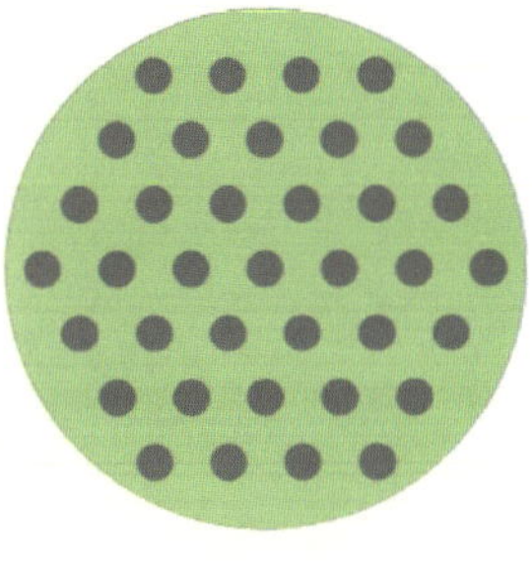

图4.4-12　主塔基础平面布置图

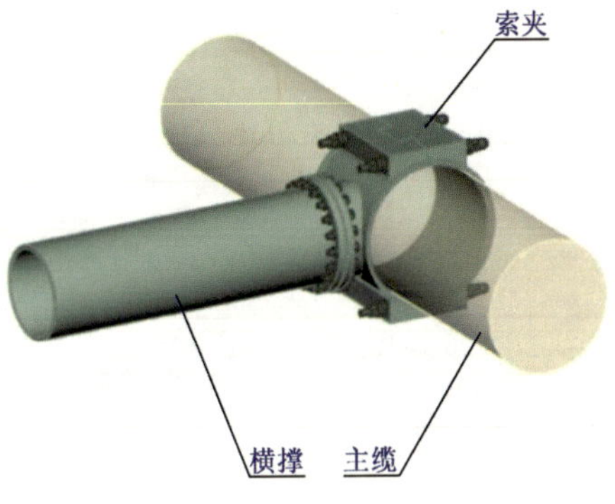

图4.4-13　主缆横撑处索夹轴测图

主缆防腐采用涂装体系与除湿系统相结合的方案。

近年来的工程经验表明,涂装系统无法彻底阻止主缆腐蚀,而只能减缓主缆腐蚀的速度,要阻止主缆腐蚀的发生,需要降低主缆空隙内的空气湿度。国外不同盐分空气湿度的试验结果表明,当主缆内部的相对湿度低于60%时,主缆钢丝可免遭锈蚀。

8)斜拉索

拉索锚固体系采用同向回转鞍座锚索体系,斜拉索采用无黏结镀锌钢绞线,钢绞线从一侧锚具穿过鞍座,绕过索塔后锚回到桥面同截面的另一侧锚具(图4.4-14)。同向回转鞍座为同向回转拉索体系中的核心构件,鞍座内采用不锈钢分丝管,提高了对索股的夹持安全度,鞍座安装和定位简单,就像一道预应力钢束管道,穿索、换索安全性的优势比较明显。

索力以环形径向压力的形式传递给索塔,成为上塔柱环向预应力(图4.4-15),从根本上避免索塔锚固区产生拉应力,巧妙地将拉索的拉力转换为环形径向压力传递给索塔结构,使塔柱以承压为主,充分发挥混凝土的抗压性能,减小塔柱内拉应力集中。

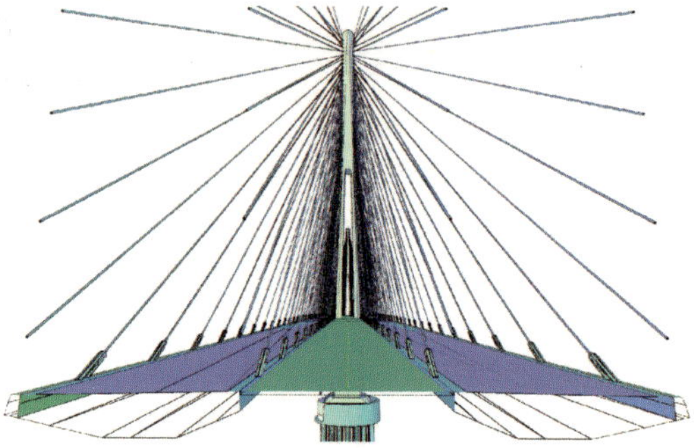

图4.4-14 同向回转鞍座总体布置图

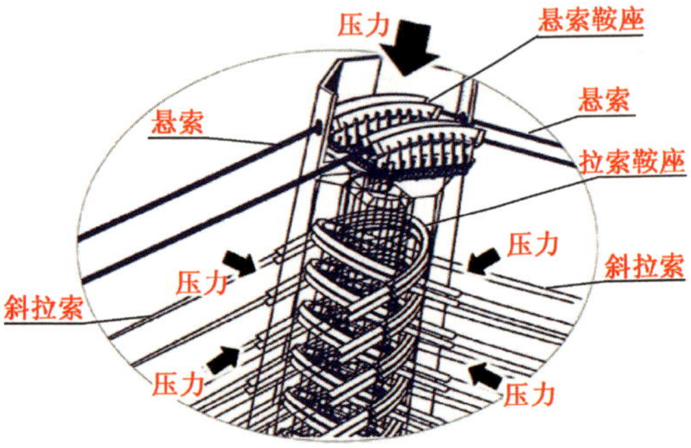

图4.4-15 同向回转鞍座传力途径示意图

该技术已应用到徐州至明光高速公路五河定淮大桥(图4.4-16)、芜湖长江公路二桥中(图4.4-17)。

图4.4-16 五河定淮大桥

图4.4-17 芜湖长江公路二桥

梁上拉索间距18.0m,索梁锚固采用锚拉板形式(图4.4-18);索塔锚固采用同向回转索鞍(图4.4-19)和混凝土齿块相结合方式。采用气动措施和阻尼器两种减振措施组合的减振方式,并且在斜拉索外层防护套上设置凹坑或双螺旋线以减小风雨振的影响。

图4.4-18　索梁锚固

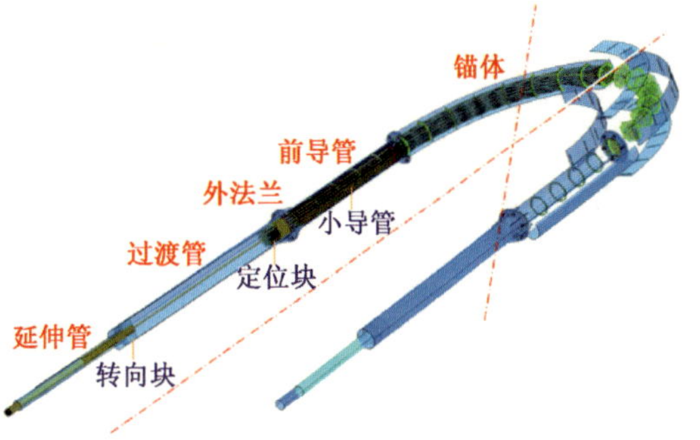

图4.4-19　索塔锚固

9)锚碇及锚碇基础

锚碇作为悬索桥的主要承载结构之一,也是本项目的一项关键设计内容,其结构的优劣、造价的高低将直接影响桥型方案的竞争力。考虑本项目水中锚碇处于珠江口伶仃洋海域软弱地层中,其覆盖层相对较薄,采用重力式锚碇是较好的基础形式,锚碇主要组成部分有锚体、散索鞍支墩、锚室及基础等。

(1)锚体。

锚碇前部设置散索鞍,主缆散开的丝股锚固在锚碇后端的锚块混凝土中。主缆的竖直分力需要靠锚碇混凝土及压重来平衡,水平分力则要靠混凝土的抗剪、锚碇基础与地基间的黏结及摩阻力来抵抗。

设计为中部镂空的锚体方案,达到节约材料用量、降低造价、减小阻水面积的目的。锚碇三位轴视图见图4.4-20。

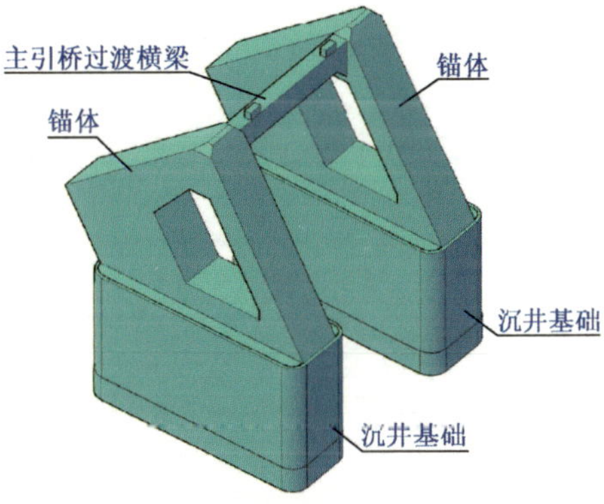

图4.4-20　锚碇三维轴视图

(2)基础。

悬索桥的锚碇基础要根据地质、防洪、施工工期以及工程造价等因素综合分析确定。本项目锚碇所处地点覆盖层相对较薄,软土层、砂与泥土混合层总厚度小于35m,锚碇基础可采用地下连续墙及沉井方案,以下对两种方案进行综合比选。

①地下连续墙方案。

锚碇处持力层相对较浅,满足建造地下连续墙的条件,地下连续墙的工程规模适中。但是锚碇处于水中,需要先筑岛形成陆域环境,再开挖基坑,最后清除阻水围堰,施工工艺复杂、要求较高,成槽有较大的风险。开挖时,墙体易出现接头漏水、墙体偏斜等问题。同时,采用筑岛方案存在工程量大、海上作业时间长、对环境影响大等不利因素。因此,筑岛施工地下连续墙方案不是理想的方案。

②沉井方案。

锚碇处覆盖层上层15.0m厚度为软土层，其余均为砂土层，对沉井下沉较为有利。依据协作体系较悬索桥主缆力减小以及采用分体式主梁的结构特点，本方案沉井设计为分离式倒圆角矩形断面，并与锚体结构相适应，纵向刚度大，结构受力合理，稳定性好，对结构抗倾覆有利；沉井施工工艺成熟，设备简单。同时，采用分离式的较小沉井基础施工更为便利，经济上具有较大优势，故将沉井方案作为推荐方案。

根据调查显示，国内外绝大多数锚碇基础均选择岩层作为持力层，基底放置在非岩石地基上的情况较少，坐落在非岩石地基上的锚碇基础一般都要进行特殊处理，或采用复合基础，但其设计复杂、受力不明确、施工难度大、难以预料的因素多。因此，选择将强风化花岗岩作为锚碇基础的持力层。

由于项目所在水域洪潮交汇剧烈、水动力条件十分复杂，多口门汇流及分流、流态复杂多变，对防洪具有较高的要求。因此，为减少对河口行洪纳潮及河势稳定的影响，减小锚碇阻水比是本项目的重要评价指标之一。

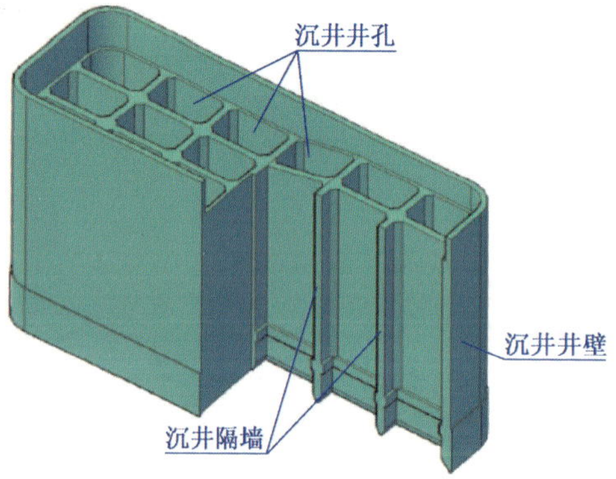

图4.4-21 沉井基础三维剖视图

锚碇沉井基础方案顶面高程为+4.00m，高于设计常水位+0.524m，锚碇设计采用分离式倒圆角矩形，与主体结构相适应。与传统悬索桥相比，由于主缆索力减小，锚碇基础方案的断面尺寸得以减小，在节约材料用量、降低造价的同时，顺桥向阻水面长度优化至75.0m，横桥向适应锚体结构中心间距设计为65.0m，以减小分离式沉井基础施工过程中的相互影响；单个基础平面尺寸为25.0m(横桥向)×75.0m(顺桥向)，与悬索桥相比，断面尺寸减小43%。沉井基础三维剖视图见图4.4-21。

沉井底面高程为-40.0m，持力层为强风化花岗岩层，沉井总高度为44.0m。沉井分为12节，底节(第1节)高8.0m，第2节高6.0m，其余每节高3.0m。下部14.0m沉井为钢沉井；其余节段沉井为钢筋混凝土沉井，井壁厚1.6m；沉井隔墙厚1.2m，封底混凝土厚8.0m。

10)正交异性钢桥面板耐久性

正交异性钢桥面板产生病害的主要原因有以下三个方面：钢桥面板的刚度较小，高温、超载，施工质量和构造细节欠佳。

推荐采用正交异性钢桥面板，注重构造细节的处理，以期改善其耐久性和抗疲劳性能；也可以加强新型轻型组合桥面体系的研究，彻底解决正交异性钢桥面板的弊端。

针对正交异性钢桥面板，拟采取表4.4-3措施，以提高其耐久性和抗疲劳性能。

正交异性钢桥面板细部构造处理　　表4.4-3

编号	部　位	构造细节	说　明
1	桥面板	将钢箱梁顶板的板厚根据车道分布横向进行变厚度设计，锚拉板范围顶板厚20mm，桥面外侧混合车道及应急车道7.2m范围顶板厚18mm，其余位置顶板厚16mm	为提高钢箱梁顶板在重车作用下的抗疲劳性能
2	U肋与面板焊缝	U肋与面板角焊缝连续，横肋角部应切角10mm×10mm，焊接时角部不得起熄弧	提高U肋和面板连接位置的抗疲劳性能
3	U肋与面板焊缝	U肋与面板间的纵向角焊缝应保证必要的焊缝喉高不小于纵肋厚度，熔透深度不小于0.75倍纵肋厚度，并避免焊漏	提高U肋和面板连接位置的抗疲劳性能
4	U肋加工	U肋加工时，U肋内侧半径$R\geq4t$，推荐采用$R=5t$	为避免冷弯塑性变形对韧性的过大影响
5	U肋和横隔板焊缝	U肋连续，横隔板上开弧形缺口	提高连接位置的抗疲劳性能
6	顶板纵肋的工地接头	采用U肋摩擦型高强螺栓双面拼接	提高连接位置的抗疲劳性能
7	单幅箱梁和横梁连接	采用摩擦型高强螺栓双面拼接	连接位置应力幅较大，提高连接位置的抗疲劳性能

11）结构力学性能

计算表明，较悬索桥，该斜拉—悬索协作桥结构刚度加大，活载变形可控制在跨径的1/500以内；拉索和吊索应力幅可控制在200MPa以内；桥梁一阶扭频提高约30%，抗风能力增强，其颤振临界风速达88m/s，大于颤振检验风速（70.8m/s）。

12）可施工性

桩基、承台、桥塔、沉井、锚碇等施工在国内均有非常成熟的经验，本方案的施工难点主要是空间主缆及主梁的架设。

（1）主缆施工。

相对于传统的预制平行索股法，本桥的施工与其存在一定的差异性，主要是空间主缆架设过程中主缆空间线型的形成方案。

拟于猫道架设后架设多道猫道临时横撑与猫道天桥平行支撑在猫道承重绳上，待牵引系统形成后，再架设多道主缆临时横撑支撑（图4.4-22），用于支撑架设中的主缆，此时主缆临时横撑可以支撑于猫道门架上。临时横撑用于确保主缆架设完成时满足设计空间缆形。

待主缆架设完成并完成相应的调缆工作后，利用安装好的索夹法兰接口，安装永久横撑，并拆除临时横撑。

相对于传统的主缆架设，虽然工序上较为复杂，但由于架设主缆直至形成空缆线形的整个过程中，平面方向上刚度较小，即主缆横向撑力也较小，因此采用多道轻质无缝钢管即可完成整个主缆的平面方向定位。且此类空间主缆的施工已有先例，如挪威的Hålogaland Bridge。

（2）主梁施工。

主梁的架设方案上，悬索—斜拉协作体系特点较为明显。相对于纯粹的悬索桥或斜拉桥的主梁架设方案，本桥的施工过程中，可同时开展 6 个工作面的架设，即在悬臂施工斜拉桥部分的同时，自跨中向两侧吊装悬索桥节段(图 4.4-23)。

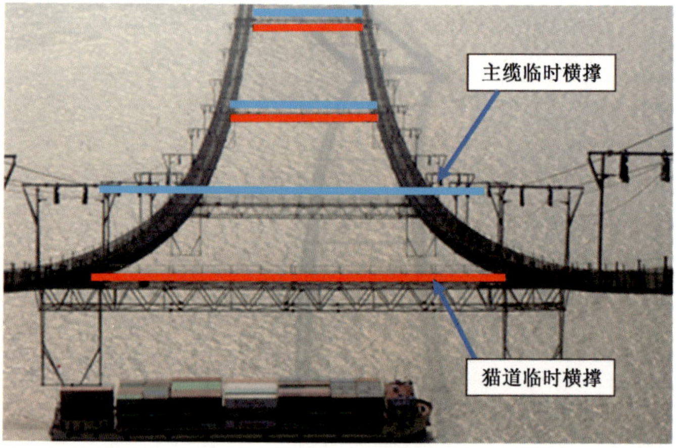

图 4.4-22　主缆及猫道临时横撑布置示意图

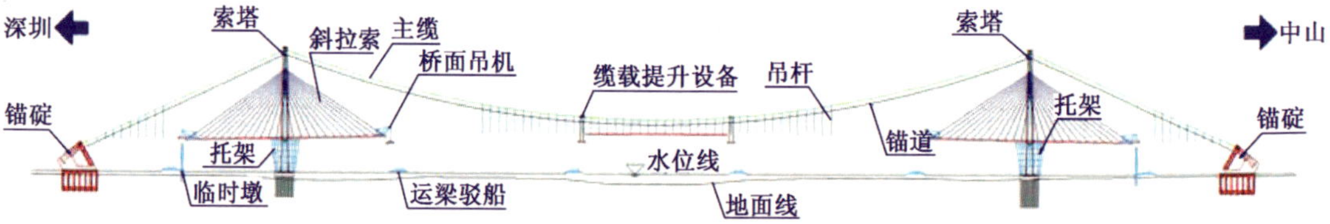

图 4.4-23　主梁吊装施工示意图

悬索部分的主梁架设可以采用缆载提升设备进行吊装(图 4.4-24)。

图 4.4-24　主梁吊装图

斜拉部分的架设可以采用桥面吊机进行吊装，也可以利用缆载提升设备吊装斜拉桥部分梁段。吊装过程中，对于有横梁节段(图 4.4-25)，应利用双幅箱梁的两台吊机同步提升；对于无横梁节段(图 4.4-26)，可在施工中焊接临时横撑，同步吊装双幅箱梁。斜拉部分悬臂较大时，可用临时吊索将斜拉桥悬臂端与主缆相连，增加斜拉段结构施工阶段的静、动力稳定性。

图4.4-25 分离式钢箱梁吊装图(有横梁节段)

图4.4-26 分离式钢箱梁吊装图(无横梁节段)

最终合拢可选择在悬索部分进行,合拢段位置如图4.4-27所示。

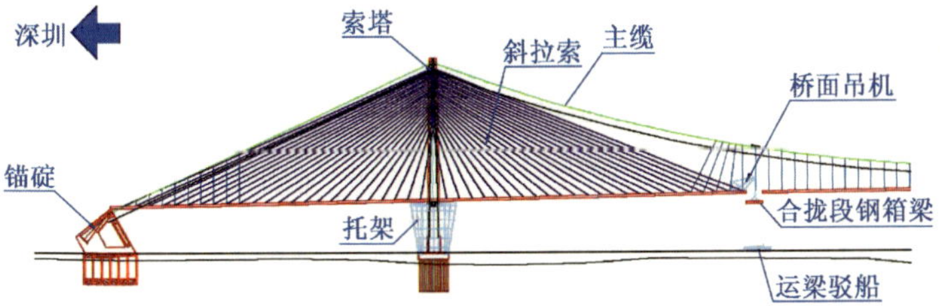

图4.4-27 主梁合拢段示意图

相对于悬索桥施工方案,采用协作体系,梁段吊装工期可节约一半,约半年。

13)方案经济性

统计表明,较悬索桥,该斜拉—悬索协作桥主缆用材节省近一半,锚碇及锚碇基础工程量大幅降低。综合考虑两边跨较工程可行性研究方案各调减150m、4索面主梁梁高降低1m、斜拉索工程量增加、索塔工程量下降、6个主梁吊装工作面提速等因素,造价减少超过10亿元,节省造价约30%。

伶仃洋大桥全桥效果图见图4.4-28。

图4.4-28 伶仃洋大桥效果图

4.4.2.2 中山大桥

1)主跨跨径布置

依据防洪专题要求:主跨不小于580m,并且对于主泄洪通道非通航孔桥要求采用110m及以上跨径,方案设计采用580m的主跨跨越通航孔。

2)桥型方案比选

根据桥位所处环境,基于结构的合理性、施工的可行性、工程造价的可控性及桥梁景观方面的考虑,580m主跨可选择的桥型有拱桥和斜拉桥。

(1)拱桥。

本项目若采用拱桥方案,其工程造价与斜拉桥方案相比并不占优势,且施工难度急剧增加。从桥址工程地质来看,可采用的拱桥方案应为无推力拱形式。

选用(200+580+200)m中承式提篮钢箱拱桥方案(图4.4-29),采用扣索法悬臂拼装施工(图4.4-30)。本项目处于海洋环境且台风多发,采用扣索法悬臂拼装施工难以满足抗风稳定要求,若采取其他刚性支撑等抗风措施,工程造价将急剧增加,因此,拱桥方案施工风险过大且造价过高,不是合适的方案。

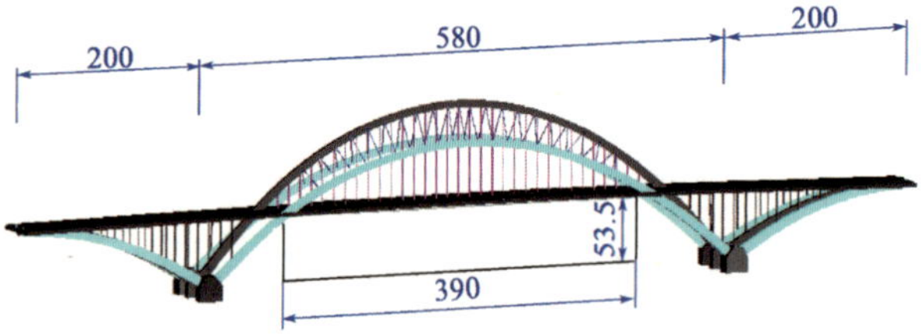

图4.4-29 拱桥方案总体布置图(尺寸单位:m)

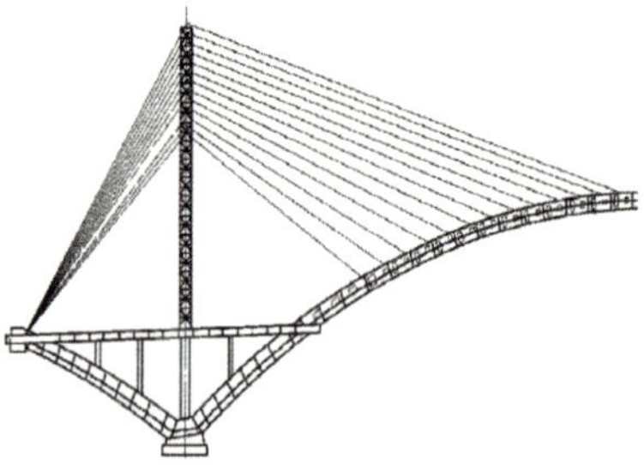
图4.4-30 施工方案示意图

(2)斜拉桥。

对于580m主跨桥梁,最适宜的桥型方案为斜拉桥。

混凝土箱梁斜拉桥在此跨径下造价不具备明显优势,且结构耐久性差、施工速度慢、易受海洋恶劣天气影响等,不是合适的方案。

钢箱梁斜拉桥在此跨径下造价偏高、桥面铺装及正交异性板疲劳问题突出,且中山大桥不控制工期,钢箱梁方案也不理想。

组合梁斜拉桥目前已在国内跨径400~650m的桥梁中大量采用。工程经验表明,在此跨径范围内,其造价为钢箱梁斜拉桥的80%~90%。虽然采用组合梁斜拉桥方案,工期约需增加4个月,但不影响总体工期,且有效解决钢箱梁结构的多项难题,工程造价也可降低约10%,故中山大桥采用组合梁斜拉桥方案。

3)总体布置

采用4索面分体式钢板组合梁斜拉桥,全漂浮体系,跨径布置为(110+200+580+200+

110)m,同向回转索鞍体系。整体风格、造型与伶仃洋大桥形成呼应。总体布置见图4.4-31。

图4.4-31　中山大桥总体布置

4)约束体系

桥梁采用五跨全漂浮体系,全飘浮体系结构静力内力位移变化平缓,温度及收缩徐变内力较小,动力响应为长周期运动,从而吸振消能。辅助墩顶、过渡墩顶除设置竖向支座,还设有横向抗风支座,用于抵抗风荷载及减小地震荷载作用下的组合梁横向变位。约束体系见表4.4-4。

结构体系约束系统　　表4.4-4

约束方向	过渡墩	辅助墩	塔梁连接处
纵桥方向	滑动	滑动	动力阻尼额定行程限位
横桥方向	主从约束	主从约束	约束
垂直方向	约束	约束	滑动

5)主梁

主梁推荐采用分体式双L形组合梁,方便风嘴布设,提高了主梁的抗风性能,钢板组合梁制造方便,梁架制造简易,经济性优。此断面形式在香港汀九桥(图4.4-32)成功采用,效果甚佳。

图4.4-32　香港汀九桥主梁照片

L形主梁断面钢梁高1.75m,标准梁段混凝土桥面板厚24cm。两幅梁通过中间的钢横梁连接,横梁间距12m。主梁横断面见图4.4-33。

6)主塔及基础

索塔采用与伶仃洋大桥同样的桥塔形式,即方尖碑形独柱式桥塔。这种形式的桥塔,适应了分体式钢—混凝土组合梁的设置需求,同时配以同向回转拉索体系,既在塔形风格上与伶仃洋大桥保持统一，同时也满足结构需求。

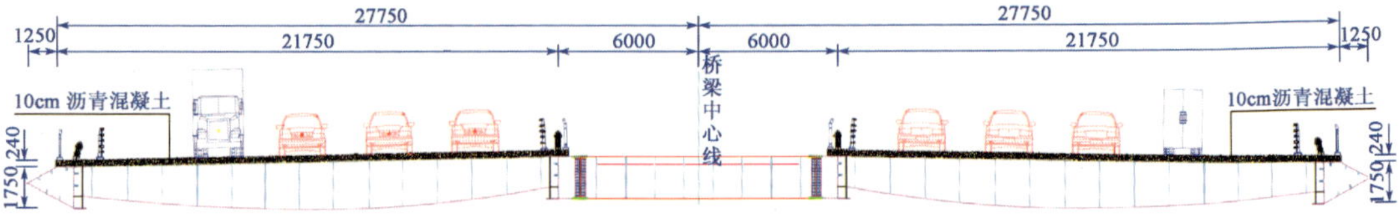

图 4.4-33　双 L 形组合梁（尺寸单位：cm）

桥塔全高 189.7m，其中下塔柱（桥面以下）高 49m，中塔柱高 89m，上塔柱（锚索及功能区）高 51.7m。塔顶采用玻璃装饰塔顶结构，高 4m，玻璃塔顶高程为 197.7m。

主塔塔根处纵横向尺寸较为接近，因此基础形式配套采用了圆形承台接钻孔灌注桩群桩基础（图 4.4-34）。

承台分三级设计。第一级承台高 2m，圆台形，圆台顶面直径为 22m，底面直径为 26m；第二级承台高 2m，圆台形，圆台顶面直径 30m，底面直径 34m；下级承台高 4m，圆柱形，直径 40m（图 4.4-35）。承台设计采用高桩承台。

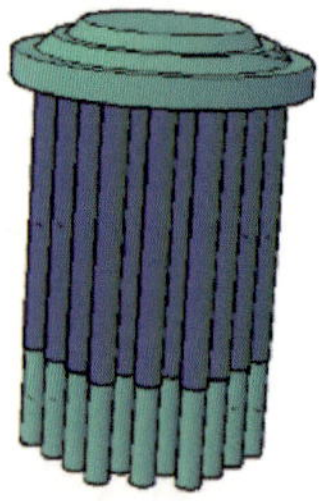

图 4.4-34　主塔基础轴视图

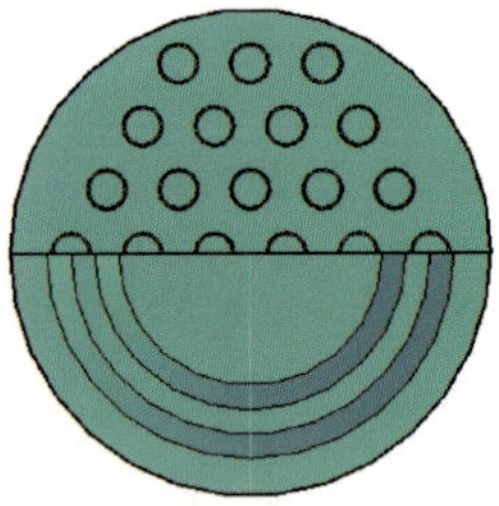

图 4.4-35　主塔基础平面图

7）斜拉索

斜拉索采用钢绞线斜拉索。梁上拉索间距 16.0m，塔上拉索间距 2.4 ~ 3.0m。全桥共设 8 ×18 对斜拉索，斜拉索最大型号为 15.2-73，最小为 15.2-31。

斜拉索索梁锚固采用锚拉板形式（图 4.4-36），索塔锚固采用同向回转索鞍和混凝土齿块相结合方式，与伶仃洋大桥相同。

8）过渡墩及辅助墩

辅助墩与过渡墩的设计主要考虑与中山大桥两侧引桥的桥墩结构保持统一。与引桥桥墩采用了同样的墩形，即变截面空心 T 形桥墩。

中山大桥全桥效果图见图 4.4-37。

9）结构力学性能

经总体结构分析，主塔在活载作用下，向中跨位移 17.9cm，桥塔刚度满足结构安全性要求。同时由于采用了同向回转锚索系统，使用阶段下桥塔全截面受压，最大压应力 16.3MPa，结构的耐久性较好。

图4.4-36　索梁锚固——锚拉板

图4.4-37　中山大桥效果图

10)方案经济性

统计表明,由于取消了传统锚具及抵抗巨大拉力的钢结构,索塔锚索用钢量减少70%以上,造价降低60%以上。同一安全水平下,单柱式塔基础和塔体的混凝土用量减少20%左右。四索支承下的分体梁横梁简化,主承重结构材料用量增加比例由约20%降低至约6%。单柱式塔基础、塔体混凝土减少带来的费用减少超过主梁材料用量增加导致的费用增加。与常规斜拉桥相比,造价可持平,甚至可下降。

4.4.2.3　水中段引桥

非通航孔桥梁规模巨大,总体布置和结构设计的合理性对全桥工程具有重要影响,将其作为设计的又一个重点。针对桥型布置、基础形式、主梁结构类型等内容,从受力合理性、景观协调性、经济性、耐久性、便捷性、风险性等方面进行桥梁适应性分析研究,力求标准化设计、预制化生产、装配化施工。

1)标准跨径的确定

深中通道全线都在视线范围之内。如果桥墩数量太少,会令整个大桥显得过于单薄;桥墩数量太多,又会给人以凌乱的感觉,影响视觉效果。桥墩高度与跨径比例存在一定的协调关系。

(1)墩高与跨径比例小于1/6,节奏缓慢,虚实比不协调,有压迫感,效果见图4.4-38。

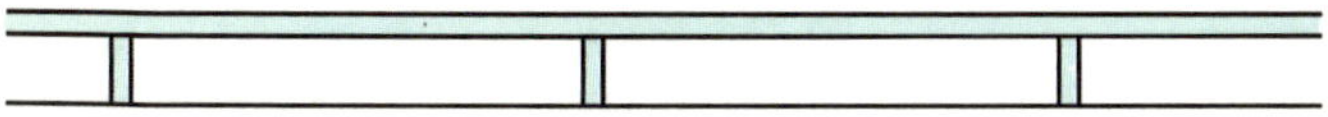

图4.4-38　墩高与跨径比例小于1/6

(2)墩高与跨径比例为1/5~1/3,比例协调,舒缓、平稳,虚实比稳定,效果见图4.4-39。

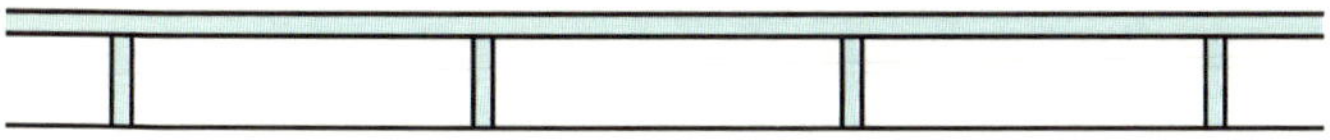

图4.4-39　墩高与跨径比例为1/5~1/3

(3)墩高与跨径比例为1/3~1/2,桥身修长,节奏分明,虚实比协调,效果见图4.4-40。

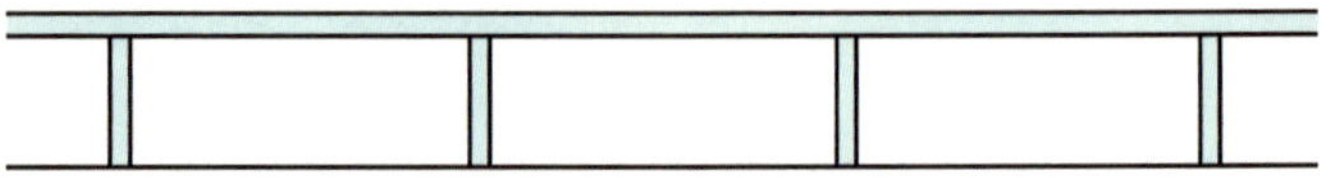

图4.4-40　墩高与跨径比例为1/3～1/2

(4)墩高与跨径比例大于1/2,节奏紧迫、生硬,虚实比有冲突感,效果见图4.4-41。

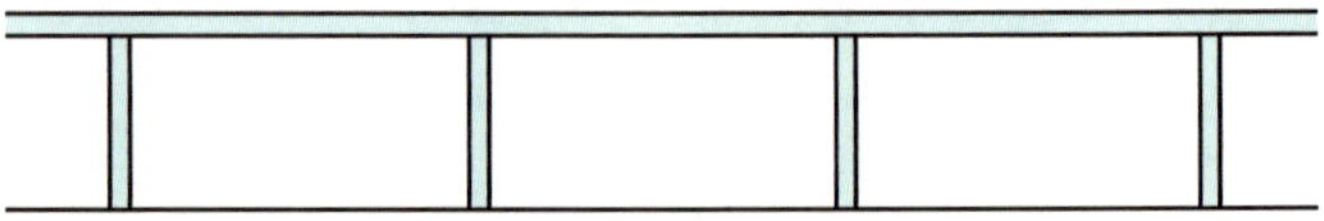

图4.4-41　墩高与跨径比例大于1/2

引桥区水深较浅,海床面高,淤泥质覆盖层厚,水流较缓,综合考虑工程经验、桥梁景观、经济等因素,本项目引桥拟定跨径分布采用110m、70m及50m。

2)主梁结构设计

110m跨径主梁采用U形钢梁截面、桁架式横撑的钢混组合梁(图4.4-42、图4.4-43),左右幅对称分离布置,梁高5.5m。施工方式采用整孔吊装、先简支后连续、负弯矩区混凝土后浇。70m跨径主梁与110m跨径主梁外形、布置、施工方法相似,主要区别在于70m跨径主梁梁高采用3.5m。

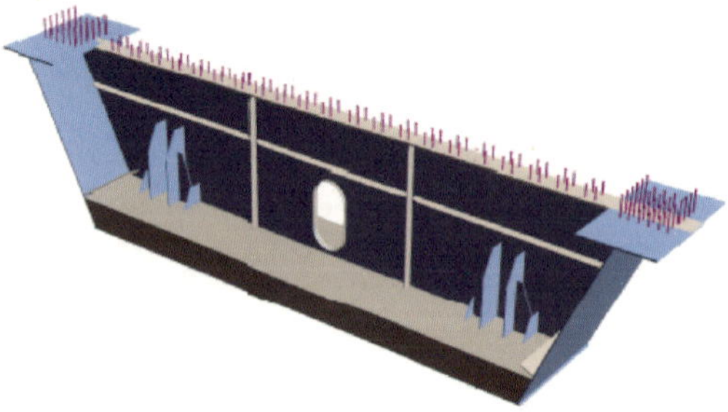

图4.4-42　110m、70m非通航孔支点截面示意图

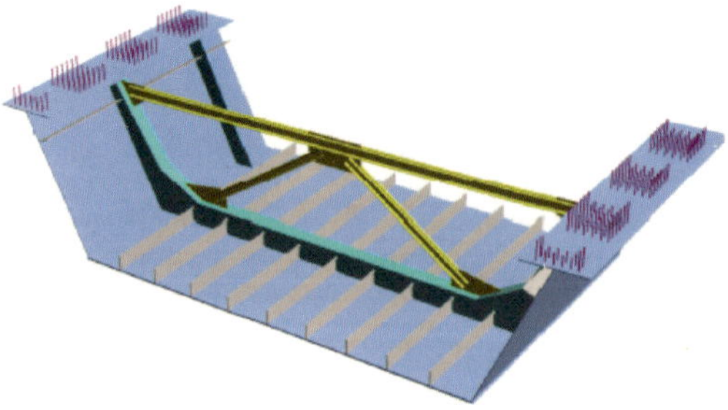

图4.4-43　110m、70m非通航孔跨中截面示意图

50m跨径主梁:采用横截面形式为双边箱的钢混组合梁(图4.4-44、图4.4-45),左右幅对称分离布置,梁高2.5m。施工方式采用顶推法,施工主要顺序为整联钢梁顶推、安装预制桥面板、后浇湿接缝。

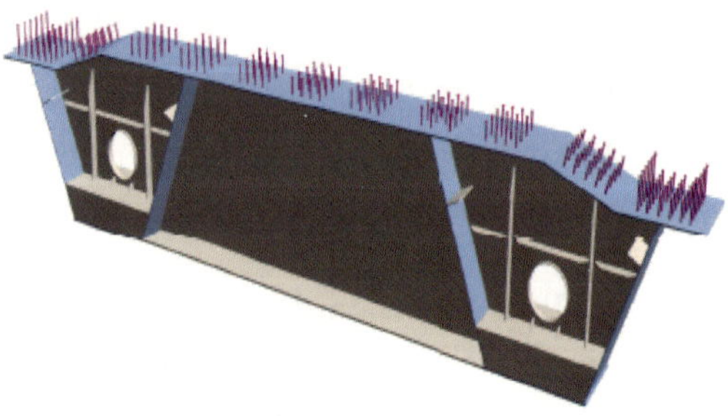

图4.4-44　50m非通航孔支点截面示意图

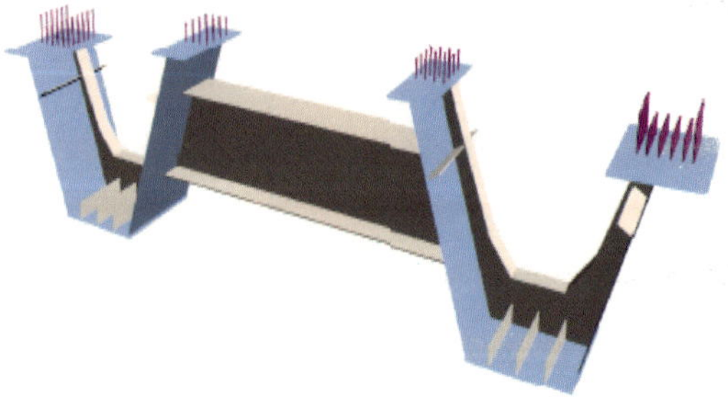

图4.4-45　50m非通航孔跨中截面示意图

3）下部结构设计

下部结构采用分离式变截面矩形墩（图4.4-46）。墩顶采用悬臂构造减少墩顶横向宽度，既在形式上实现了和桥塔造型上统一，又满足上部支撑需求。

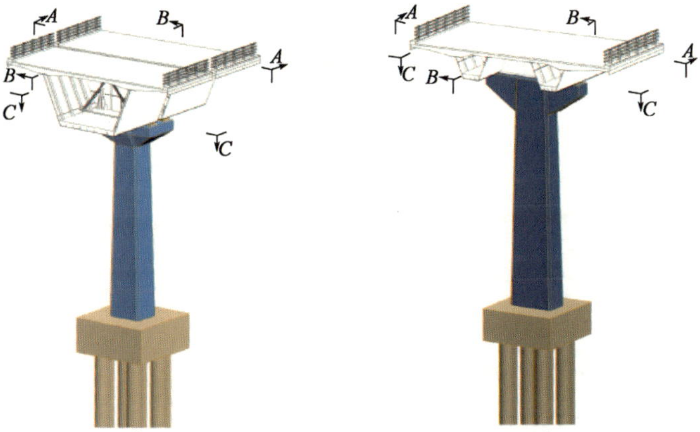

图4.4-46　引桥桥墩处局部构造图

为保证桥梁整体景观效果，桥墩采用变截面矩形墩（切角），桥墩高度从15～70m不等。墩高度大于30m时采用空心墩，反之采用实体墩，船舶撞击范围内（承台顶至+8.0m）为实心结构。

桥墩施工方法：水深大于2.5m时采用大节段预制拼装，反之采用小节段预制拼装，节间采用灌浆套筒连接。

承台采用现浇。

4.4.2.4　桥梁美学设计

1）比例与尺度

在满足桥梁使用功能的前提下，设计应采用能引起公众共鸣的美学指标，划分、调整桥梁合理、简洁的几何关系。桥梁全线比例效果图见图4.4-47。

图4.4-47　比例与尺度

方案设计时将桥梁跨径与桥下净高之比作为一个美学指标，大跨桥梁双向通航孔正常跨高比$K_1=10\sim20$，单向通航孔正常跨高比$K_2<10$。

将大跨桥梁纵向分区，分区比以黄金分割比例$F=0.618$为基础进行评判；桥梁非通航孔高跨比、跨径降低比以黄金分割比例$F=0.618$为基础进行评判。比例与尺寸分析表见表4.4-5。

桥梁比例与尺度分析表 表4.4-5

桥名	伶仃洋大桥	中山大桥	跨海及高架引桥
条件	通航净空尺度： 主跨最高76.5m,宽1520m; 东边跨高39.5m,宽325m	①航净空尺度：主跨高53.5m,宽390m。 ②主跨跨径不小于580m	①主泄洪通道非通航桥跨≥110m。 ②防洪治导线之间阻水比≤10%。 ③防洪治导线间水中结构宜为流线型
工可方案	(600+1620+600)m=2820m悬索桥	(110+200+580+200+110)m斜拉桥	基本跨径：110m、50m、40m
	主跨 $K_1=18.4$,基本理想； 边跨 $K_2=9.4$,基本理想	主跨 $K_1=10.8$,理想	降跨比例不理想
竞赛方案	(450+1620+450)m=2520m斜拉—悬索协作桥	(110+200+580+200+110)m斜拉桥	基本跨径：110m、70m、50m
	主跨 $K_1=18.4$,基本理想； 边跨 $K_2=7.0$,更理想。 主跨/总长=0.635,更理想； 悬索/主跨=0.563,更理想	主跨 $K_1=10.8$,理想	跨径降低,更接近黄金分割比例。 阻水比更小
说明	伶仃洋大桥东边孔通航净空尺度,宽325m,边跨满足通航情况下可调整		

从表4.4-5可以看出,伶仃洋大桥采用(450+1620+450)m=2520m斜拉—悬索协作体系桥,其边跨跨高比、主跨/总长、悬索/主跨等比例尺度更为理想。

引桥基本跨径采用110m、70m、50m,跨径降低比更接近黄金分割比例,跨径增大后阻水比更小。

2)均衡与稳定

由于东隧西桥,总体较难均衡,故以伶仃洋大桥及中山大桥为均衡中心(图4.4-48),对全桥均衡性进行评判。

图4.4-48 均衡中心

将桥面以上索塔高宽比 G_1、全塔高与桥面高之比 G_0 作为美学评判标准。一般情况下 $G_1 \geq 4$,否则"矮胖"; $G_0 \leq 4$,否则"短腿"。出现突破上述界限的比例失调问题,宜以单柱式塔、A式塔、倒Y式塔处理。桥梁均衡与稳定分析见表4.4-6。

桥梁均衡与稳定分析表 表4.4-6

桥名	伶仃洋大桥	中山大桥	跨海及高架引桥
条件	东隧西桥,总体均衡难	东隧西桥,总体均衡难	东隧西桥,总体均衡难
工可方案	(600+1620+600)m=2820m悬索桥,门式塔,为水上视角特定范围均衡中心。 形象松散,作用一般	(110+200+580+200+110)m=1200m斜拉桥,为水上视角特定范围均衡中心。 形象松散,作用一般	降跨比不理想,展开不均衡
	$G_1=3.65$,"矮胖"; $G_0=3.69$,理想	$G_1=3.01$,"矮胖"; $G_0=3.43$,理想	

续上表

桥名	伶仃洋大桥	中山大桥	跨海及高架引桥
竞赛方案	(450 + 1620 + 450) m = 2520m 斜拉—悬索协作桥,单柱式索塔,为水上视角特定范围的均衡中心。 形象紧凑,作用突出	(110 + 200 + 580 + 200 + 110) m = 1200m 斜拉桥,单柱式索塔,为水上视角特定范围均衡中心。 形象紧凑,作用突出	降跨比较理想,展开较均衡
	G_1 =20.4,"挺拔"; G_0 =3.67,理想	G_1 =17.8,"挺拔"; G_0 =3.37,理想	

从表 4.4-6 可以看出,伶仃洋大桥、中山大桥采用门式塔时,桥面以上索塔高宽比较小,显得"矮胖";采用单柱式索塔,桥面以上索塔高宽比很大,显得"挺拔";且桥塔作为水上视角特定范围的均衡中心,形象紧凑,作用突出。强化了均衡中心的作用,提供了挺拔、有力、优美、简洁、更为稳定的视觉印象。

3)形式与和谐

在构建桥梁几何形象的基础上,依据既定均衡中心下的主从关系,研究、优化桥梁体系及其组成的统一形式。设计的组成包括主桥之间、主引桥之间、不同构件之间的组合。伶仃洋大桥为最重要的主体 1、中山大桥为主体 2,而引桥为主体的延伸部分。桥梁形式与和谐分析见表 4.4-7。

桥梁形式与和谐分析表　　表 4.4-7

桥名	伶仃洋大桥	中山大桥	跨海及高架引桥
方案	(450 + 1620 + 450) m = 2520m 斜拉—悬索协作桥	(110 + 200 + 580 + 200 + 110) m = 1200m 斜拉桥	110m、70m、50m 基本跨径,钢箱组合连续梁桥
主从	主体 1,为主体部分	主体 2,主体 1 的辅助部分	主体 1、2 的延伸部分
统一	力学体系:斜拉—悬索协作体系,主体 1、2 形成统一。 结构形式:菱形截面单柱式索塔。四索面分体梁,同向回转拉索,锚拉板桥面锚索。强化主体 1、2 的统一。 材料体系:钢箱梁。 建筑风格:现代简约	力学体系:斜拉体系。 结构形式:菱形截面单柱式索塔。四索面分体梁,同向回转拉索,锚拉板桥面锚索。强化主体 1、2 的统一。 材料体系:钢混组合梁。 建筑风格:现代简约	力学体系:连梁体系,内部与主桥主梁体系保持统一。 结构形式:T 形单柱式桥墩,分幅式钢箱组合梁,与主体 1、2 的梁下挑臂单柱式索塔形成统一。 材料体系:钢混组合梁。 建筑风格:现代简约

伶仃洋大桥与中山大桥均采用单柱式索塔、四索面分体梁、同向回转拉索、锚拉板桥面锚索;引桥采用 T 形单柱式桥墩、分幅式钢箱组合梁,与单柱式索塔形成统一,体现出全桥和谐简约的风格。主从关系表现见图 4.4-49。

4.4.2.5　结构功能及技术创新

桥梁结构力图体现出"力学美"和"创新美",给人以安全感、稳定感和物尽其用的经济感。

1)伶仃洋大桥

1620m 主跨单柱式双塔四索面分体钢箱梁斜拉—悬索协作桥:斜拉和悬索两种体系在桥

梁中相互协作，优势互补。两者比例基本各占一半，塔高最为合理，互补最为充分。效果图见图4.4-50。

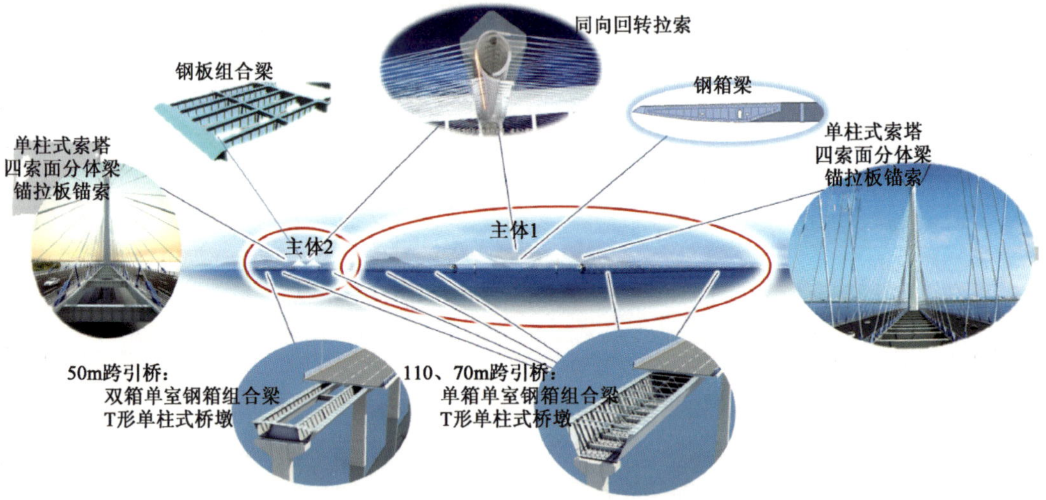

图4.4-49　主从与统一的表现

图4.4-50　伶仃洋大桥效果图

450m全斜拉边跨，强大的尾索进一步提高了桥梁整体刚度，尤为重要的是其提供的强大轴向压力可突破至主跨主梁悬吊区，克服主梁内力间断。150m边跨尾端设计为交叉吊索区，形成局部刚度加强的悬吊辅助跨（图4.4-51），解决了边跨因不能设置辅助墩、活载变形大、尾索应力幅高的特殊问题。

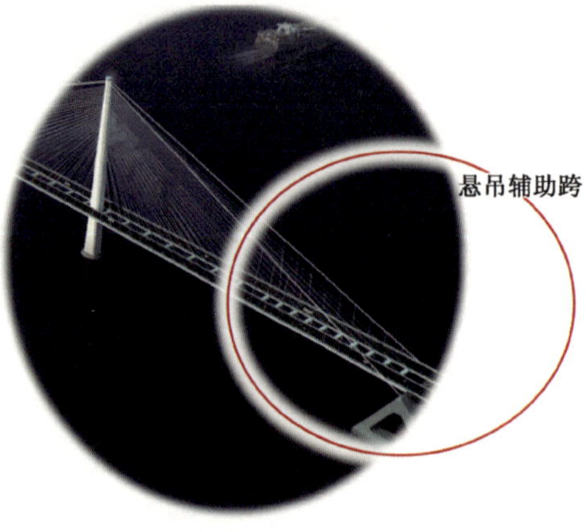

图4.4-51　悬吊辅助跨

单柱式索塔工程体量小，抗船撞效率高，景观造型新颖，给人以稳定感（图4.4-52），且可有效缩短斜交航道边跨跨径。拉索、主缆、吊索均设计为空间结构，桥梁整体刚度提升。

分体钢箱梁是跨海超大跨径斜拉桥、悬索桥提高抗风性能的首选梁型，并与单柱式索塔适配，在功能、结构、受力、景观上相得益彰。

a)　　b)

图4.4-52　单柱式索塔的稳定感

四索面拉索和吊索在交叉吊索区自然转化为双索面拉索和吊索,其间两种体系平顺融合,克服结构外形间断、主梁内力间断的问题,同时也解决了分体梁受横向受力控制、经济指标差的问题,四索面梁高可以比外侧双索面降低1m。四索面交叉吊索区效果图见图4.4-53。

a)　　b)

图4.4-53　四索面斜拉—悬索协作桥交叉吊索区

新型同向回转拉索将拉索斜绕过索塔(图4.4-54),变拉力为环向压力,从机理上实现了索塔的无拉应力锚固,从根本上解决了结构的安全耐久性问题。与其适配的菱形截面单柱式索塔工作状态好,风阻系数低,结构造型简洁。尤其是同向回转拉索使不对等设置中、边跨斜拉索索面(四索面—两索面)和灵活转换交叉吊索区拉、吊索成为可能。

图4.4-54　同向回转拉索

2）中山大桥

580m主跨单柱式双塔四索面分体钢板组合梁斜拉桥，整体风格、造型与伶仃洋大桥形成呼应。钢材和混凝土两种材料在桥梁中相互组合，功能互补。桥梁整体强度、刚度获得平衡。中山大桥效果图见图4.4-55。

a)

b)

图4.4-55　中山大桥

主梁采用新型斜向阻尼约束体系（图4.4-56），将减振抗震、减振抗风、双向控制、有限限位四项技术整合为一体，在纵、横两个方向上为桥梁提供地震作用下的安全性和日常工作中的稳定性。

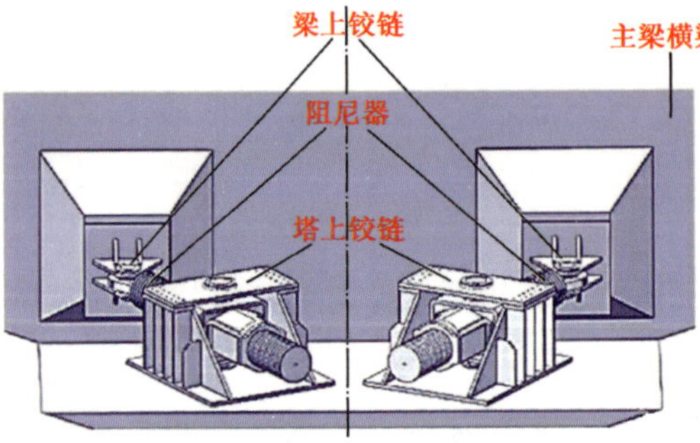

图4.4-56　新概念斜向阻尼抗震约束体系

对同向回转拉索的计算表明，利用拉索横桥向索力差较小、长回转段摩擦力大的特征，以鞍座进行沿程摩阻锚索，可以轻松满足抗滑移要求，最不利拉索抗滑移安全系数大于5.0，远超过规定的2.0。拉索绕索塔产生延程环形径向压力，塔壁按拱式结构工作，三向压应力处于0～17.5MPa理想区间。

3）非通航孔引桥

110m、70m、50m基本跨径钢箱组合连续梁桥延续钢结构桥梁风格。110m、70m基本跨径采用单箱单室形式，50m基本跨径采用双箱单室形式，外观上保持最大统一。桥面板全宽预制，小横梁悬空设置。由此，结构功能连续，体系最为简洁。

T形单柱式桥墩：与主桥单柱式索塔形成呼应。工程体量小，抗撞、导流效率高，大范围景观效果优。

非通航孔透视图见图 4.4-57。

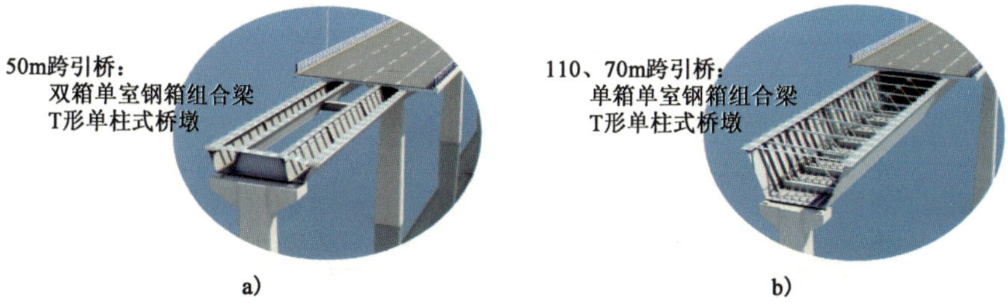

图 4.4-57　高架及跨海引桥钢箱组合梁

4.4.3　人工岛

4.4.3.1　设计理念

深中通道位于海天一线的珠江口,连通文化底蕴丰厚的中山与现代开放的深圳,能够很好地促进两地的同城化发展。以海洋环境保护、未来发展为出发点,构思出"海阔任鱼跃,深中比翼飞"的设计理念。

"比翼飞"的设计理念使人同时联想到承载着中国民族传统、民间习俗的风筝与特色鲜明的海洋生物蝠鲼。而蝠鲼有"海中风筝"之称,两者类菱形的体态将共生与进取发展统一起来。菱形的流线具有良好的水动力特性,且造型与深圳机场遥相呼应,岛体与大桥相连,使得风筝的形象更加生动,几欲展翅高飞。岛体方案演变及建筑方案演变示意见图 4.4-58。

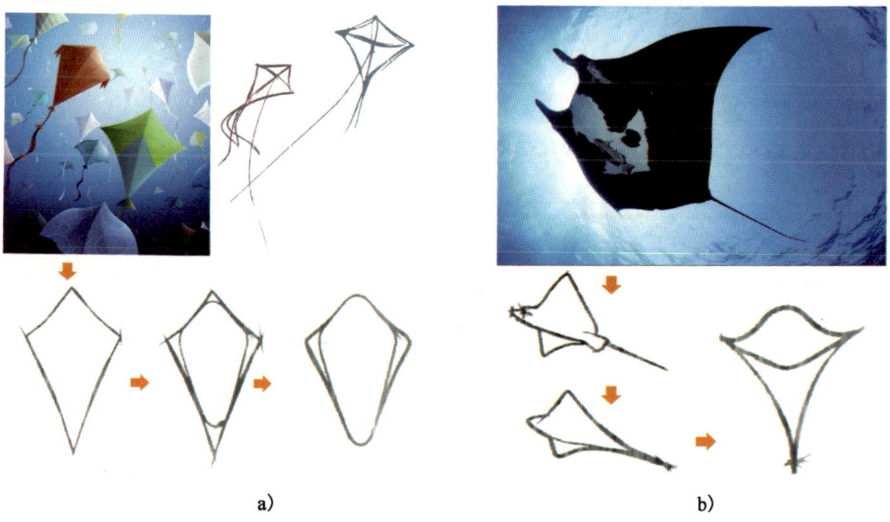

图 4.4-58　岛体方案演变及建筑方案演变示意图

湛蓝的海面上,东、西人工岛好似近水与远水的两块瑰丽的宝石,又仿佛两面比翼飞翔的风筝，与周边的环境融为一体，描绘出“海阔任鱼跃，深中比翼飞”的美好蓝图，寄托了项目组对深圳与中山齐头并进、以吐气成虹之势协力发展的美好祝愿。

4.4.3.2 西人工岛

1）岛形设计

西人工岛位于海上，东西两边分别连接隧道和桥梁，岛体长625m，宽312m，陆域面积约11.6万㎡。岛形如图4.4-59所示。

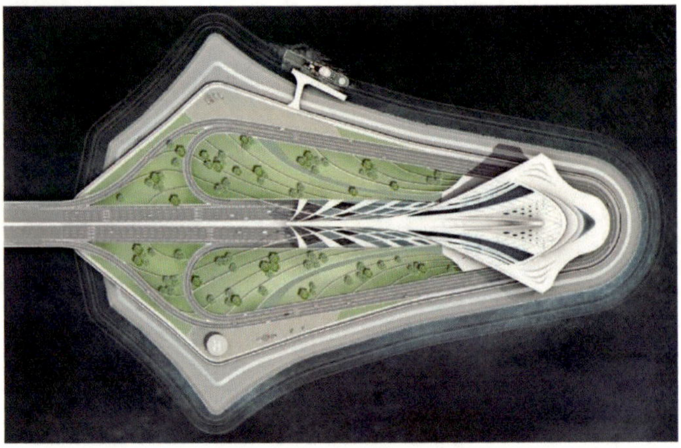

图4.4-59 西人工岛岛形图

西人工岛以有“海中风筝”之称的蝠鲼为仿生设计原型，考虑将岛体两侧在顺水流向递进变宽，使岛型近似于菱形，顺水流侧斜率加大，减小了阻水，具有良好的水动力特性。岛体的流线型轮廓使整体造型更加轻盈和灵动，造型极具现代感，融建筑艺术与科学技术于一体，展现出生态的自然环境特色与地域文化内涵。

岛体竖向采用双向坡地设计，将排水分为两个区域。外侧雨水直接排入雨水渠，内侧采用台地式绿化景观，改善隧道U形槽采光条件，减轻两侧挡墙的压迫感，方便收集雨水。

西人工岛总体形象简洁明快、大气而清新，为人们提供了一个观赏大桥、领略风光的新的景点，也成为深中跨海通道新的人文景观。

2）岛上建筑设计

（1）功能分区。

西人工岛除了有管理养护及连通桥隧的基本功能外，还兼顾了海上救援、旅游观光、文化表达以及展示宣传等多重功能。在岛的规划布局上，分区须尽量明确，使岛上的活动，包括过境车流、上岛车流、观光人流以及救援活动人流等分区明确合理，同时利用建筑本身合理布局，使人工岛未来日常维护管理活动与游客接待活动相互的影响降到最低，因此采用集中布设的形式，将养护管理、附属设施、办公服务、观光等合并在一个建筑内。西人工岛的功能分区由4个部分组成，分别为互通区、附属设施区、隧道过渡区、养护管理区（图4.4-60）。

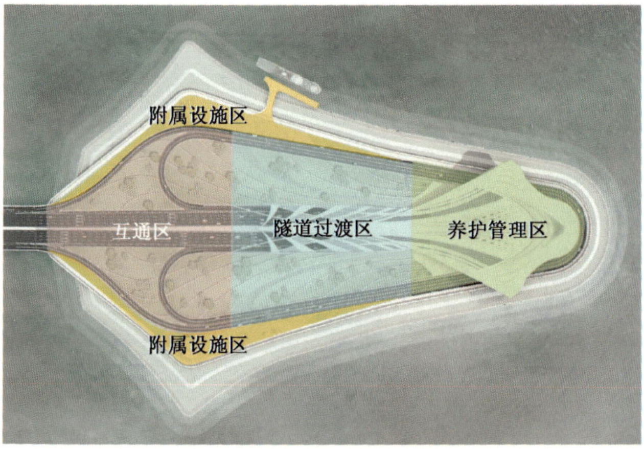

图 4.4-60 西人工岛功能分区图

(2)岛上道路设计。

西人工岛位于海中,除桥隧连接、项目管理、养护救援、环保安保和基础设施用房等基本功能外,同时还具有旅游观光的功能。因此,岛上道路设计除满足岛上各主要设施之间车辆往来需求之外,还需要设置互通匝道实现高速公路与岛上道路的快速连接。

按照西人工岛的功能定位及岛上交通特点,结合人工岛的形状,与高速公路连接部分采用半苜蓿叶形,岛上道路采用环岛路与半苜蓿叶的匝道对接,以实现高速公路与岛上道路的安全、快捷连接。岛上道路平面布置如图 4.4-61 所示。

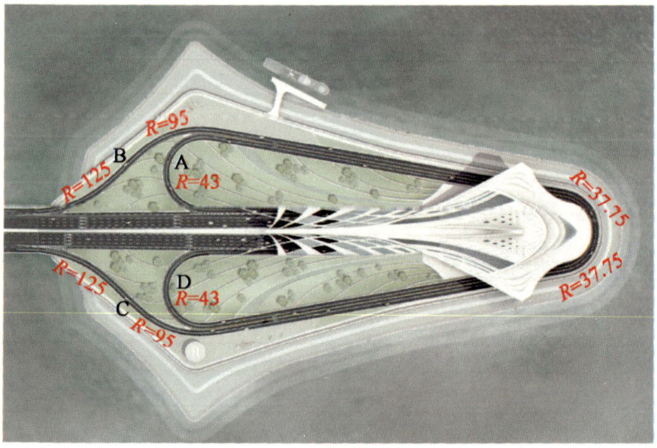

图 4.4-61 西人工岛岛上道路平面布置图(尺寸单位:m)

进出隧道的 A、D 匝道(环形匝道)设计速度 35km/h,另外两条进出高架桥梁的 B、C 匝道(直连式匝道)设计速度 40km/h。

匝道曲线半径布设时,A 和 D 匝道(环形匝道)最小曲线半径 43m,B 和 D 匝道最小曲线半径 95m。

(3)岛上建筑设计。

建筑主体位于岛东侧,岛上建筑与岛体功能和造型一体化设计,延续了岛体的设计风格。灰白的主色调和流线的形状在广袤的海面上制造出涟漪般的视觉效果。大斜面的屋顶从最高点的风塔延续至隧道洞口上方,各个元素保持独立又与建筑天衣无缝地衔接。V形构造的通风塔增强了建筑的气势与张力,太阳能光伏板与自然采光相结合,丰富了建筑的功能与形态,体现了节能环保的设计理念。菱形格栅采用疏密有致的编织手法,于规矩中寻求变化,给人以耳目一新之感,也为行车提供了一个舒适的光过渡环境。建筑两侧挑檐结构丰富了游客的室外活动及观景空间,台阶式的场地为小型的艺术表演创造了可能。挑檐下部采用光滑的曲面设计,将顶面与立面统一起来,增强了建筑的整体感。在湛蓝的大海映衬下,建筑展现出动感的形态,好似一条蝠鲼,几欲冲出海面,展翅高飞。

岛上的建筑包括两个截然不同的功能分区,即营运、养护、管理、旅游部分和隧道排风设施部分。为了能使两部分的建筑内容合为一体,在建筑设计上紧密结合各功能区的需求,采用隧道设备放置中间,营运管理用房环绕外侧的布置形式。建筑的结构采用内外双层建筑的形式,可以有效阻止隧道排风设备的振动和噪声对管理人员的影响。西人工岛建筑共分为4层,总面积约31152.5m^2。

风塔设计采用立面上由低到高、平面上由两侧向内聚拢的曲线元素贯通岛体,形成类三角锥的造型,形拟蝠鲼的鱼鳍,造型简洁统一,与鱼形建筑浑然一体,成为建筑造型的组成部分,摆脱了一般传统烟囱式造型的感觉。与周边环境相适应。岛上建筑效果图如图4.4-62所示。

图4.4-62 西人工岛建筑效果图

3)隧道光过渡段建筑设计

在隧道的通道口,由于地面(敞开段)和隧道内(暗埋段)光差很大,驾驶员在强烈阳光照射下出入隧道洞口时,很容易出现视觉黑障或眩光,影响行车安全。因此隧道洞口设置光过渡路段,对敞开段及隧道段分别考虑不同的光过渡设计。

在隧道敞开段设计了光过渡建筑(图4.4-63),长约190m,部分透光,过渡结构在造型的考虑上结合功能与景观,采用曲线元素,线条分布由疏到密,形似鱼身纹理,与岛上建筑造型、排烟风塔及景观绿化设计协调统一,弧线顺畅优美,具有极强的现代美感;在暗埋段利用照明灯具的补充渐变布置,达到使视觉适应亮度渐变的过程。通过光过渡设计,使驾驶员心理上、视觉上都有一个缓冲过渡期,最大限度避免交通事故的发生,体现了人性化设计的理念。

a)

b)

图4.4-63　西人工岛隧道口光过渡段设计效果图

4)结构设计

西人工岛项目工期较紧,离岸筑岛距离较远,供应困难,运输组织困难较大,筑岛不利条件较多。同时,人工岛的整体稳定安全、堤顶越浪、堤脚冲刷及景观要求仍是设计必须充分考虑的问题。因此,通过岛体结构合理选型以提高施工工效、减少台风期损失、控制工程造价、保证工期,是人工岛的重点问题,也是难点问题。

根据上述综合考虑,岛体南侧、北侧及东侧段岛体结构采用施工期具备止水围堰功能的插入式钢圆筒,外辅抛石斜坡堤结构。钢圆筒可快速形成围闭岛体,创造岛体内、外平行施工的作业条件。护面采用消浪和景观效果较好的栅栏板块体,堤顶高程为4.8m,挡浪墙顶高程6.0m。西侧岛桥衔接段采用直立式圆形沉箱结构,基础采用挤密砂桩加固处理,挡浪墙顶高程为7.0m。根据岛上隧道暗埋段尺寸等要求,西人工岛需要分为"小岛"和"大岛"实施。小岛的围堰合龙后,可进行吹填、地基加固、隧道基础施工。岛体结构平面布置图见图4.4-64。

岛内区部分开挖平整或吹填部分疏浚土平整后再进行排水固结,竖向排水系统采用塑料排水板,通过逐层加载中粗砂使软土排水固结,同时形成岛体陆域。为保证岸壁结构稳定,岛外区地基采用挤密砂桩加固处理。

5)生态节能设计

人工岛以建设"生态岛"为宗旨,采用绿色节能、智能环保的设计理念,充分利用光、风、水等可再生资源,运用节能的新技术和新材料,设置雨水收集系统、风力发电机、太阳能发电以及岛上交通照明节能。

(1)生态节能设计。

①风资源利用。

人工岛岛头设置了防撞墩以警示来往船只的安全。在防撞墩上设立风力发电机为岛上及隧道提供补充用电,既为风力发电机提供了基础,节约了风力发电机基础造价,又为人工岛增加了景观元素。人工岛风力发电机透视效果图见图 4.4-65。

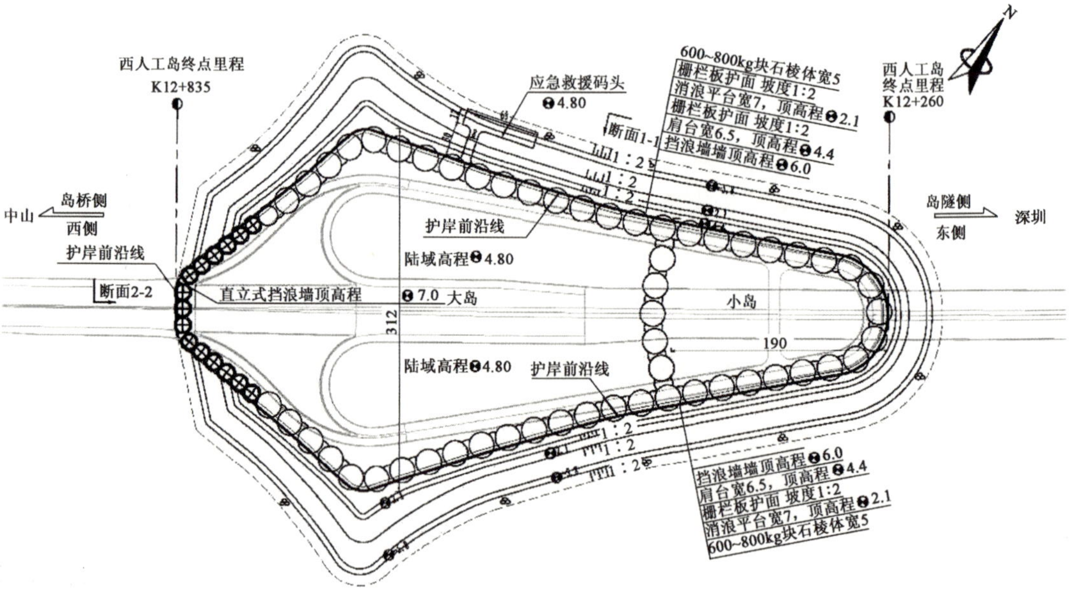

图 4.4-64　西人工岛岛体结构平面布置图(尺寸单位:m;高程单位:m)

图 4.4-65　人工岛风力发电

②建筑节能。

主要体现在太阳能光伏板与自然采光两个方面。结合建筑的整体造型,屋面设计两条带状的天窗,顶面采用透光太阳能光伏板(图 4.4-66),侧面采用玻璃窗,达到储存能量与节约室内灯光照明用电的双重功效。

(2)绿化设计。

深中通道人工岛景观绿化设计秉承生态、安全、可持续、节能的宗旨,根据所在地域气候特点,植株均选用乡土植物,提高植物自然成活率;采用自然式植物配置形式,形成植物组团,降低植物养护成本。

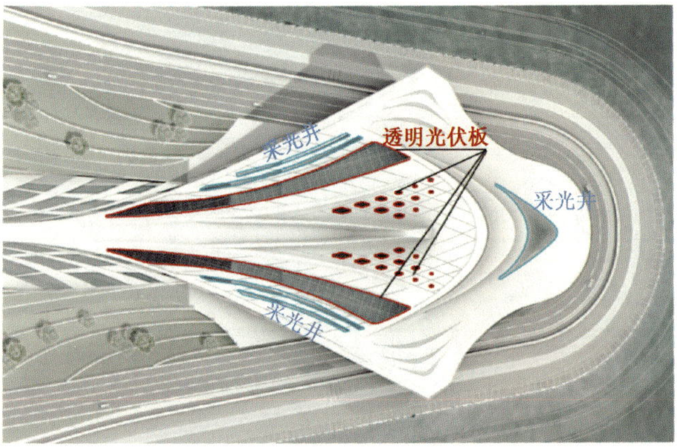

图4.4-66 建筑节能示意图

西人工岛位于远离陆地的海面,上方没有构筑物遮挡,岛平面完全接受光照及雨水,应选用向阳植物;同时结合海面多风、多盐的地域特性,多选用抗风、耐盐碱的植物。抗风乔木及小乔木的使用,使岛上行车视线范围内郁郁葱葱,一片海洋清新之感。岛上植物栽植模式遵循竖向设计特征,按植株高低顺延地形由高向低过渡,可突出并强调阶梯式景观。从立面视线上,给人清新、自然之感,更加凸显生态岛建设的目标。

西人工岛效果图见图4.4-67。

图4.4-67 西人工岛效果图

4.4.3.3 东人工岛

1)岛形设计

岛形在“比翼齐飞”的设计理念指导下完成,形似风筝与蝠鲼。采用与西岛风格统一的建筑形式与台地式景观设计,以菱形为设计元素,岛形有利于导水,满足环保要求。建筑采用坡屋顶的建筑形式,将建筑与通风塔相结合,菱形、弧线形元素景观绿化模纹与隧道过渡遮光结构相结合,最大限度地保证东岛景观设计的整体性。岛形平面如图4.4-68所示。

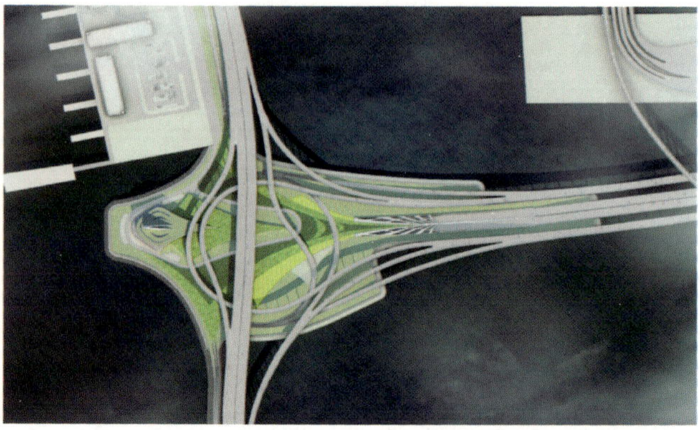

图 4.4-68　东人工岛岛形平面图

2)岛上建筑设计

(1)功能定位。

东岛功能以连接隧道与互通匝道、岛体管理养护为主。匝道下方设计的台地式景观可起到雨水收集、生态保持的功能。管理养护设施采用集中布设的形式,将养护救援设备、附属设施、办公服务区域及值班区域合并在一个建筑内,便于后期管理维护。该区域包含的设施内容有:管理中心(交通控制中心和救援指挥中心)、养护站、应急救援站、环保安保、基础设施变电站、工作人员值班、隧道消防水池及水泵房、停车区域、污水处理设备等。

(2)岛上道路设计。

东人工岛位于深圳机场附近的浅滩处,是深中通道与广深沿江高速公路进行立交转换的筑岛工程。

东人工岛上另行加设的道路(除机场互通匝道)主要为满足人工岛上养护、救援车辆的使用需要,这些道路不需要与高速公路相接,只需与外部地方道路相连。东人工岛岛上道路平面如图 4.4-69 所示。

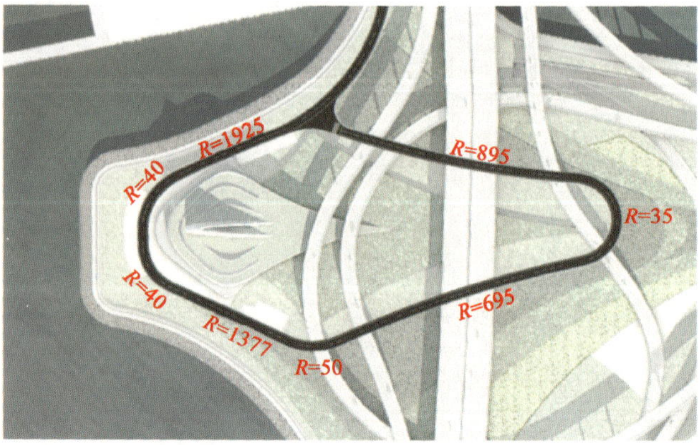

图 4.4-69　东人工岛岛上道路平面图(尺寸单位:m)

(3)岛上建筑设计。

东岛建筑共设3层,为了统筹风机房、建筑结构高度低于航空限高35m的要求,东岛建筑采用下沉式设计,包含负一层、一层及二层。

风塔是岛上建筑的最高点,按照建筑一体化理念,从整体综合功能出发设计,将风塔设计成曲线的三角形的造型,形似贝壳的凸棱,摆脱了传统烟囱造型呆板的感觉,造型简洁,与周边的建筑与环境相协调,成为建筑的组成部分。

风塔效果图见图4.4-70。

图4.4-70　风塔效果图

3)结构设计

东人工岛紧邻深圳,所在地水深约4m。根据地质、水文条件,结合耐久性等要求,考虑沿江高速对岛体施工限高等条件的限制以及软土固结期间对桥墩基础的不利影响,岛体地基处理采用大开挖换填方案,挖除表层软土层,换填中粗砂,经过振冲密实可提供良好承载力,同时满足岛内沉降及岸壁结构整体稳定安全的需求。护岸结构采用抛石斜坡堤结构。西侧(外海侧)及南侧(凸堤段)护面块体均采用栅栏板,堤顶高程4.8m,挡浪墙的顶高程为6m;东侧(内侧波浪掩护条件较好)采用生态植被护坡,挡浪墙的顶高程为5.8m。东人工岛采用先筑岛,然后进行基坑维护结构和隧道施工的方案。暗埋段采用对撑锁扣钢管桩,开敞段采用单排钢板桩止水结构,锁扣内填充止水材料。

岛体结构平面布置如图4.4-71所示。

4)生态节能设计

(1)节能设计。

东人工岛的建筑节能体现在屋顶绿化与自然采光的应用上。屋顶绿化的形式采用全屋面覆土种植。

建筑屋顶绿化具有以下的优点:

①减少大气浮尘,净化空气,吸纳可吸入颗粒物。

②减弱建筑物日光反射,缓解建筑热岛效应。

③吸纳并利用天然降水,减少地面排水压力。

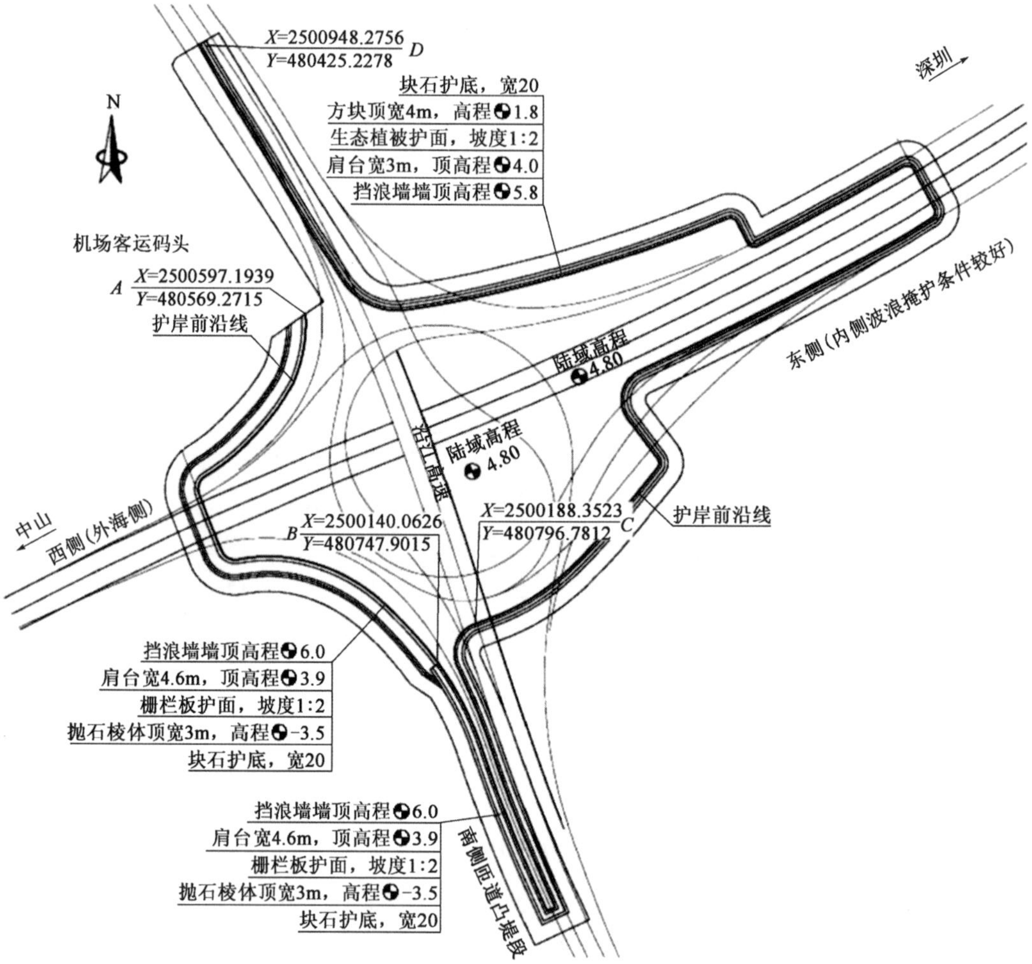

图4.4-71　东人工岛岛体结构平面布置图(尺寸单位:m;高程单位:m)

④保护建筑物顶部,延长屋顶建材使用寿命。

⑤降低室内温度,节约电力资源。

⑥提高建筑排水能力,增加空气湿度,净化水源。

⑦减弱噪声,有益人的身心健康。

(2)绿化设计。

东人工岛位于机场互通下,匝道对岛上的建筑、景观构筑、乔木高度均有限制,众多桥墩的分布对东岛景观的整体性也是一个不利条件。

由于岛体上的很大一部分处于机场互通阴影下,应适当选用半耐阴植物,同时结合海面多风、多盐的地域特性,多选用抗风、耐盐碱的低矮灌木或草本植物。乔木以少种为宜,采用自然式点缀种植,避开岛上隧道暗埋段,避免选择根系较深、生长过快的树种。整体植物栽植模式遵循竖向设计特征,按植株高低顺延地形由高向低过渡,突出阶梯式景观。从立面视线上,给人清新、自然之感,更加凸显"生态岛"的建设目标。

东人工岛绿化效果图见图4.4-72。

图4.4-72　东人工岛绿化效果图

4.4.4　隧道

4.4.4.1　隧道平、纵断面设计

方案对平、纵断面设计进行了优化，将机场互通处G、F匝道与主线的分岔与合流口位置调整为同一里程。将下穿机场支航道段最大深挖处抬高2.3m，矾石航道段抬高3.3m，降低了水下基槽开挖施工难度和费用。

隧道段纵断面采用W形纵坡（图4.4-73），尽可能减少在两航道间的开挖疏浚深度，保证行车的舒适性。在隧道纵向两个低点设泵站，将废水抽至两个人工岛处理后排放。

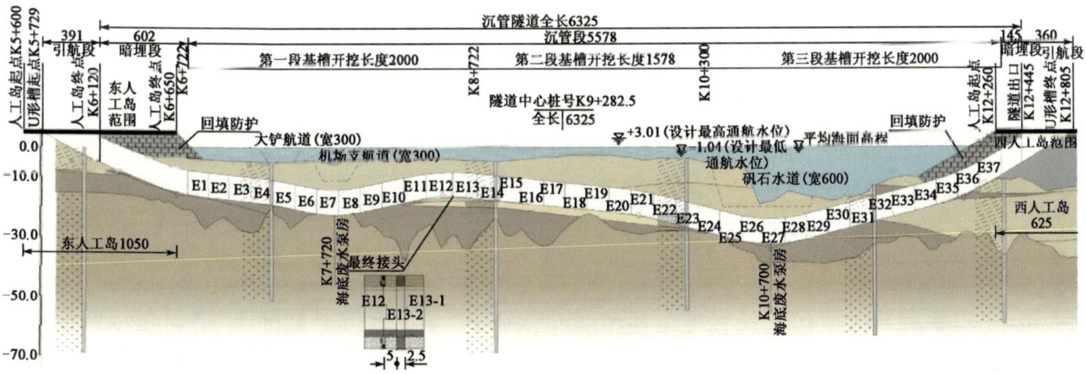

图4.4-73　沉管隧道纵断面图（高程单位：m；尺寸单位：m）

4.4.4.2　隧道横断面设计

沉管隧道主体结构采用两孔一管廊横断面（图4.4-74），两侧为行车道孔，中间为综合管廊，管廊内分为3层，上层为专用排烟通道；中层为安全横通道；下层为电缆沟和海底泵房。设

计土压力荷载按全回淤工况考虑。标准段左右孔均为单向四车道,结构宽 46.9m,渐宽段加宽为单向六车道,结构最宽处 61.9m。

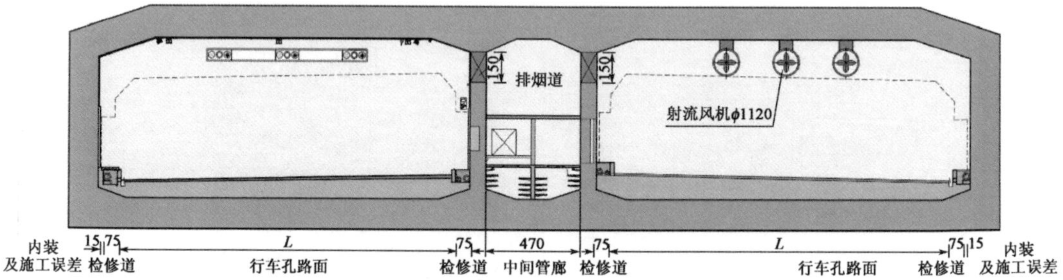

图 4.4-74　沉管隧道横断面(尺寸单位:cm)

4.4.4.3　管节结构选型

与钢壳管段相比,钢筋混凝土沉管用钢量少,造价相对较低,一般采用矩形断面,因而断面利用率高,多管孔可随意组合。计算结果表明,断面顶板跨中最大配筋量为 6 层 ϕ36@ 80mm 时,结构最大裂缝为 0.17mm,配筋量很大。

钢壳沉管存在焊接工作量大,结构受力及施工工序复杂,防水、防腐蚀质量不易保证等问题;而钢筋混凝土沉管配筋量很大,施工质量不易保障。故推荐采用预应力钢筋混凝土结构,沉管段共设 37 节管节,管节标准长度 150m。

4.4.4.4　纵向结构体系

隧道拟采用节段长 8 ×18.75m 的柔性体系沉管,这个节段的长度在曲线拟合时更具有优势。柔性体系通常采用节段式管节,各节段之间无贯通钢筋,通过剪力键连接,接头设置防水。在运输与沉放阶段需要临时的纵向预应力进行连接,在沉放与回填之后预应力筋将被剪断。

4.4.4.5　接头与防水

1)管节接头

管节接头采用吉娜(GINA)止水带和 Ω 密封带相结合的管节接头体系(图 4.4-75),同时在两道止水带之间的空隙安装一个超压释放充气管,防止在地震中出现超压的危险。在接头内侧布置管节之间的剪力键。

2)节段接头

节段接头设计方案包括设置在可注浆式止水带(主要密封)内侧的 Ω 密封条。Ω 密封条设置在剪力键后方,剪力键设置在墙内侧,墙内侧需安装合适的防火保护层。采用钢剪力键,允许在隧道使用寿命期内,对 Ω 密封条及其夹紧装置以及剪力键本身进行一定程度的修复。节段接头防水细部构造如图 4.4-76 所示。

3)最终接头

本隧道的沉放从地质条件较好的东人工岛开始,然后再沉放西人工岛管节,最终在海中对接。从施工顺序、工期安排和方便施工考虑,最终接头应位于水深较浅处且应该离主航道及人工岛有一定距离处，以避免对航运及人工岛岛头施工造成影响，选择最终接头位于E12与E13号管段处，两管节之间的间隙控制在3m左右。

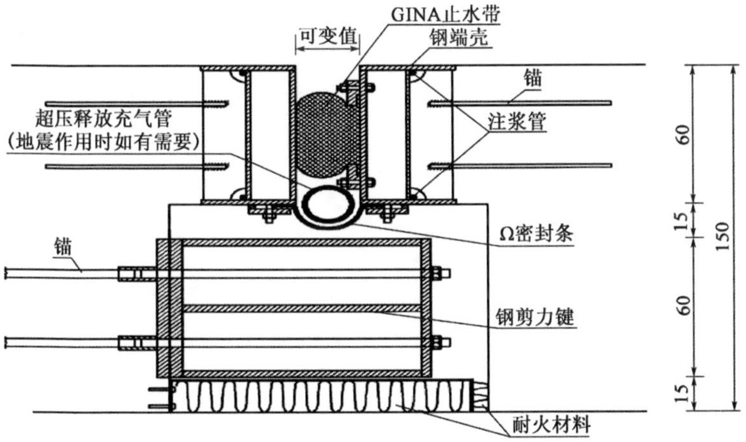

图4.4-75　管节接头防水细部构造(尺寸单位:cm)

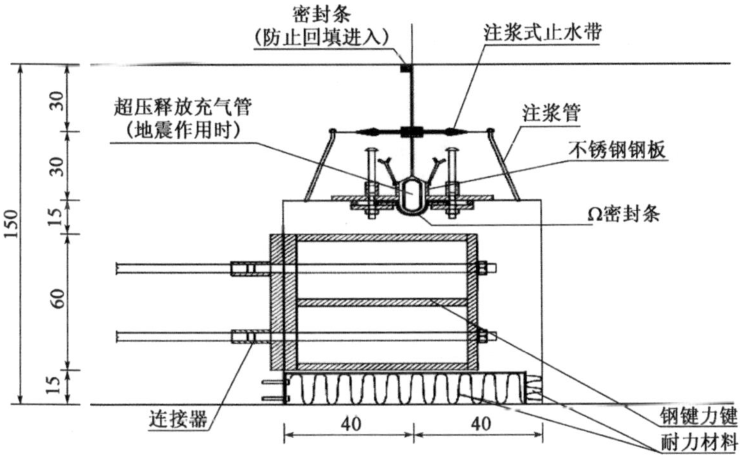

图4.4-76　节段接头防水细部构造(尺寸单位:cm)

4.4.4.6　地基处理

将隧道基础划分成不同的区域并选择相应的基础类型。基础处理的控制因素是土体允许的刚度变化范围与总沉降。土体刚度允许的差异是通过分析隧道管节上的容许内力和接头最大允许张开量的要求来确定的。

沉管段隧道、人工岛和隧道暗埋段的基础方案应作为整体综合考虑，以达到整个工程的风险造价最优。只有未经处理的天然地基无法保证通过合理的结构措施满足结构设计的要求时，才考虑对地基进行加固。

隧道基础分为4个区段：

1)区段一

东人工岛上的暗埋段(K6+120　~　K6+722)，这部分隧道与暗埋段相接，保持下方土的刚度变化较小的情况下,在荷载作用下隧道能够承受相对较大的均匀沉降。由于隧道基底软弱层厚度小,这部分基础需要进行换填或加固处理。

2)区段二

隧道明挖与沉管过渡段(K6+722~K7+000、K12+000~K12+300),是连接沉管段和人工岛/暗埋段隧道的区段。隧道的设计方案应为结构提供均匀的刚度,并且在不同区段之间实现刚度的平滑过渡,可采用打入钢管桩对地基进行处理。

3)区段三

隧道天然地基承载力低的深埋段(K7+000~K7+600、K7+750~K9+450、K10+500~K12+000),此区段隧道埋深较大,不受人工岛基础处理方案的影响,可发生一定程度的沉降,但是为了防止不均匀沉降超出设计控制范围,有必要采用沉降控制桩对基础进行处理。

4)区段四

隧道天然地基承载力高的深埋段(K7+600~K7+750、K9+450~K10+000),此区段隧道基槽以下基本上是花岗石,天然地基承载力较高,因此对基底整平后可采用天然地基。

隧道基础方案见表4.4-8。

基础方案表 表4.4-8

管节单元	E1~E2、E36~E37	其余管节	人工岛明挖段	E7~E8、E19~E25
基础类型	支撑桩	沉降控制桩	换填	天然地基
描述	打入钢管桩(ϕ900mm),桩端进入中砂层,桩间距为5m×5m。钢管桩内填充钢筋混凝土	打入钢管桩,管节下方间距为3m×3m,隧道两侧回填下为2.5m×2.5m,桩端位于砂层顶面以上高程	挖除淤泥质更新世土层,用砂回填基础垫层底面设计高程并振冲密实	直接采用更新世黏土和砂层作为基础

4.4.4.7 可施工性

1)基槽开挖

根据地层分布,结合水下土质边坡的设计施工经验,按照"坡高适应地层"和"等高度放坡"的两种放坡开挖设计理念,针对海中沉管中间段深基槽,通过对单一土层不同坡率边坡的稳定性计算,拟定水下基槽边坡的设计方案。

基槽开挖的表层主要为淤泥、淤泥质土,下部主要为粉质黏土和部分砂层。依据港珠澳工程试槽成果,确定基槽淤泥与淤泥质土的坡率采用1:7,黏土(包括粉质黏土及夹砂层)、砂层的坡率采用1:3。靠近人工岛的隧道两侧浅基槽开挖边坡采用1:5的坡率。基槽开挖的典型断面如图4.4-77所示。

2)回填及防护

为防止管节发生侧移,在管节沉放就位后,应尽快在管节两侧进行锁定回填、一般回填及顶部回填覆盖处理,以便及时对管节加以保护,使其具有较好的防冲刷与防锚能力。

标准段回填方案是在隧道管节两侧对称回填压脚锁定抛石与一般砂石回填料,管顶覆盖保护层厚度 2.0m,其中片石层厚 1.4m,片石下面的一般回填砂垫层厚 0.6m。管节的锁定抛石采用碎石棱体夹砂、高度为 3.5m;一般回填料均采用海砂;隧道顶部回填料宜采用片石、片石重量 20 ~ 200kg。为防止船只走锚对隧道管节造成破坏,将管节回填保护层设计成折拱形,两侧为 1:2 的边率,与基槽边坡顺接,能很好地阻止隧道两侧的走锚在滑行中触及沉管隧道结构。标准段回填防护方案典型断面如图 4.4-78 所示。

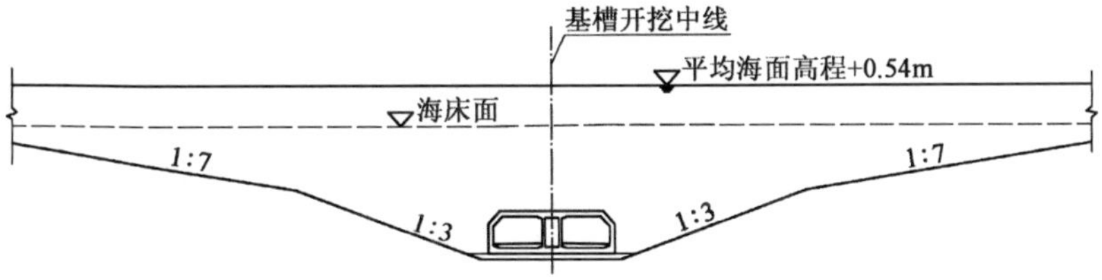

图 4.4-77　基槽开挖的典型断面高程(尺寸单位:m)

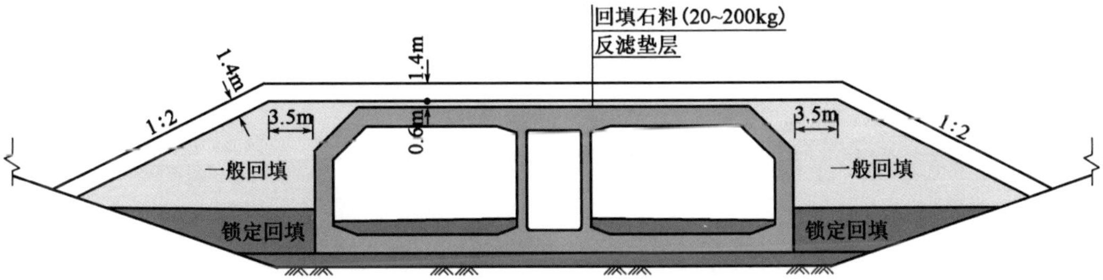

图 4.4-78　标准段回填防护方案典型断面图

4.4.4.8　隧道通风

采用射流风机诱导型纵向通风加重点排烟的通风方式。把正常运营和火灾时的通风看作是整个通风系统的两种不同工况。射流风机起到调压和辅助排烟的作用;轴流风机通过风阀的控制来实现其功能的切换,即正常运营时用于隧道排风,火灾时用于排烟,这样很好地兼顾了运营及防灾的要求。

4.4.4.9　隧道内饰

隧道内部装饰以海洋背景的蓝色调为主,侧墙采用瓷面纤维增强水泥墙板,以 3 个梯度的渐变蓝色组合,引导行车视线,营造出沉稳、静雅的氛围。灯光的色温由入口段的暖光逐渐过渡至中间段的偏冷光。间隔一定的距离在隧道顶部用投光灯投射出海洋生物的图案,提示里程变化,给人驾游海底的感受。标准段隧道内饰效果图见图 4.4-79;分岔点隧道内饰效果图见图 4.4-80。

4.4.4.10　防撞设计

隧道东、西人工岛浅埋段设置防撞墩与浮体系泊拦截组合系统(图 4.4-81),即在东、西人工岛前的露出海床段分别设置 4 组防撞墩,起到防撞与警示作用。防撞墩之间设置 4 道拦截索(水面两道拦截索,水下两道拦截索);拦截索上等间距设置钢制浮体和塑料浮体。防撞墩设置确保在最高潮位时仍露出水面,最低潮位时不全部露出水面,形成一个拦截区域,保护人工岛岛头管顶。

图4.4-79　标准段隧道内饰效果图

图4.4-80　分岔点隧道内饰效果图

a)　　b)

图4.4-81　防撞墩效果图

4.4.5　评委会总体评价

整体设计比较简洁,但稍显平淡,人工岛造型简洁,有力感;隧道整体感强,比较流畅。隧道设计比选较充分。但主桥采用斜拉—悬索协作体系,四索面布置,韵律感不好,稍显杂乱。

4.5　第五名方案(江苏省交通规划设计院股份有限公司联合体)

4.5.1　美学主题

4.5.1.1　工程景观主题

从地域上来说,岭南文化大体分为广东文化、桂系文化和海南文化三大块,以属于广东文化的广府文化、潮州文化和客家文化构成了岭南文化的主体。岭南文化具有崇尚实用、开放多元、动静结合、刚柔相济的鲜明个性。

任何一种文化的产生、发展、演化或变异，都离不开一定的时间和空间，尤其是地理空间的诸种因素和条件，对文化生成和文化特质有着深远甚至是决定性的影响。香山文化是岭南文化的一个重要标本。

“灵秀”是岭南文化鲜明特征，体现出百越文化的灵秀之美。在地域文化上“灵”象征着深圳的激情，“秀”又代表了中山的秀美，连接两地的通道必应留下地域文化元素和象征。灵秀主题更加突出工程与环境和谐的理念。位于珠江之上的大桥应摆脱粗壮形态，展示出“通道与自然的和谐、桥岛与水的和谐、行车与道路的和谐”，表达出现代通道的韵律与秀美，提炼出“珠水灵秀”的工程景观主题。项目总体景观效果如图4.5-1所示。

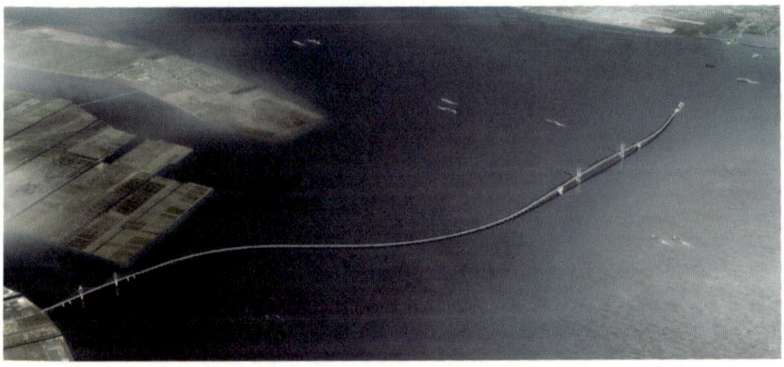

图4.5-1　项目总体景观效果图

通道所处地域是一个经济高速发展的地带，未来的规划变化很大，因此，要求景观应具有超前性和匹配性。深中通道是深厚积淀和与时俱进的城市文化品位的反映，也是现代化格局中承担城市文化使命的关键，因此景观性尤为重要。

通道连接深圳和中山，吸取两市风貌之精华，综合两地文化之韵味。通道景观应注重人性化、生态节能、现代化、可持续发展、快速、绿色。

4.5.1.2　通道景观分析

深中通道的总体景观构成为“两岛、双桥、一线”（图4.5-2）。按照点、线、面结合，互相协调的原则进行总体景观设计。点是两座通航孔桥，注重造型设计。面是两个人工岛，将从总体形态、岛上建筑、岛上小品等方面进行景观目标设计。线是大桥总体线形，通过线将点、面衔接，点、面互相辉映，达到总体景观效果。

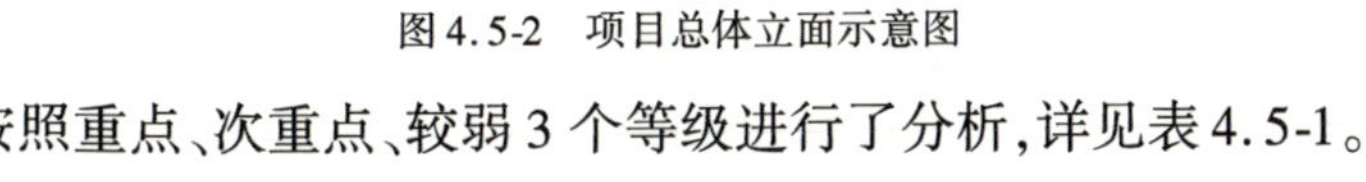

图4.5-2　项目总体立面示意图

对全线景观按照重点、次重点、较弱3个等级进行了分析，详见表4.5-1。

景观由“景”和“观”两部分组成，工程总体景观的效果与视点有着重要的关系，对工程的景观视点加以认真分析，对确定工程景观的重点与构成及景观定位是至关重要的。视点即人们观看桥梁的不同位置及角度。是否具有观桥视点及视点的集中与否是决定一座大桥景观效果优劣的重要条件。

全线景观分析表 表4.5-1

构造形态比重	重点	次重点	较弱
项目	伶仃洋大桥、中山大桥	东、西人工岛	非通航孔桥、隧道
景观分析	大桥作为通道中的地标性建筑物，重点考虑造型和视觉感受，伶仃洋大桥是全线的制高点，对通道的形象气质塑造有重要意义；中山大桥靠近中山岸线，易形成视线的集中点，两座大桥的造型须充分体现设计主题理念	人工岛的建设在项目中是一大亮点，作为贯穿隧道的两个出入点是十分重要的。通过人工岛的建设，提升区域形象，所以本次设计中，人工岛的造型是至关重要的，它的造型体现了整体的文化理念	非通航孔桥方案关键在各区段确定合理的跨径组合、适宜的基础形式及上部结构构造，结合施工工法及施工组织进行决策，获得全寿命周期成本最优的非通航孔桥方案。 优化沉管隧道方案，提升结构的耐久性、可靠性和可维护性

由于深中通道的工程特点，即带状结构，中间为水面，两侧为陆地的环境，这就形成了深中通道的视点分布特征。下面对主要视点构成进行详细论述。

1）动视点

（1）船只视点。

海上船行密度大，观桥频率高。长桥一般是由多种桥型组合而成，在长线形的长桥中，任何大跨径的桥梁都显得形态弱小。而延绵不断的长桥是大桥整体景观的主体，也是长桥的气势所在。因此在对长桥的景观设计中，简单的非通航孔桥成了景观设计的重点。而从工程的构造形态上看，非通航孔桥的结构一般以梁式桥的结构为主，由墩、梁的构件组成，形象简洁而单调。但长桥的气势与景观恰是由简单的梁和墩的重复序列组合形成，长桥的序列组合是遵循桥梁总体的平纵线形而布设形成整体的效果。船只视点及视觉效果如图4.5-3所示。

a)

b)

c)

d)

图4.5-3 船只视点及视觉效果示意图

（2）飞机空中视点。

东人工岛毗邻深圳机场，飞机频繁起降、往返，可在空中一览全景，柔美的线形将是一道靓丽的风景。飞机空中视点及视觉效果如图4.5-4所示。

（3）汽车驾驶员视点。

从中山侧进入中山大桥，距离较短，高耸的大桥主塔景观直入眼帘。从中山大桥进入伶仃洋大桥，两个航道间距10.3km，弧线顺畅连接，行车舒适度比较高，安全性较好，线形、功能上顺应航道要求，比较合理。最后从西人工岛至东人工岛6.3km长全是直线段，行车舒适度比较高,但安全性不是很理想。

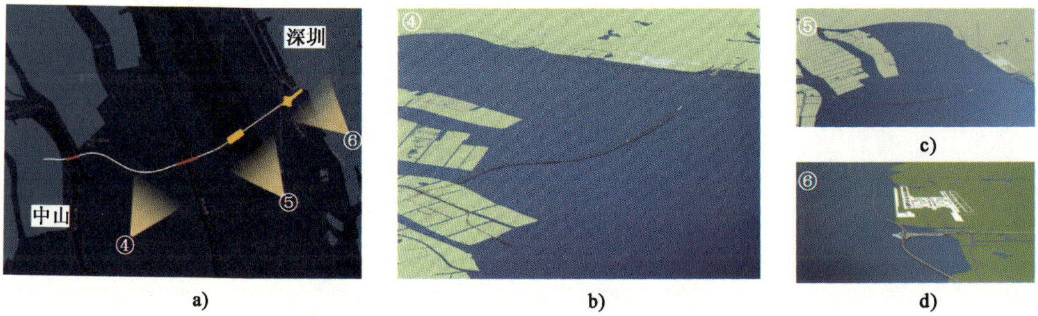

图4.5-4　飞机空中视点及视觉效果示意图

行车视点:正常的驾驶员视线视点高度在1.2～2m。驾驶员视点及视觉效果示意如图4.5-5所示。

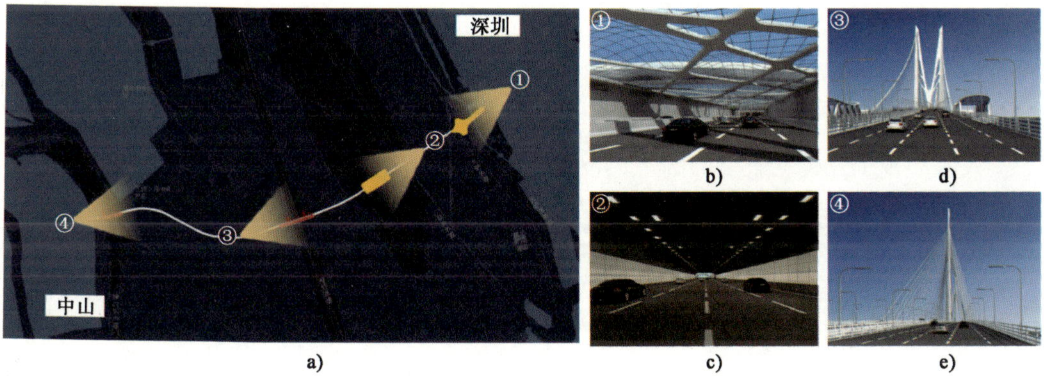

图4.5-5　驾驶员视点及视觉效果示意图

2)静视点

(1)中山侧视点。

从中山侧的景观环境分析,视线从中山大桥至伶仃洋大桥,此段弧形线形景观性比较好,桥在海中蜿蜒盘旋,本身就是一道亮丽的风景线。中山侧视点及视觉效果如图4.5-6所示。

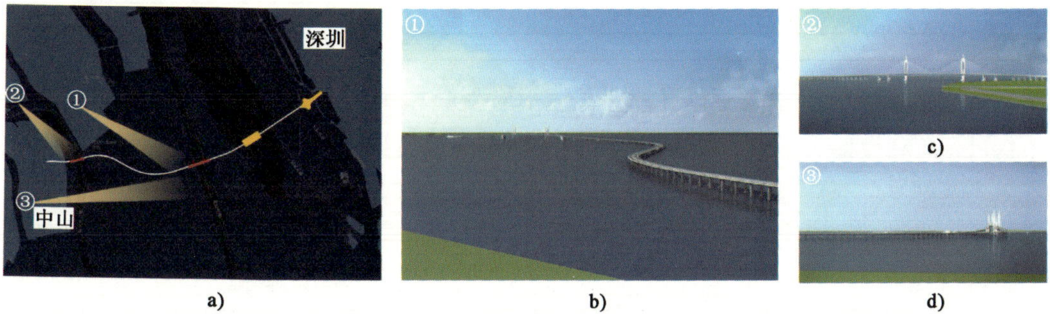

图4.5-6　中山侧视点及视觉效果示意图

(2)深圳侧视点。

深圳侧从东人工岛至西人工岛，该段隧道为直线段且不可见，岸线较为平直，周边海域无岛屿遮挡，视野开阔，从岸上观岛，景致优美。深圳侧视点及视觉效果如图4.5-7所示。

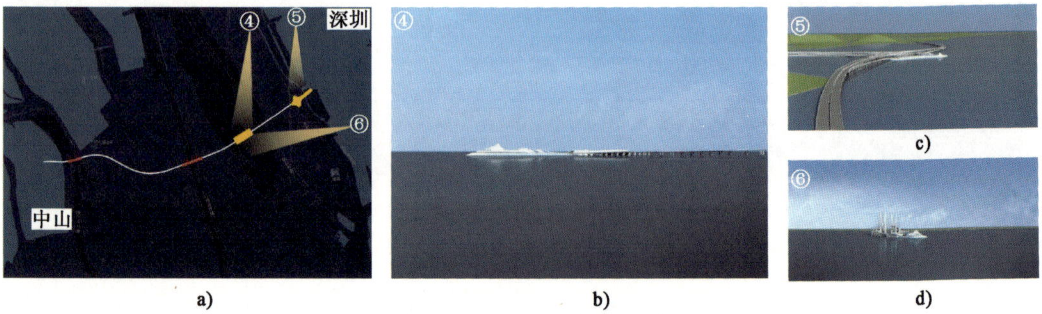

图4.5-7　深圳侧视点及视觉效果示意图

(3)人工岛视点。

从大桥进出隧道时，设计新颖的人工岛的岛上建筑与绿色景观完美结合，在海上自然形成一道奇观，但相对行车线还是比较单调。而基本集中的主桥桥面以上的建筑物，在总体线形里只能代表点状敏感性，所以只能在视线比较开阔、能见度比较高的时候，景观敏感性才能比较理想。人工岛视点及视觉效果如图4.5-8所示。

图4.5-8　人工岛视点及视觉效果示意图

从动、静视点分析，寻找各个视点敏感性，力求结构与景观的完美结合。

4.5.2　桥梁

4.5.2.1　伶仃洋大桥

1)主孔跨径选择

根据通航论证报告，主跨通航孔净空宽度不应小于1520m，龙穴南航道在边孔通行。主桥西塔仅可布置在伶仃航道和龙穴南航道之间十分有限的区域。

考虑基础承台、防撞设施和航道标志设施的尺寸、水流影响，并给通航留有一定的航向调整富余，确定伶仃航道桥主跨跨度为1620m。

2)桥型比选

主跨跨径1620m，考虑索塔有航空限高的要求，适合的桥型只有悬索桥和斜拉—悬索协作体系桥。

(1)悬索桥方案。

悬索桥跨越能力大(适用跨径已达到了2000m)、传力途径简单明确,国内的悬索桥建桥技术已比较成熟,可实施性好、风险可控。

(2)斜拉—悬索协作体系方案。

斜拉—悬索协作桥的技术性能视两者所占比重而定。如果绝大部分长度是悬索桥,只有一小部分是斜拉桥,显然性能应更接近悬索桥;反之,则应更接近斜拉桥。

取主跨1620m,桥面以上塔高与跨径之比取1∶9.5,取整为170m,全塔高265m,满足航空限高要求。按确定的塔高反算斜拉桥边跨为400m,边跨400m处设置辅助墩,中跨820m按悬索桥受力。

斜拉—悬索协作桥桥跨布置为(200+400+1620+400+200)m=2820m。

(3)比选结论。

斜拉—悬索协作体系施工有斜拉桥和悬索桥两种施工工艺,施工复杂,虽该方案可减小锚碇的规模,但是减小幅度有限。考虑到本项目边跨有龙穴南航道,边孔400m不能满足要求,因此不推荐此方案。

推荐主跨1620m悬索桥方案,边跨的布置主要考虑以下因素:

①龙穴南航道通航需要。

②结构受力、合理边中跨比。

③全线顺桥向立面布置的景观协调性。

最终确定边跨600m,边中跨比为0.37。

3)总体布置

采用(600+1620+600)m=2820m三跨悬索桥方案,加劲梁采用扁平流线型、分离式双幅钢箱梁。效果图如图4.5-9所示。

图4.5-9　悬索桥效果图

4)结构体系比选

加劲梁的支承体系可以按照桥塔处加劲梁是否有竖向支承,分为连续漂浮体系和支承体系两种。加劲梁支承体系的选择将会对结构体系主要构件之间的荷载传递产生较大的影响,进而影响结构体系的受力特性。

支承体系由于有竖向支承存在,塔区索力较漂浮体系分布更为均匀,改善了结构受力。漂浮体系由于桥塔处没有对主梁进行扭转约束,导致一阶反对称扭转频率减小,颤振临界风速有所下降。

连续支承体系几乎具有连续漂浮体系所有的优点,同时又消除了连续漂浮体系在桥塔处主梁弯矩过大、吊杆力分布不均的弱点。所以,最终确定采用连续支承体系,以改善主梁在桥塔处的受力情况。

5)中跨矢跨比比选

中跨主缆的矢跨比是一个对结构刚度及经济性有较大影响的因素,一般大跨度悬索桥的矢跨比在 1/12 ~ 1/9。小的矢跨比有利于增大结构刚度、减小桥塔的高度,但将增大主缆索力、增加索的用量;大的矢跨比将降低结构刚度、增加塔的高度,从而加大桥塔工程量,但主缆索力会相对小一些。世界大跨度悬索桥矢跨比见表 4.5-2。

世界大跨径悬索桥矢跨比 表 4.5-2

桥　名	矢　跨　比	备　注	桥　名	矢　跨　比	备　注
明石海峡大桥	1/10	公路桥	博斯普鲁斯海峡二桥	1/12	公路桥
舟山西堠门大桥	1/10	公路桥	博斯普鲁斯海峡一桥	1/11	公路桥
大贝尔特桥	1/9	公路桥	福斯公路桥	1/10.5	公路桥
润扬长江公路大桥南汊桥	1/10	公路桥	北备赞濑户大桥	1/11	公铁两用桥
恒波尔大桥	1/12	公路桥	下津井濑户大桥	1/10	公路桥
江阴长江公路大桥	1/10.5	公路桥	西陵长江大桥	1/10.5	公路桥
香港青马大桥	1/11	公铁两用桥	虎门大桥	1/10.5	公路桥
瑞典金门大桥	1/9	公路桥	大鸣门桥	1/10.5	公铁两用桥
高海岸桥	1/9.5	公路桥	因岛大桥	1/10	公路桥
南备赞濑户大桥	1/11	公铁两用桥	白鸟大桥	1/10.5	公路桥

结合已建大跨悬索桥矢跨比设置情况,选取了 1/10.5、1/10、1/9.5 三种矢跨比进行研究。

(1)不同矢跨比力学性能。

对矢跨比 1/9.5、1/10、1/10.5 分别进行静、动力分析,采取相同的主缆安全系数,反算主缆用量,主要计算结果见表 4.5-3、表 4.5-4。

静力、动力主要计算结果 表 4.5-3

项　目	类　别	矢跨比 1/9.5	矢跨比 1/10	矢跨比 1/10.5
向下位移(m)	向下最大位移	-4.65	-4.53	-4.38
向上位移(m)	向上最大位移	2.26	2.06	1.89
主缆最大轴力(10kN)	边跨	41753	43918	46382
	中跨	40538	42619	44947
活载苔顶水平位移(m)	索塔	0.8	0.8	0.8
动力特性	一阶频率(Hz)	0.07485	0.07540	0.07596

主缆参数　　表4.5-4

矢跨比	参数	边跨	中跨
1/10.5	主缆面积(m^2)	0.666	0.648
	应力(MPa)	696.9	694.1
	安全系数	2.54	2.55
1/10	主缆面积(m^2)	0.630	0.614
	应力(MPa)	696.9	694.1
	安全系数	2.54	2.55
1/9.5	主缆面积(m^2)	0.599	0.584
	应力(MPa)	696.9	694.1
	安全系数	2.54	2.55

三种方案悬索桥的挠跨比见表4.5-5。

三种方案挠度比　　表4.5-5

矢跨比	1/10.5	1/10	1/9.5
正负挠度时的挠度比	1/313	1/295	1/280
单向挠度时的挠度比	1/411	1/396	1/386

(2) 综合比较。

从经济指标来看,采用1/9.5的矢跨比,结构材料用量节约可观。矢跨比采用1/9.5,较1/10矢跨比主缆钢丝节约1971t,较1/10.5矢跨比主缆钢丝节约4193t。

锚碇基础的规模和数量主要满足整体抗滑和抗倾覆要求,因此可按照主缆轴力减小的比例推算锚碇基础的数量。锚碇基础按照圆形地下连续墙考虑,矢跨比1/9.5较矢跨比1/10.5方案可节约基础开挖及浇筑混凝土量各约33143m^3。当然,矢跨比增大会导致桥塔升高,但桥塔升高增加的工程量是比较小的,只要满足航空限高即可。

总体来说,主缆的矢跨比采用1/9.5最优,可有效降低锚碇施工难度,减小施工风险,总体经济效益也非常可观。

6)主梁断面比选

对钢箱梁和钢桁架梁进行了比选,钢箱梁外露面积小,检修维护工作量少、费用低,比较适应桥位处的海洋大气环境。

钢桁梁用钢量大,梁体重。主缆及锚碇工程量将上升50%,索夹、吊索、索塔工程量将不同程度地上升,钢桁梁施工难度也大。

因此,加劲梁推荐采用扁平钢箱梁,对整体箱和分体箱进行了比选。

(1)整体箱断面方案。

中心线处梁高5.0m,梁宽46.5m(含风嘴),采用正交异性钢桥面板,顶板、斜底板及底板均采用U形加劲肋。标准梁段长12.5m,设置4道实腹式横隔板,间距3.125m。整体箱断面构造如图4.5-10所示。

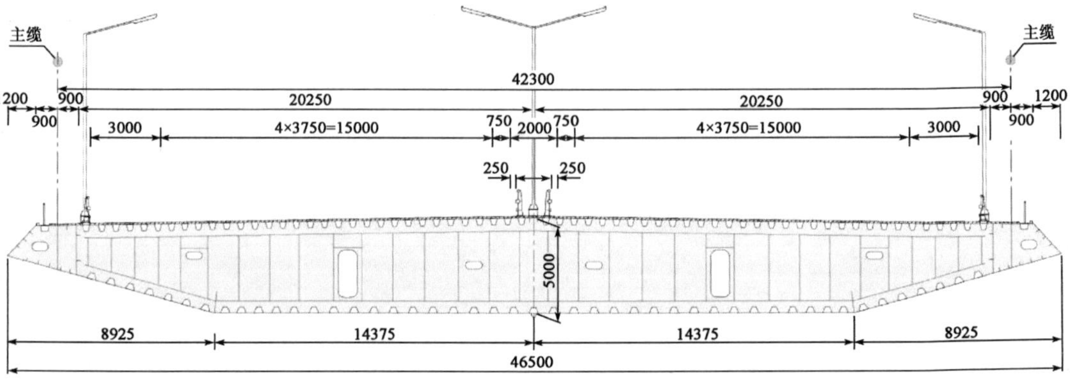

图4.5-10　整体箱断面(尺寸单位:mm)

(2)分体箱断面方案。

中心线处梁高4.0m,梁宽51.5m(含风嘴),采用正交异性钢桥面板,顶板、斜底板及底板均采用U形加劲肋。

两个封闭钢箱横向间距为6m,顺桥向每个吊点处用一个闭合的箱形横梁和一个敞开的工字梁连接。

箱形横梁高4m,顺桥向宽3.6m;工字梁高4m,顺桥向翼缘宽0.34m。每个封闭钢箱宽度为22.75m,纵向每隔3.6m设置一道板式横隔板。分体箱断面构造图见图4.5-11。

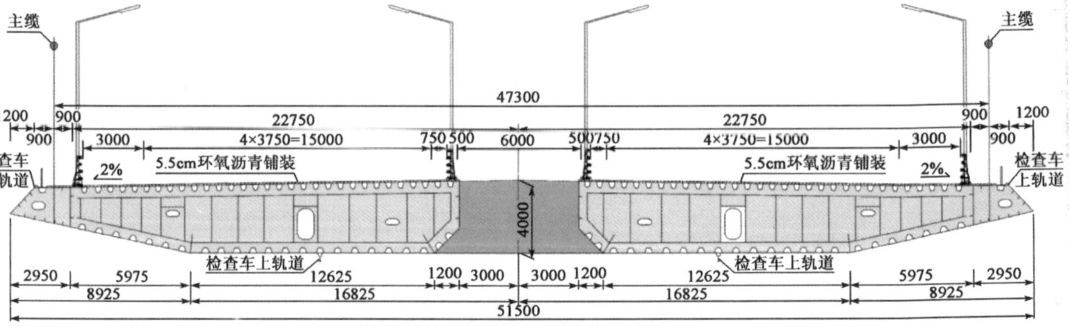

图4.5-11　分体箱断面(尺寸单位:mm)

整体箱断面为满足抗风要求,必须加大梁高,以增大扭弯频率比,同时须设置2m高的中央稳定板。由于梁高较高,用钢量大,工程造价高,故选用分体箱断面方案。

7)主塔及基础

M形桥塔摆脱了传统大型悬索桥门式塔的单一造型,塔柱横向用斜撑替代了上横梁,突显了大桥惊人的气势与个性,具有原创性。

塔顶截面尺寸10m×7.5m(顺桥向×横桥向),塔底截面尺寸15m×10.5m(顺桥向×横桥向),仅设置一道下横梁。横梁上下部均设置斜撑,下部斜撑为混凝土结构,上部斜撑与塔柱间连接装饰构件采用钢结构。塔顶高程为270.1m。主塔一般构造图、效果图分别如图4.5-12、图4.5-13所示。

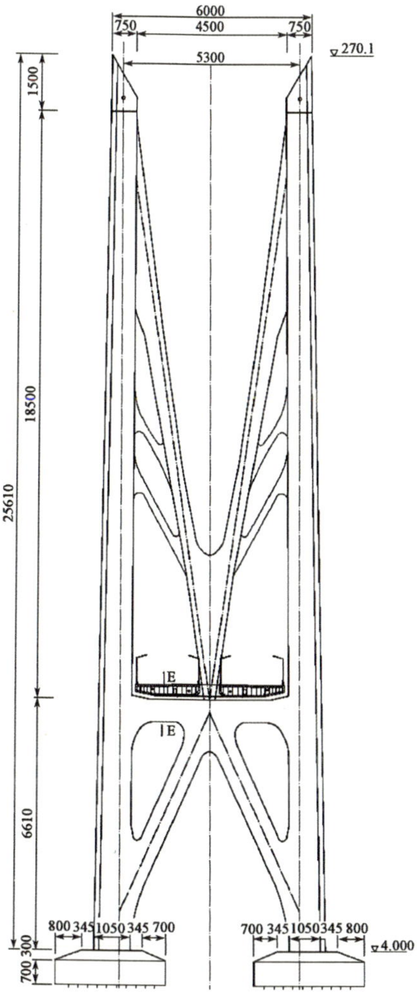

图 4.5-12 主塔一般构造图(高程单位:m;尺寸单位:cm)

图 4.5-13 主塔效果图

索塔采用群桩基础,平面总尺寸为 90.8m×27.4m(横桥向×顺桥向),承台厚 7m。上接 3m 高圆台形塔座,塔座顶高程 4.0m。每个塔柱下顺桥向布设 5 排,每排 5 根,共 25 根。主塔基础构造立面如图 4.5-14 所示。

8)锚碇

(1)锚体。

锚体采用空心过水断面形式,降低锚碇的阻水。考虑到锚体巨大,结合景观需要,对其进行开发利用,在锚体上设有景观建筑。在锚碇顶部增设了内部使用的停车平台和下沉式停车场,在锚碇中构建了 12000m^2 的建筑空间,内设旅游服务、桥梁监控中心等设施,形成了一个别具特色的有组织观光线路,成为深中通道的旅游景观新亮点。同时,锚碇开发也为通道全线中间部位增设了一个应急抢修的基地,为大桥的施救维护提供了便利。锚体综合开发效果图见图 4.5-15。

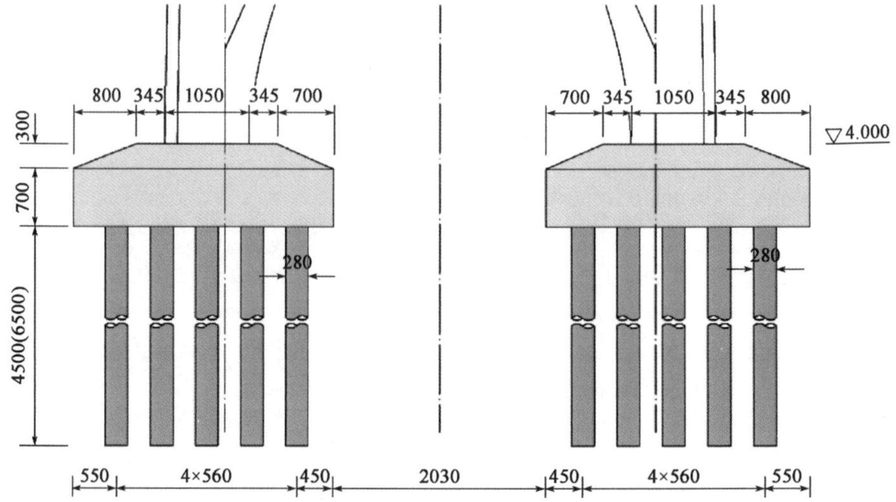

图 4.5-14　主塔基础构造立面(高程单位:m;尺寸单位:cm)

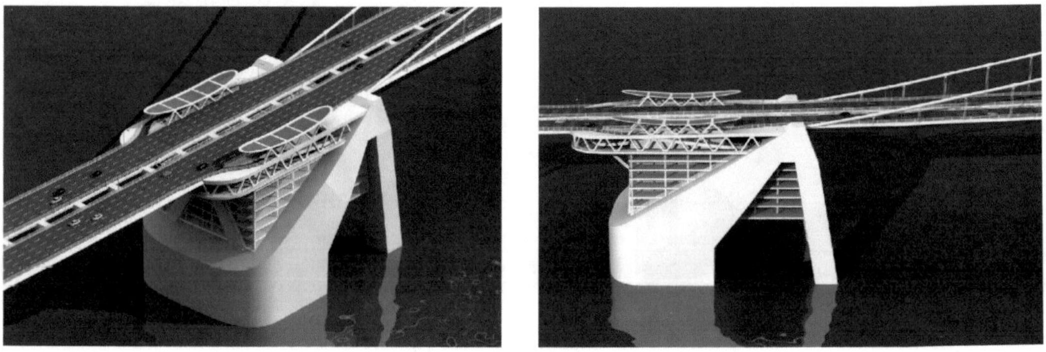

a)　　b)

图 4.5-15　锚体综合开发效果图

(2)锚碇基础。

地下连续墙方案施工经验丰富,施工风险小,对起伏较大基岩面具有较好的适应性。采用环形筑岛施工方案,有效减小了对环境的影响。

锚碇基础平面形状为圆形,外径 85m,墙厚 2.0m。地下连续墙顶高程 -3.0m,底高程 -40.00 ~ -50.0m,嵌入基岩约 3.00m。锚碇基础立面、平面分别如图 4.5-16、图 4.5-17 所示。

9)缆吊系统

(1)主缆。

主缆由在工厂预制的高强度镀锌平行钢丝索股组成,抗拉强度不小于 1770MPa,每根索股含 127 根钢丝。主缆空隙率根据国内外多座大跨径悬索桥的实施经验,按索夹内 17%、索夹外 19% 取用。

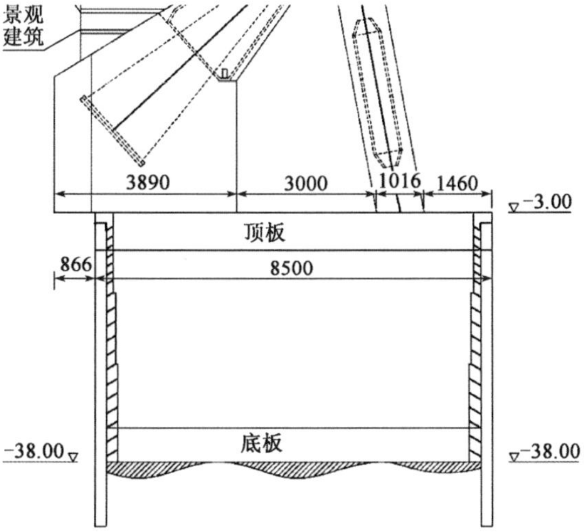

图4.5-16 锚碇基础立面图(高程单位:m;尺寸单位:cm)

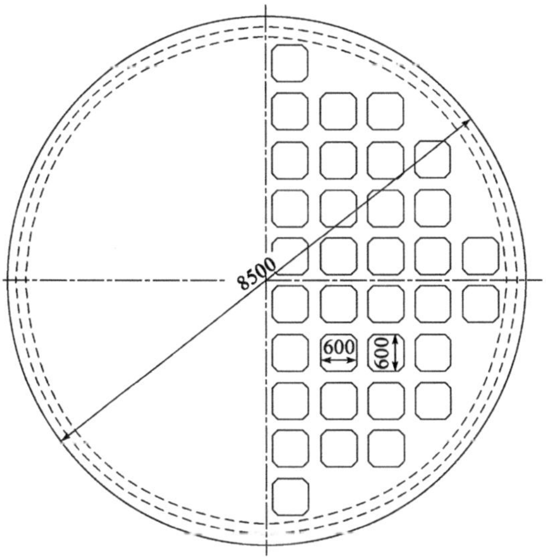

图4.5-17 锚碇基础平面图(尺寸单位:cm)

主缆索股两端的锚具为锌铜合金灌注的热铸锚,锚具的结构形式采用锚板与锚杯合一的整体铸钢件,以最大限度地减少材料用量并方便施工。

悬索桥主缆钢丝传统上是通过"防护腻子 + 缠绕钢丝 + 外防护涂层"的方式来进行防腐的。国外多座悬索桥主缆缠丝打开检查的过程中发现,主缆表面均产生了较为严重的腐蚀,腐蚀主要分布在主缆侧面和底部。这说明传统的主缆防腐方法只能减缓主缆腐蚀的速度,不能阻止主缆钢丝腐蚀的发生。

为了防止主缆中钢丝腐蚀,解决主缆在施工架设期间索股中的水分残留以及索夹处的水分渗漏问题,一种新的防腐方法——干燥空气法,被应用于悬索桥中。这种方法是为主缆专门设置一套除湿系统,其目的是降低主缆内部的相对湿度,使主缆处于一个相对封闭、干燥的环境中。欧美国家(图4.5-18)及日本(图4.5-19)均有使用。主缆除湿系统是悬索桥主缆钢丝腐蚀防护的发展方向,值得在国内大力推广。

图4.5-18 欧美国家悬索桥主缆除湿装置

图4.5-19 日本悬索桥主缆除湿装置

(2)吊索及索夹。

采用平行钢丝强度为1670MPa的吊索,每侧吊点设2根吊索。吊索与索夹为骑跨式连接;与钢箱梁为销铰式连接,销铰接头带有自润滑轴承,以减少吊索的弯折。

索夹均采用左右对合的结构形式,左、右两半索夹用螺杆相连并夹紧于主缆上,接缝处嵌填橡胶防水条防水。

10)正交异性桥面板耐久性

从正交异性桥面板的设计参数和构造细节入手,参照各国规范,增加桥面面板厚度,加劲梁的正交异性钢桥面板采用顶板厚16mm、U形加劲肋厚8mm的结构配置,对于重车车道采用20mm厚顶板。

建议注重桥面板、U肋、横隔板等相互之间焊缝形式及疲劳细节处理,纵向加劲肋采用高强度螺栓连接以避免U肋嵌补段处的疲劳裂纹。

4.5.2.2 中山大桥

1)总体布置

推荐采用斜拉桥桥型方案。通过调查国内外几十座双塔斜拉桥的资料,中跨跨径与边跨跨径的比值一般为2~3,以2.5居多;其桥面以上的塔高与主跨跨度比值一般在0.25附近;由于边跨较大,在边跨加设辅助墩,可以降低塔顶水平位移、主梁跨中挠度、塔根弯矩和边跨主梁弯矩。

故桥跨布置为(110+200+580+200+110)m=1200m的双塔双索面斜拉桥(图4.5-20)。

2)结构体系选择

结构的支承体系直接影响结构静力和动力两方面的受力。塔梁固结体系一般适用于小跨径斜拉桥中,塔梁固结处承受巨大的负弯矩,且温度对结构产生的不利作用很严重,主梁与混凝土主塔的固结构造也比较复杂。

图 4.5-20　中山大桥总体布置图

全漂浮体系与半漂浮体系是大跨径斜拉桥经常采用的两种结构体系。半漂浮体系具有漂浮体系绝大部分的优点并且构造简单，故推荐采用半漂浮体系。

3）主梁形式

对于主跨580m斜拉桥，主梁采用钢箱梁、混凝土梁、组合梁（钢箱组合梁或钢桁组合梁）均是可行的。也是这些梁型的经济跨径范围，但考虑到宽混凝土箱梁在施工期和运营期的防裂、水中施工方案、工期、环保等方面均存在较明显的不利因素，故不是理想的方案。

对钢箱梁、钢箱组合梁、钢桁组合梁3种主梁结构形式的优缺点进行了详细比选，详见表4.5-6。

主梁形式比选表　　表4.5-6

比较项目	钢　箱　梁	钢箱组合梁	钢桁组合梁
结构受力特性	结构刚度满足规范要求，整体性好	结构刚度满足规范要求	结构刚度满足规范要求
桥面铺装的适应性	国内在正交异性钢桥面板的设计细节上已积累了丰富经验，大大减少了铺装的病害。新型铺装的研究也取得了突破性进展	通航孔桥采用组合梁可以使全桥采用统一的沥青混凝土铺装方案，避免了不同铺装体系导致的施工干扰和后期维护、更换的干扰	同钢箱组合梁
施工工期、进度	工厂整体节段制造，现场整体吊装，水中作业时间、工序大大减少，工期相对较短	采用大节段起吊拼装工法，吊重大，水中作业时间、工序大大减少；湿接头混凝土现场浇筑，施工速度相对较慢	同钢箱组合梁
施工设备	吊装重量相对较小，对起吊设备要求较低	组合梁段与混凝土桥面板一起吊装，吊重较大，对起吊设备要求较高，分开吊装则增加了现场施工工序	同钢箱组合梁
施工质量控制	全钢结构，焊接工艺比较成熟，质量能够充分保证	混凝土桥面板现场湿接缝位置钢混结合处较易产生裂缝，但是可采取措施减少开裂问题	同钢箱组合梁
视觉效果	主梁为整体箱形，外观平顺简洁	主梁为整体箱形，外观平顺简洁	空间杆件较多，外观错乱繁杂

续上表

比较项目	钢　箱　梁	钢箱组合梁	钢桁组合梁
耐久性与后期养户	钢结构后期养护工作量较大；主梁箱内设置抽湿机；主梁箱外为多层防腐涂装，检查车可方便进行梁底检修养护	混凝土部分后期养护工作量少，耐久性较好；箱外为多层防腐涂装，检查车可方便进行梁底检修养护；钢—混凝土结合部位、现场湿接缝的耐久性相对较差	混凝土部分后期养护工作量少，钢桁架杆件后期的检修养护工作面较多，部分杆件交叉位置检修更为不便
造价	全钢结构，造价相对较高	主梁采用钢结构，桥面板采用混凝土，造价相对较低	主梁采用钢桁架，桥面板采用混凝土，造价相对较低
推荐意见	推荐方案	比较方案	比较方案

与钢箱组合梁及钢桁组合梁相比较而言，钢箱梁在国内较大跨径桥梁主梁结构形式中应用更为广泛。根据国内外桥梁的实践经验，跨径在400～600m范围内时，钢箱梁与组合梁造价相差不大，钢箱梁在施工质量控制及结构耐久性方面具有较明显的优势和较可靠的保证，钢桁组合梁施工较为复杂，景观效果差。

经综合比较，本桥推荐采用钢箱梁作为通航孔桥的主梁结构形式。

钢箱梁方案中心线处梁高4.0m，梁宽55.57m（含风嘴），采用正交异性钢桥面板，顶板、斜底板及底板均采用U形加劲肋。主梁标准横断面构造见图4.5-21。

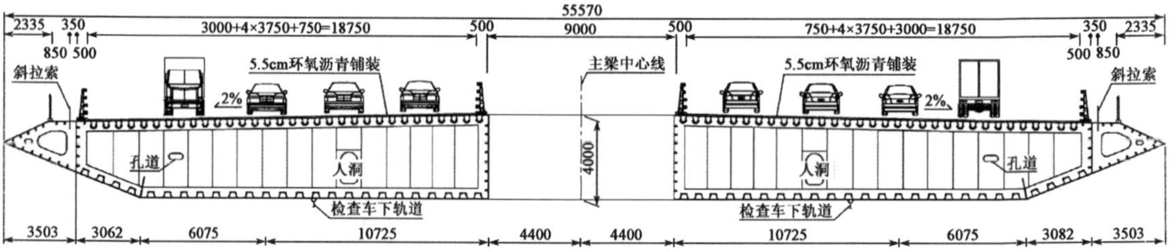

图4.5-21　主梁标准横断面构造图（尺寸单位：mm）

两个封闭钢箱横向间距为9m，顺桥向每个吊点处用一个闭合的箱形横梁连接。箱形横梁高4m，顺桥向宽3.0m。每个封闭钢箱宽度为19.9m，纵向每隔4.0m设置一道板式横隔板。

4）主塔及基础

主塔采用独柱曲线塔，自承台顶面往上塔高215m。索塔下部43m高为混凝土结构，上部172m高为钢结构。混凝土及钢结构段塔柱均采用六边形断面。

单个塔柱下群桩基础布置35ϕ3.0m钻孔桩基础，摩擦桩行列式布置，承台厚度9m。

5）斜拉索

斜拉索采用扇形布置，梁上索间距16m，塔上索间距2.0m。斜拉索采用高强度平行钢丝，公称直径7mm，抗拉强度1770MPa。斜拉索两端锚具均采用张拉端冷铸锚，斜拉索设内置减振器。索塔每侧16对斜拉索，斜拉索采用单端张拉，固定端设于主梁上，张拉端设于主塔内。

全桥效果图见图4.5-22。

图4.5-22 中山大桥效果图

4.5.2.3 水中引桥

本项目非通航孔桥长11.5km,规模巨大,非通航孔桥梁总体布置和结构设计的合理性对整个工程具有重要影响。

泄洪区非通航孔引桥防洪要求高、船舶撞击力大、墩高较高,宜采用大跨径桥梁方案,拟定110m跨径布置。

浅滩区引桥由于墩高矮、防洪要求低、船舶撞击力小,采用较小跨径预应力混凝土桥,以50m跨径为基本研究方案。

1)110m非通航孔桥

进行了钢箱组合梁、桁架组合梁、钢箱梁、混凝土梁的比选,110m跨组合梁方案较混凝土梁方案施工方便,较钢箱梁方案和桁架组合梁方案经济,并且更能适应本项目长大纵坡下的桥面板耐久性要求,因此作为推荐方案。

组合箱梁采用单箱双室截面,由槽形钢梁与桥面板通过焊钉结合构成,梁高5.5m,桥面板宽20m。

分离式桥墩方案吊重小,海上作业方便,工期较快,造型简洁。推荐分离式桥墩方案。承台及墩身预制吊装施工。

2)50m非通航孔桥

采用节段预制拼装方案,桥墩采用分离式桥墩,承台及墩身预制吊装施工。

水中引桥效果图见图4.5-23。

4.5.2.4 桥梁美学设计

1)伶仃洋大桥

伶仃洋大桥位于通道的中部,是珠江入海口区域内跨径最大的桥梁,视点主要集中于海上及桥面上。

建筑设计元素为“振翅翱翔”(图4.5-24)。

图 4.5-23　水中引桥效果图

大桥作为通道中的地标性建筑物，重点考虑造型和视觉感受，凸显地标性。伶仃洋大桥是全线的制高点，对通道的形象气质塑造有重要意义。

在桥塔的设计上，利用了分体箱的空间，设计出了 M 形的桥塔造型，形成了特色的双柱悬索桥造型，体现了高大桥塔的造型景观特点。

2）中山大桥

中山大桥位于中山侧，为了体现中山的标志性特点，选择了曲线优美的独塔形式，运用鱼的造型进行演变，取意“鱼跃龙门”（图 4.5-25），形成双索面斜拉桥。

图 4.5-24　伶仃洋大桥主塔建筑元素

图 4.5-25　中山大桥主塔创意图

3）夜景照明

如何使跨江通道这种“艺术品”不被夜的黑暗所吞噬，使它在夜色中焕发出新的生机与活力，是此次夜景设计的重点。

通道中两座大桥及两座人工岛的整体造型极富现代动感和韵律，因此通道的整体景观夜景的设计应符合清爽明朗的现代设计风格，突出表现深中通道的优美造型和现代气息。深中通道是由多种桥梁组合而成的一组长桥，宛如一条银龙跨越海湾之上。夜景设计应充分结合工程的构造开展，表现出桥梁工程的气势与雄伟。根据长桥的特点，在设计上应抓住重点，突出表现主航道悬索桥和斜拉桥、东西人工岛等具有景观敏感度和观赏价值的区段。沿线照明色彩及照明部位见图4.5-26。

名称	非航道孔桥	中山大桥	非航道孔桥	伶仃洋大桥	非航道孔桥	东、西人工岛	非航道孔桥
色彩	银白色	银白色	银白色	淡黄色	银白色	淡蓝色	银白色
照明部位	梁底照明 护栏照明	主塔照明 斜拉索照明 梁底照明	梁底照明 护栏照明	主塔照明 悬索照明 梁底照明	梁底照明 护栏照明	建筑照明 绿化照明	梁底照明 护栏照明

图4.5-26　沿线照明色彩及照明布置图

有着突出造型景观效果的4个地段是本次夜景景观设计的重点，以不同色系的灯光夜景代表不同的含义：

①中山大桥夜景以银白色为主，象征着和平和安宁。

②伶仃洋大桥夜景以淡黄色为主，象征深圳、中山两地蓬勃发展的辉煌与繁荣。

③东、西人工岛夜景以淡蓝色为主，比喻深圳之繁华，位于珠江之畔，蓝天之下，集和谐为一体。

根据通道各不同位置的照明要求，通过不同的照明手段、不同的灯光强弱，有主次地表现通道各个部分的夜景效果。伶仃洋大桥夜景照明效果见图4.5-27，全线桥梁夜景照明效果见图4.5-28。

图4.5-27　伶仃洋大桥夜景照明效果

图4.5-28　全线桥梁夜景照明效果

4.5.3　人工岛

4.5.3.1　西人工岛

1)设计理念

人工岛以生态为主题，海文化为背景，体现了独特的标志性。在造型上充分地吸收了自然珊瑚特点,采用长条状的岛形。桥上防浪罩与岛上隧道口、风塔建筑形成整体,呈现了一个类似珊瑚的独特人工岛,设计主题为“珊瑚岛”(图4.5-29)。

图4.5-29　西人工岛建筑设计元素

2)岛形设计

为进一步降低岛体阻水比,在岛桥结合部设置管廊桥,岛体长度由工程可行性研究阶段的625m缩短至512m,岛宽100m,平面呈椭圆形。

为了降低阻水比,将西人工岛以及岛隧、岛桥结合段在布局上分为过水段(岛隧结合段)、透水段(岛桥结合段)、阻水段(岛体结构)3个部分进行布局。利用各种可行的手段和方法,降低阻水比。3个部分划分见图4.5-30。

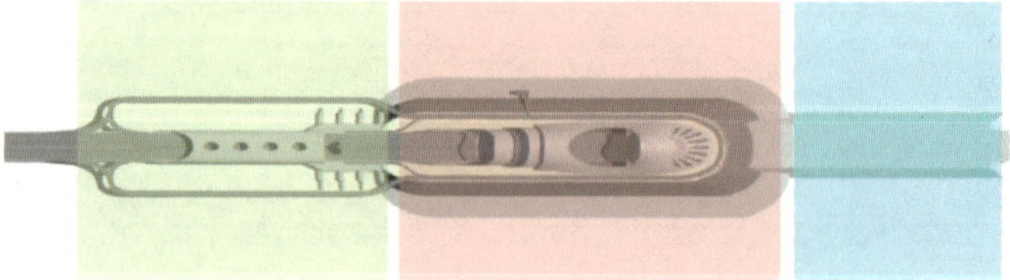

图4.5-30　西人工岛区段划分图

(1)过水段。

采用过水设计的思路处理岛体东侧岛隧结合处。由于隧道位置埋深较浅,对浅埋段采用过水的形式,缩短岛体的阻水段,来降低阻水比。在浅埋段通过加厚覆盖层和增设防撞墩的方法,可很好地解决浅埋段防撞安全等问题。

(2)透水段。

岛体西侧岛桥结合段采用超低桥位方案,将岛桥结合段内缩,减小岛体长度,在桥梁上设置防浪罩,桥上防浪罩与岛上防浪墙直接相连。如此,桥面可降至浪高以下,使得桥位超低,利用该处水深较深的特点,采用小跨径刚构体系的桥梁解决超低桥梁的浪托力问题。

(3)阻水段。

岛桥结合部进一步向岛侧推移,岛体水面以上段减小到512m。控制岛体宽度,进出岛的辅道采用海上高架桥匝道的方式衔接,进一步控制桥岛衔接段的宽度,将岛宽控制在100m范围内,减少了岛体面积。满足功能需求的前提下,尽量降低工程数量,利于环保。

西人工岛岛形平面见图4.5-31。

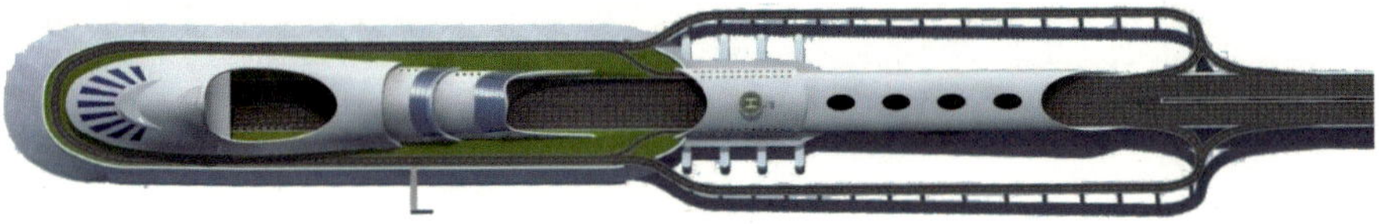

图4.5-31　西人工岛岛形平面图

3)岛上建筑设计

(1)岛上道路。

岛上设计了上下岛的小型互通匝道,以满足上下岛的管理维护与旅游车的交通需要。匝道桥衔接岛上辅道,同时对管廊桥起到防撞保护作用。交通流线示意见图4.5-32。

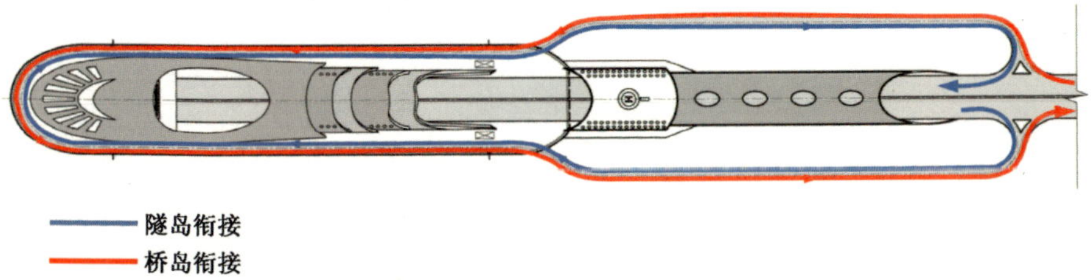

图4.5-32　交通流线示意图

(2)岛上建筑设计。

岛上的建筑造型简洁,与环境协调,强调生态的文化理念。岛上建筑采用4层布置,建筑内功能分区分为综合管理区和观光旅游区。

综合管理区为一、二层组成,主要用来布置养护救援区、附属设施区、办公服务区或住宿区。三、四层为观光旅游区,主要用来提供观光旅游设施。

西人工岛建筑效果图见图4.5-33。

(3)通风塔设计。

根据通风功能需要,风塔高44.5m,是岛上最高大建筑物,风塔设计成曲线的三角形的造型,与岛的总体造型及整体的环境协调、统一。

图4.5-33　西人工岛建筑效果图

4)隧道光过渡段建筑设计

在敞开段设计了光过渡结构建筑(图4.5-34),部分透光,光由强变暗,渐变富有节奏,达到光线渐变的效果。

图4.5-34　通风塔及光过渡段效果图

5)结构设计

岛壁结构设计为岩石护面的斜坡式防波堤,岛桥结合段采用直立式带有消能室的预制混凝土砌块沉箱。标准断面岛壁结构构造见图4.5-35。

4.5.3.2　东人工岛

1)设计理念

结合工程海洋环境特点,以"水母印象"为主题元素(图4.5-36),在匝道下沉区域创造了玻璃穹顶下沉式绿地景观效果的隧道口,创造出一个别具特色的水下森林景观人工岛。

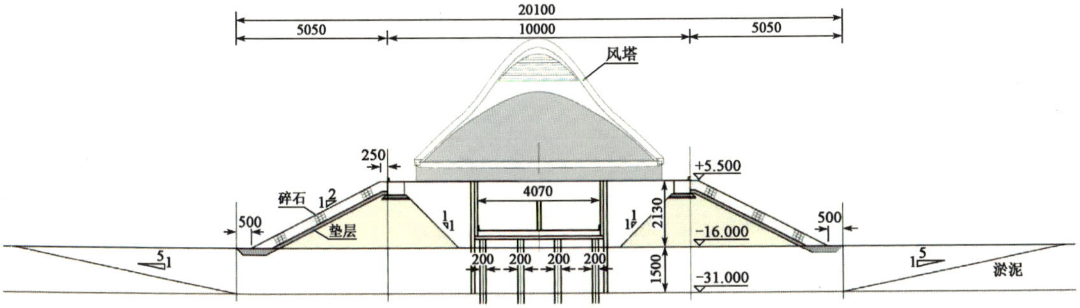

图4.5-35　岛壁结构构造图(高程单位:m;尺寸单位:m)

将暗埋匝道段采用敞开式,改造成了一个大斜面的下沉式明亮宽敞互通,提高了行车舒适度,减小了安全隐患,同时形成水下森林景观人工岛,玻璃顶盖采用现代水泡的纹理图案进行设计。

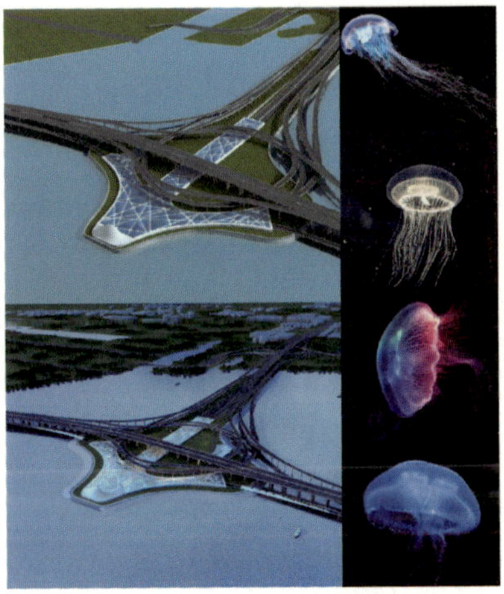

图4.5-36　东人工岛设计创意图

2)工程难点

由于位置的限制,岛体除实现主线的桥隧转换功能,还需通过它实现沿江高速路、机场互通与深中通道隧道间的交通转换。

东人工岛具有以下难点:

(1)超宽断面隧道。

隧道为双向八车道断面,断面超宽,顶底板跨度很大。加宽段大大增加了结构处理的难度,而且在治导线内的施工要考虑行洪的要求。优化此处构造,缩窄宽度是一个工程难题。

(2)地下互通。

为满足行洪,东人工岛必须设置于深中通道与广深沿江互通位置。交通转换高程由沿江高速+19.0m连接至隧道−17.0m,必然形成半个暗埋于水下的互通。

多条匝道在地下封闭空间与主线分并线,驾驶员视线受阻,无法提前判断周边行车情况,特别是傍晚时分,由深圳往中山方向的行车受夕阳光线影响,视觉明暗反差极大,存在安全隐患。

中山往深圳方向的G匝道暗埋段在250m的长度中要面临两次方向选择(图4.5-37),驾驶员在暗光封闭环境中往往来不及做出反应。

(3)对现状桥梁的影响。

岛体填筑量巨大,对环保不利,填筑过程对既有沿江高速桥基础有影响。必须采取措施降低对现状桥梁的影响。

(4)景观和谐性。

岛体体量巨大,形象突出,空间视点丰富,岛体形态需要与环境和谐。

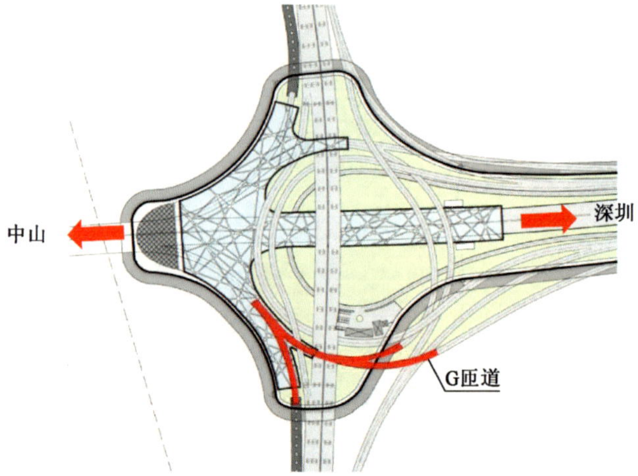

图 4.5-37　G 匝道二次选择示意图

3)岛形设计

(1)优化岛头隧道宽度。

将岛头 E、G 匝道半径在规范允许的范围内减小,往深圳侧移动变宽段,同时将东人工岛岛头进一步向治导线靠近,最大限度压缩暗埋隧道变宽段宽度,降低工程施工难度。工程可行性方案及优化岛体方案与珠江治导线关系见图 4.5-38。

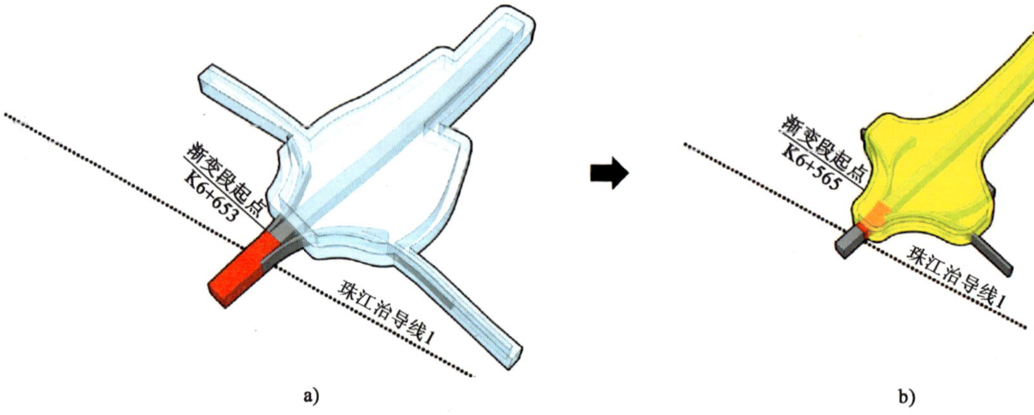

图 4.5-38　工程可行性方案及优化岛体方案与珠江治导线关系

(2)全开敞式互通设计,排除安全隐患。

提出互通匝道全开敞式设计理念,将暗埋匝道段敞开,改造成了一个大斜面的下沉式明亮宽敞空间,主线与匝道间视觉通透,驾驶员可以观察到周边交通汇集的情况,大大延长了预判时间,减小安全隐患。

全敞开的人工岛使得匝道可采用更大的纵坡,可缩减岛体沿匝道的填筑长度,减少了填岛面积。敞开式的互通使中山往深圳方向的 G 匝道短距离两次方向选择有了提前预判的时间,同时也使得行车导航仪在此可接收卫星信号,做出准确定位和方向指示。

(3)缩减岛体面积。

岛体填筑面积由原方案的35万m^2减至28万m^2，缩减岛体填筑规模，减小对沿江高速基础的影响，利于环保。敞开段总计节约填土约55.2万m^3。

(4)景观设计。

对下沉区进行合理的工程、建筑、景观设计，满足功能、安全、使用需求。下沉区域顶部设置玻璃顶棚，解决雨水汇集对隧道影响的问题，同时作为隧道光过渡段。对下沉区边坡设计合理的支护、挡水结构，保证了结构的稳定安全并解决结构防水、抗浮问题。在下沉式互通区域内设计绿化，创造一个别具特色的生态隧道口，体现了环保的设计理念。东人工岛岛形平面见图4.5-39。

图4.5-39　东人工岛岛形平面图

下沉区域玻璃穹顶和“水母”的岛形共同营造了别具特色的工程景观。

4)岛上建筑设计

(1)岛上道路。

合理利用填岛空间布置一条花瓶状环绕辅道。辅道在岛东侧通过出入口与主线连接，实现岛上服务设施与外界交通衔接。东侧掉头车道采用涵洞形式下穿主线，西侧掉头车道采用桥梁上跨主线，桥梁布置在玻璃穹顶下方。东人工岛交通流线见图4.5-40。

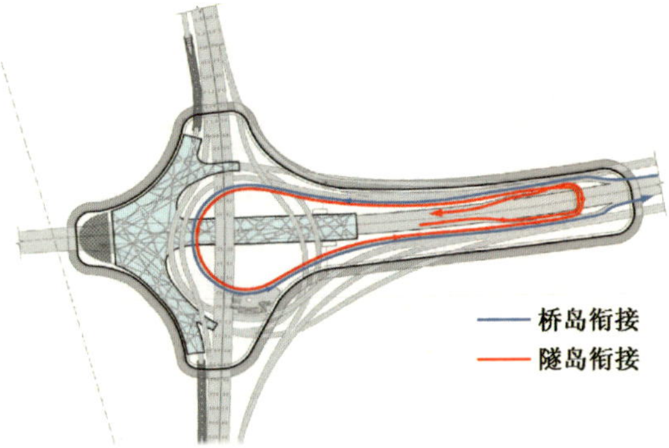

图4.5-40　东人工岛交通流线图

(2)岛上建筑设计。

在岛中部辅道与匝道间的空闲区域布置变电站、消防站、救援养护等服务设施(图4.5-41)。

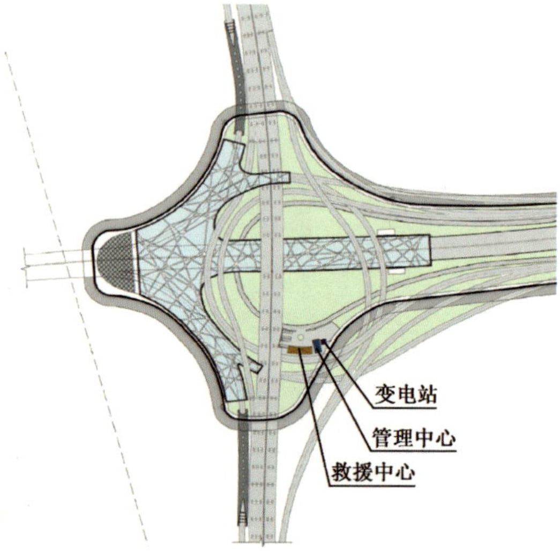

图4.5-41　东人工岛服务设施平面布置图

下沉区上盖玻璃天棚(图4.5-42),形成隧道光过渡段,避免大面积汇水对隧道排水系统形成压力。以钢结构作为受力骨架,天棚局部设通风孔,支撑立柱形态设计灵感则来源于自然树木。下沉式空间内进行绿化种植,同天棚、树形立柱共同营造别具特色的生态森林氛围。

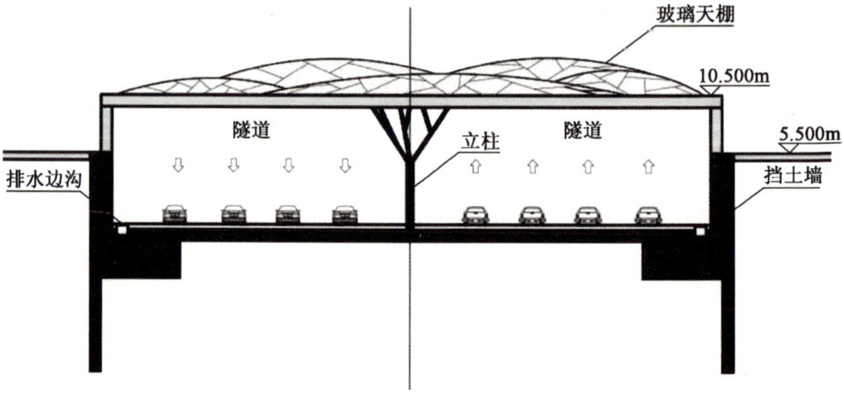

图4.5-42　玻璃天棚断面图

(3)风塔设计。

岛头设置隧道通风井的风塔建筑,建筑形态与主题理念及岛形协调。东人工岛风塔效果图见图4.5-43。

5)结构设计

岛体护岸结构采用传统的抛石斜坡堤。在岛体敞开下沉部设置永久连续止水墙止水,保证下沉部的封闭，下沉区采用阶梯式挡墙。护岸施工为常规作业，无须大型机械。东人工岛岛壁结构见图4.5-44。

图4.5-43　东人工岛风塔效果图

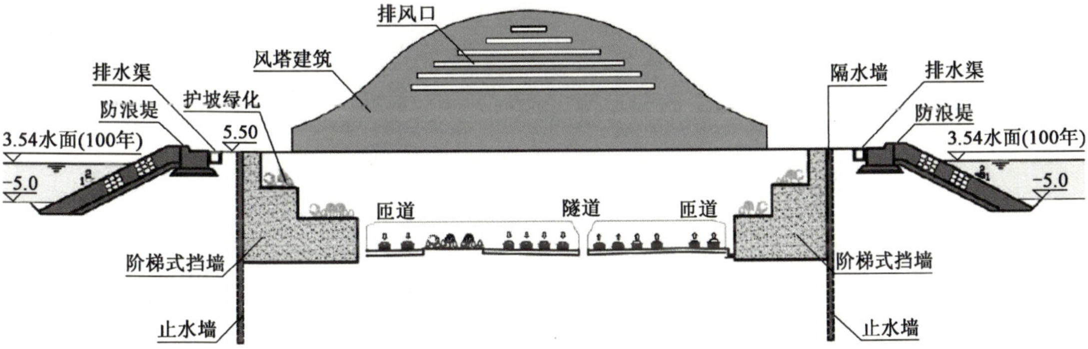

图4.5-44　东人工岛岛壁结构图(高程单位:m)

东人工岛效果图见图4.5-45。

图4.5-45　东人工岛效果图

4.5.3.3 生态节能设计

1)绿化设计

人工岛的设计以“生态岛”为理念,以海文化为背景,运用大面积绿化设计起到软化建筑线条及丰富岛上景观的作用,更能为节能环保提供有效的支撑。但岛上受环境等因素控制,对于植物的要求较为苛刻,因此选择喜日照、抗风性能强、耐旱、抗盐碱性等耐候性的植物,以抗风能力较强的棕榈科植物为主,既达到安全性,又在风格上凸显了岭南海岛风情,营造浪漫的氛围。东人工岛绿化平面布置见图4.5-46。

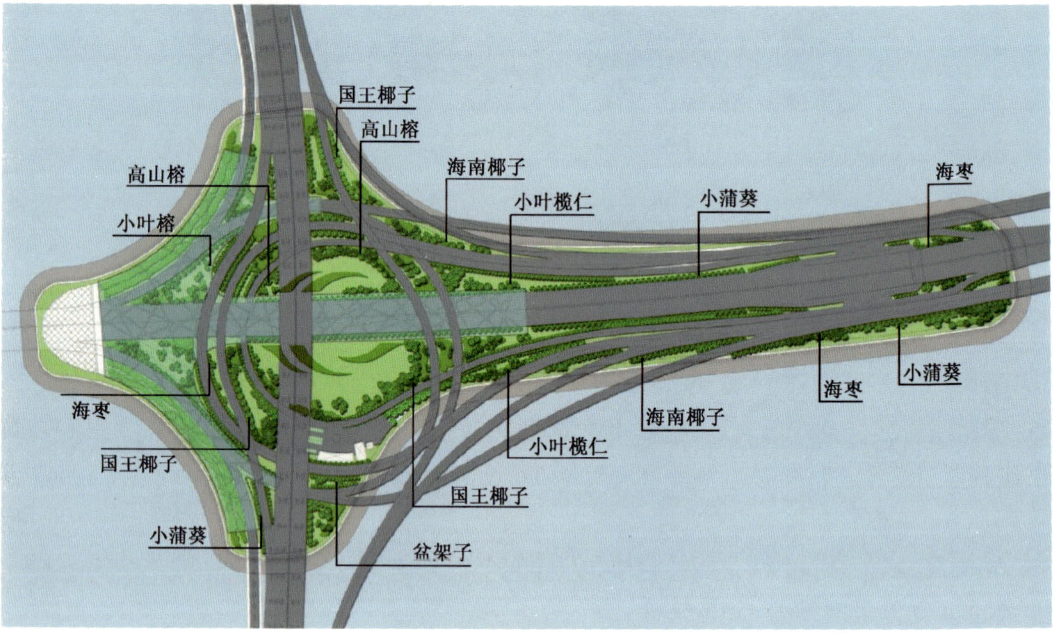

图4.5-46　东人工岛绿化平面布置图

绿化设计采用自然式布置手法,疏密有序,形成自然生态之岛。人工岛地域特殊,属亚热带海洋性气候,气候温和,雨量充沛,日照时间长,对于灌溉要求相对较低。因此人工岛上喷灌设置手动取水阀,用于旱季对植物进行补充灌溉。西人工岛绿化平面布置见图4.5-47。

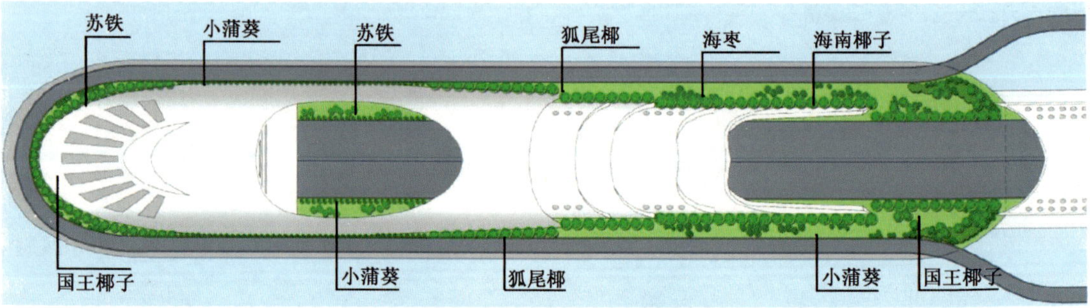

图4.5-47　西人工岛绿化平面布置图

2）建筑节能设计

（1）建筑通风。

采用双层幕墙，有内、外两个玻璃层，中间的空气腔可以让空气通过，具有隔音、隔热、节能、通透、可自然通风等特点。与传统的单层幕墙相比，额外的一层幕墙能大大增强节能的效果。让使用者感觉舒适，并可以提高室内空气质量。

（2）建筑采光设计。

建筑采用导光管。导光管是自然采光的一种新的健康、节能、环保型照明产品。该产品无须用电，它的工作原理是：室外的自然光线通过采光罩进入系统，经特殊制作的光导管道传输和强化后，由系统底部的漫射装置把自然光均匀漫射到室内每一个角落。

导光管导入的光线为自然光，因此不会产生眩光和频闪，从而避免了产生"灯光疲劳综合征"（眼睛发干、发酸、头晕、头痛、紧张、疲劳等症状），是目前国外备受推崇的照明产品。

（3）节水设计。

设置中水处理设施对岛上生活污水进行处理以循环利用，所产生的中水可进行岛上绿化、洗车、消防等再利用。

屋面雨水资源水质相对较好、便于收集，经过处理后可作为岛上第二水源，用于清洗车辆、绿化灌溉及道路浇洒等对水质要求不高的场合。

4.5.4　隧道

4.5.4.1　结构选型

1）钢筋混凝土隧道

钢筋混凝土结构是全球最普遍采用的沉管隧道结构。钢筋混凝土结构防火性能比钢结构更好，在隧道流量大且重型运输交通比例很高的深中通道这是一个优势。

但矾石水道属于超宽隧道，结构受力比一般隧道大，其结构厚度又受浮运要求所限制，钢筋混凝土隧道对本工程适应性差。

2）预应力混凝土隧道

预应力混凝土能确保沉管结构适应较大的跨度及荷载，而无须特别加厚结构尺寸，这个优点可以平衡兼顾浮运和受力的重要难题。

预应力结构在全球不少地方（例如欧美各国）被广泛采用，但亦有结构设计者对预应力钢束的耐久性及防火性能提出疑问。

建议采用可更换的预应力方案以解决耐久性问题，由一定厚度的混凝土面层加以适当的防火面板来提高防火性能。

3）钢壳混凝土隧道

钢壳结构中的混凝土必须采用特别配方制造的自密实混凝土，方能使混凝土与钢壳紧密结合。否则混凝土与钢壳之间的空隙会严重影响结构安全。

该结构体系未经历较多工程项目验证,仅日本神户港港岛隧道和那霸港隧道采用钢壳混凝土结构。因此,钢壳混凝土结构是否真的能解决矾石水道的超宽隧道结构问题,是有一定疑问的。

根据综合比选,推荐预应力混凝土沉管结构。

4.5.4.2 横断面选型

针对预应力混凝土方案,有几种形式的横断面可以考虑:双孔单管廊,双孔双管廊和双孔三管廊。隧道横断面比较见表4.5-7。

隧道横断面比较 表4.5-7

形式	方案1	方案2	方案3
	双孔单管廊	双孔双管廊	双孔三管廊
图示	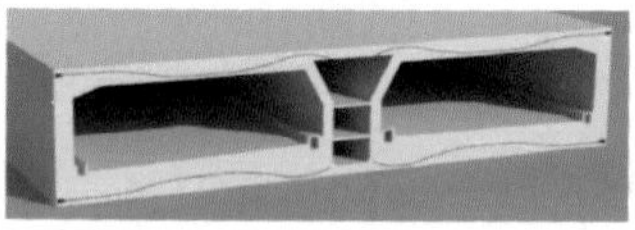	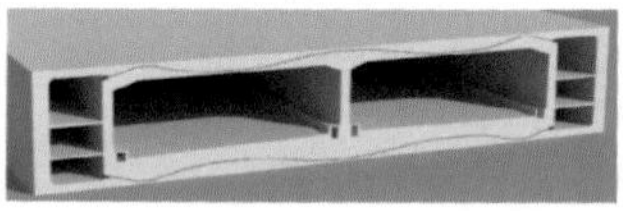	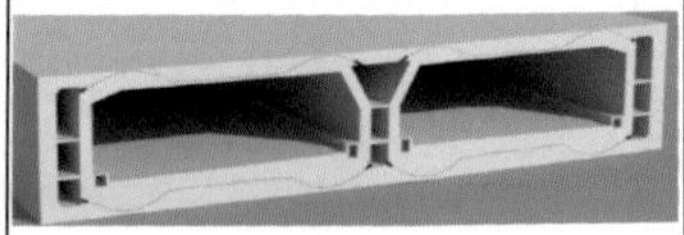
耐久性	预应力锚具暴露在海洋环境,不可更换且需要额外防护	预应力锚具在隧道内,可更换	预应力锚具在隧道内,可更换
通风性	纵向通风,共享排烟道设置在中部	纵向通风,独立排烟道分别设置在两侧	纵向通风,共享排烟道设置在中部,另两侧有独立排烟道
隧道宽度	小于45m	超过50m	小于48m
抗灾害性	在中部共享救援通道	两个单独救援通道分别设置在两侧	中部共享逃生通道,分别在两侧设置单独救援通道
成本	开挖与回填的材料成本和建设成本最低	开挖与回填的材料成本和建设成本最高	开挖与回填的材料成本和建设成本居中

耐久性问题是预应力混凝土隧道方案的挑战之一。虽然双孔单管廊方案的宽度最小(即同样的高度下开挖量最少),但锚固预应力筋是在隧道的外面,海洋环境很可能对预应力构件造成腐蚀,不可能进行新钢束的更换和锚固维护,因此必须加以额外的防护。鉴于这涉及预应力混凝土关键的耐久性问题,故双孔单管廊方案不可选。

对于双孔双管廊方案,排烟道分别设置在两侧,只能单独服务于交通隧道,而双孔三管廊方案的中间排烟道可以为两边交通隧道共享。因此,双孔双管廊隧道的宽度将更大,开挖和回填量也较高,其施工成本会高于双孔三管廊方案。此外,双孔三管廊方案为每一个交通隧道单独设置救援通道,它提供了紧急情况下逃生和救援的额外保障。

综上所述,推荐采用两孔三管廊方案(图4.5-48)。边管廊为增设、更换预应力钢束提供了操作空间,备用束采用高耐久性的环氧涂层钢绞线;中部为逃生通道,两侧为救援通道。整体管廊宽度比原方案增加0.8m,但降低了沉管的高度和重量,比原方案降低了近2m高度,减少了沉管浮运时的吃水深度,大大减少基坑和浮运航道的开挖工程量,具有创新性和适应性。

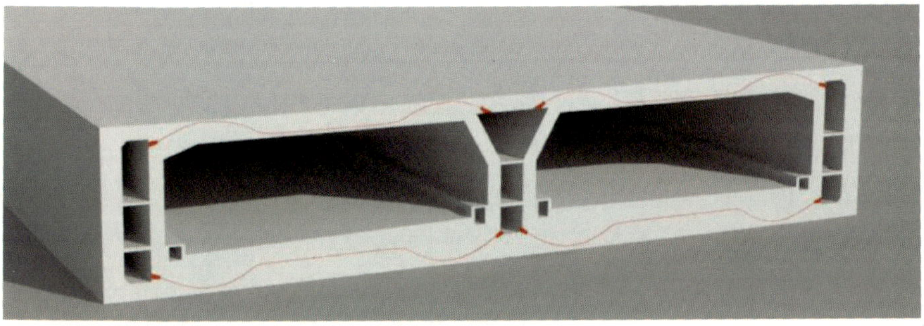

图4.5-48 隧道横断面示意图

4.5.4.3 管节长度

隧道管节的长度取决于临时施工期和永久营运期多种因素的影响。

(1)管节运输。

从浇筑池到系泊区及沉放点的运输过程中,隧道管节将经受海洋波浪和水流荷载,更长的隧道管节将导致内部更大的内应力,因此对构件尺寸会提出非常严格的要求。

(2)管节沉放。

在整个沉放期间,隧道构件内部的压载舱将逐步充水以便结构下沉至基槽。在整个沉放过程中,隧道构件的外壁将受到很大的静水压力、温度荷载。因此在施工期间,隧道管节长度应考虑这些不利荷载的影响。

(3)施工期规划。

为了尽量减少施工周期和相关的风险,隧道构件应该以越长越好为原则,即构件的总数、运输和沉放的次数也可以尽量减小。正常情况下,隧道管节的长度给每次下沉所需辅助工作的时间和规模带来的差异很小。因此,隧道管节越长,施工周期就越短,而相关的成本就越低。

(4)水密性。

减少接头通常会改善隧道的水密性并降低成本,因为接头处使用的 GINA 止水带和 Ω 形密封条是相当昂贵的。因此,应尽量设置较大的管节长度,从而将接头数量降至最低。

考虑到现有的条件,典型的隧道管节长度采用175m;为易于施工,连接到人工岛两端的少数管节长度较短。隧道管节的总数为33组。构件长度与港珠澳大桥的构件长度(180m)非常相似,这是基于特定工点的现场情况及水文地质条件进行优化后的结果。

4.5.4.4 结构体系

沉管隧道有两种常见的结构系统,即整体式管节或节段式管节。整体式管节的已浇筑部分和新浇筑部分之间的节段接头按施工缝考虑,基本上不可活动。这种类型的接头,如果施工工艺好,将给隧道结构提供良好的水密性和结构完整性。但是由于每段之间不允许任何相对运动,在某些载荷下会产生更大的内力(特别是地震过程中的沉降或支撑损失),因此配筋率须更高。漏水的主要风险是由于温差在混凝土构件内造成贯穿的收缩裂缝。

与此相反,节段式管节是不连续的和不固定的,每两段之间可运动,因此可以为隧道变形提供更高的灵活性并释放内应力。这些独立的节段由纵向预应力钢筋连接在一起,在运输和敷设过程中它们相当于一个临时的同质构件。沉放后预应力筋将被切除以允许它们活动,因此只有非常小的纵向弯曲效应。由于在浇筑过程中每两段之间没有实际连接,收缩和早期热能效应造成的裂缝将被消除。但是每两段之间的空隙将是该方案的长期重大风险。

由于沉管隧道的深度将达到海平面以下36~40m,如果采用节段式管节,其巨大的静水压力将很容易导致泄漏;但另一方面,如果采用整体式管节,由于地面沉降和巨大水压造成的内应力将对结构构件提出更高的要求并造成相关成本增加。鉴于此,该项目更适宜采用半刚性结构体系,其中包括敷设后也永久保留的预应力钢筋将节段连接。这种形式的结构系统可以同时结合整体式管节和节段式管节两者的优点。通过对预应力的精确控制,隧道构件将保证足够的刚性以承受不利负荷以及优质的水密性以避免泄露,而且允许分段之间的可控运动以适应变形。

因此,推荐采用半刚性结构系统。

4.5.4.5 接头与防水

管节接头的水密性主要是通过GINA止水带和Ω形密封条(二次密封)来实现。此外,在GINA止水带和Ω形密封条安装之后,剪力键可对相对运动或旋转进行约束控制。

对于节段接头,采用带充气带的内部Ω形密封条方案。

4.5.4.6 可施工性

1)隧道管节浇筑

标准管节长度为175m,将其划分为长度约为20m的9节小管段交替进行浇筑。采用釜山巨济通道及港珠澳大桥项目经验,小管段浇筑采用无缝全断面方式浇筑(图4.5-49)。混凝土从底模至顶板一次连续浇筑成型,温度传感器将浇筑在混凝土内用于监测水化热效应。

图4.5-49 隧道管节场地

采用热流加热外部环境来替代蒸汽养护。将混凝土外表面维持在一定的温度以减少断面温度梯度，从而有助于控制混凝土早期热裂缝。

通过后张法将管节连接在一起，形成一个完整的隧道管段，抵抗管段在漂浮及下沉过程中遭受的附加力。

2）浮运

浇筑完成后，使用钢制封端门封闭管节两头（图4.5-50）。堵头板优先采用模块化单元，以便重复利用。

然后，将预制场充满水，使隧道管节上浮。每一典型隧道管节内部均设有6个压载舱，在预制场被淹没后，使用拖轮将隧道管节从干坞中拖入临时系泊区，然后拖至设计位置。

图4.5-50　隧道端封门案例

3）隧道基础

目前，形成沉管隧道基础主要有两种常用方法：砂流法和碎石整平垫层法。考虑到水文地质条件及泥沙淤积情况，建议采用碎石整平垫层法，原因如下：

（1）珠江口急流的快速冲刷对沙土基础可能会出现不利情况，而碎石层则更难被冲刷，因此可以保证隧道基础平整完好，亦避免了施工期间海洋残骸对基础构成污染。

（2）通过碎石整平垫层法，河床基础施工速度比砂流法快，这样可以减少施工期。

（3）碎石整平垫层法的精度很高，能够实现施工工差±25mm以内。因此，它可以最大限度地减少不均匀沉降。

（4）由于碎石基床可以缓解海水压力的积聚，在地震工况下降低了液化的危险性。

4）沉放

采用专门制作的驳船沉放，每一管节内均设有压载舱，当准备下沉时，压载舱内将注满水，使隧道管节的重量大于同体积水的重量，通过绞盘将管节维持在低于水面的位置。下沉过程中，通过附着在浸入式浮筒（两个）上的锚对下沉位置进行导向。当锚下沉至海床上以后，经由特别设计的外部定位系统（EPS）将其移动至设计最终位置。随后，由绞盘缓缓将隧道管节下沉。

5）塔式爬梯安装

在管节沉放之前，需在管节顶部安装塔式爬梯，以便在压载舱出现问题时工作人员进入管节内解决问题，并用于管节堵头板内降水操作。

水深较浅的沉管隧道，可在沉管之前安装塔式爬梯进入隧道管节内。工作人员可由船只经塔式爬梯由水面向下进入隧道管节内；但是，对于水深较大的沉管隧道，安装塔式爬梯是不可行的。

最深的管节位于矾石航道内，其深度约为水面以下35m。深水沉管隧道的沉放面临诸多难题的挑战，其中之一是工作人员如何进入隧道管节之内。

釜山巨济通道采用自行式潜水钟（图4.5-51）进入隧道管节，潜水钟由驾驶员及副驾驶控制，可搭载5名工程师。潜水钟可与管节上接收塔对接（图4.5-52），提供进入隧道管节的通道。

图4.5-51　自行式潜水钟示意图

图4.5-52　潜水钟与接收塔对接

6）回填

为了保护沉管隧道不受损坏，整个结构要求被回填覆盖。回填层由3部分组成，即锁定回填、一般回填和岩体保护层。

岩体保护层厚2.0m，其顶部为1.5m厚的岩石护面，底部为0.5m厚的碎石过滤层，连同两侧的防锚抛石带，可有效保护隧道免受大型船舶的拖锚损坏。在防锚抛石带两边，采用1∶2的坡度，直到它与疏浚沟槽的坡度汇合，这样可使回填和相关成本最低。标准段回填示意图见图4.5-53。

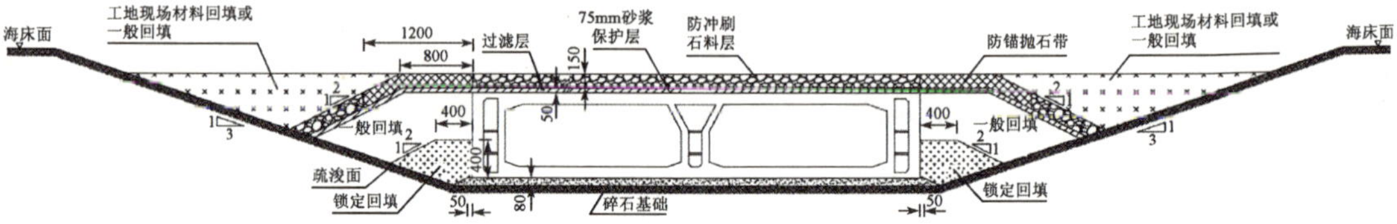

图4.5-53　标准段回填示意图（尺寸单位：cm）

4.5.4.7　耐久性与可维护性

为了保证隧道在整个使用寿命内都能运行良好，设计中提出以下措施，以实现隧道的耐久性和可维护性：

（1）采用预应力混凝土方案，隧道结构基本上无裂缝，可保证水密性。

（2）在隧道的外表面喷涂防水膜，作为主要的水屏障，防止水的渗入。

（3）在管节接头和节段接头处的GINA止水带和Ω形密封条材料将共同发挥作用来避免渗漏。这些密封件是由橡胶制成的，经证明是耐腐蚀的，可以在设计生命周期内发挥作用。

（4）在沉管隧道接头所提供的保护措施，特别是牺牲阳极保护，连接到管节接头的钢端壳上，能确保施工缝组件部分可以保持良好性能。

（5）为钢筋和预应力筋设置足够的混凝土保护层，达到4h防火等级。

(6)对于预应力混凝土方案,采用了适当的保护措施,预应力筋设计为无黏结预应力,未注入水泥浆,因此可以在有需要时更换预应力筋。如果在锚固或预应力处发现有任何腐蚀,在锚固处有预留孔,以更换新的预应力筋,并去除受腐蚀的预应力筋。

(7)隧道内的其他内部部件,均设计为可达及可检。这些组件不需要有 100 年的使用寿命,但要定期进行维修和更换。

4.5.4.8　通风排烟

1)隧道通风

纵向通风方式特别适用于单向交通隧道,在隧道内无须设置通风管道,可有效减小隧道断面尺寸从而控制投资规模,并有较好的通风节能效果。它利用位于隧道外或隧道内的通风设备产生推力,形成纵向诱导气流进行通风,通风道即是车辆行驶的隧管,以车行方向为通风空气流动方向。在正常运行时,车辆行驶形成的活塞气流将有助于纵向通风。

近年来,随着车辆排气污染物的降低,以及纵向通风设备简单、节约投资等优点,纵向通风设备越来越受到工程界的欢迎,在公路隧道中得到广泛的应用。

依据产生诱导推力设备所处的位置、风井的设置情况以及是否采用空气净化装置的因素,纵向通风方式又可分为全射流、集中送风式、通风井送排式和吸尘净化式等。

其中通风井送排式需要在隧道中部设置通风井,考虑到本工程为越江隧道,不适合再于东西人工岛之间增加中间通风井。吸尘净化式纵向通风需要设置专用空气净化装置,造价较高,且该项目隧址位于城郊,对环境污染物排放总量不敏感。全射流式几乎需要在 6.3km 长隧道内全程布置风机,数量多且分散,供电、耗能、维修保养成本都会增加,同时隧道横断面规模会因考虑安装射流风机有所增加,增加土建成本。

推荐采用集中送风式纵向通风方式,由布置于隧道进口附近的风机通过安装于顶部的喷嘴向隧道内集中喷流送风,沿车行方向形成纵向诱导气流进行通风,排风向隧道出口压出。该方案风机配置规模小于全射流式,略大于送风半横向式;但除洞口附近的喷嘴外,隧道全程无其他通风设施,断面无须增大,地下土建规模最小,风机及其附属设备集中位于东西人工岛,供电、控制及维护均十分便利。集中送风式纵向通风示意如图 4.5-54 所示。

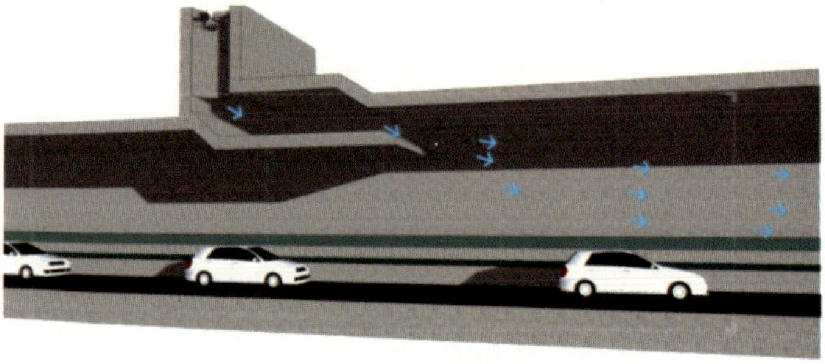

图 4.5-54　集中送风式纵向通风示意图

集中送风式纵向通风通过在隧道顶部设置的萨卡尔多(Sccardo)喷嘴形成高速喷流,沿行车方向形成纵向诱导气流,对隧道进行换气通风。根据正常和阻塞不同工况调节喷嘴出风口大小以维持30m/s的喷口风速,送风口所需最大净面积为68.63m^2,通常分为若干格并在各自框架上安装风阀以利调节风口面积。喷嘴出风口案例如图4.5-55所示。

如将轴流风机及消声器立式安装(图4.5-56),更可进一步控制人工岛上风机房的占地面积,从而控制人工岛土建规模。

图4.5-55　喷嘴出风口案例

图4.5-56　轴流风机立式安装案例

取消在隧道内设置射流风机的送风形式,改用在隧道口设置强力喷嘴的强力送风方式,在满足功能要求的前提下进一步降低沉管高度,优化后的预应力扁平沉管方案高度比原方案降低了近2m,减少了沉管浮运时的吃水深度,减少基坑和浮运航道的开挖工程量。具有很强的创新性和适应性。

2)隧道排烟

建议采用重点排烟方式,在两端人工岛通风机房内设置排烟风机,依据隧道全线同一时间内发生一次火灾考虑,在两隧洞之间仅须预留一条排烟风道,双侧均匀设置电动排烟风口,按沿隧道长度方向不大于300m设置排烟分区,火灾时开启着火点所在排烟分区的电动排烟风口排烟。

4.5.4.9　隧道景观设计

为了提升整体的驾驶环境及保护隧道内的电气设施,建议在隧道内墙上设置装饰板系统。

装饰板系统应具备以下特性:

(1)可以冲洗并易于维护:面板表面应耐用、耐污、易于清洁和维修的物料。

(2)环境保护材质:包层的材料不应在火灾中释放任何有毒气体,并应为无放射性物质。

(3)浅色:良好的装饰板应提供隧道照明所需的反射率,以优化隧道内的照明。

针对上述问题,建议使用陶瓷涂层钢或粉末涂层的铝合金板作为装饰板系统(图4.5-57)。

图 4.5-57　隧道内饰板效果图

4.5.5　评委会总体评价

隧道通风设计大胆、有创意；如技术可行，意义很大；隧道采用横向预应力混凝土沉管结构，设计有特色，地下互通注重生态，景观尚可。

但总体设计不够统一、协调；主塔塔形过于复杂，没有结构美；两座特大桥桥塔造型不协调；人工岛建筑占比过大；引桥普通。

4.6　第一阶段竞赛成果单项第一名方案

负责本次评审工作的评审委员会由 10 名通过人工选择并报主管部门核备的专家组成，按照公正、公平、公开的原则充分发挥国内外专家的独立性、专业性、权威性，按综合评分由高到低排名，推荐前三名的参赛人进入第二阶段比赛，并公布单项第一名方案。桥、岛、隧各个专业第一名如下。

4.6.1　桥梁

COWI 公司提交的独柱塔空间索面地锚式悬索桥方案获得桥梁专业第一名(图 4.6-1)。

图 4.6-1　桥梁方案第一名

专家评价如下：

主桥采用独柱式桥塔、分体钢箱梁、空间主缆设计，结构体系合理，主塔造型简练，塔顶设计有特色，有标志性。

非通航孔采用 Y 形桥墩，韵律感强，美观、通透，整体效果好。

对其下阶段方案竞赛提出以下建议：

(1)伶仃洋大桥主桥跨径加大的理由并不充分，建议下阶段进一步论证主桥的合理跨径。

(2)方案中将锚碇基础置于沙砾层上，在下阶段需结合防冲刷、抗滑和抗倾覆方面的验算论证合理的持力层，确保结构的安全性。

(3)下阶段进一步研究转索鞍的角度及所在辅助墩的安全性。

(4)仅从美学角度一个因素将中山大桥主桥确定为悬索桥方案，建议与斜拉桥及自锚式悬索桥方案进一步比选，择优采用。

(5)建议下阶段根据墩高、水深情况综合论证比选非通航孔引桥的经济跨径。

4.6.2 人工岛

丹麦 COWI 公司(图 4.6-2)与安徽省交通规划设计研究总院股份有限公司联合体(图 4.6-3)提交的人工岛方案获得并列第一。

图 4.6-2 丹麦 COWI 提交方案

图 4.6-3 安徽省交通规划设计研究总院联合体提交方案

专家评价如下：

(1)COWI 推荐的西人工岛风筝造型设计简练，有力度感，导流效果也好，标志性突出。

(2)安徽省交通规划设计研究总院股份有限公司联合体提交的人工岛方案造型简洁，有力感。

4.6.3 隧道

中铁大桥勘测设计院集团有限公司联合体提交的钢壳混凝土隧道方案获得隧道专业第一名(图 4.6-4)。

专家评价为：隧道结构设计深入，方案比选较充分。

对其下阶段方案竞赛提出以下建议：

图 4.6-4　隧道方案第一名

（1）建议下阶段对钢壳沉管隧道及横向预应力钢筋混凝土沉管隧道进行经济性、耐久性等方面综合比选。

（2）建议下阶段深入论证钢壳沉管隧道基础结构及管节接头型式。

第5章 方案设计国际竞赛第二阶段

第一阶段竞赛的前三名单位获得了第二阶段竞赛资格并提交了深化的设计文件，参赛团队分别为：

(1)丹麦 COWI 公司[(美学顾问：DISSING + WEITLING architecture(DW 建筑事务所)]。

(2)荷兰 TEC 公司联合体[成员单位：广东省交通规划设计研究院股份有限公司；联合体美学顾问：Information Based Architecture (信基建筑设计)]。

(3)中铁大桥勘测设计院集团有限公司联合体(成员单位：中交第一航务工程勘察设计院有限公司、上海市隧道工程轨道交通设计研究院)。

三家参赛单位均在方案竞赛第一阶段基础上进行了深化与完善，由于篇幅原因与第一阶段重复的内容将不再赘述，本篇主要针对深化和调整的内容展开论述。

5.1 第一名方案(丹麦 COWI 公司)

设计竞赛的侧重点是满足通道基本功能需求前提下，达到技术、造价以及美学的平衡。有时候，造价与美学是相互矛盾的。设计竞赛第二阶段通过大量的数据及分析论证了推荐方案是经济的，同时也是坚固、耐久与优雅的。

5.1.1 美学优化

1)桥梁

方案设计基于桥、岛、隧集群工程一体化设计的理念，通道所有组成元素的设计都共享一个平衡、和谐的设计理念，并在功能、尺度和比例上相互呼应，形成一个整体。

深中通道跨越珠江三角洲，秉承建筑整体美学设计，将其作为一个美学整体来考虑，由形态各异而又相互呼应的各个不同构件组成，从微观到宏观上体现其作为大型综合基建项目的独特型。这座桥和其周边环境的有机结合将给世人展示永恒的美，就如同人们提到金门大桥就会想到旧金山这座城市一样。

主桥仍推荐两个独柱形桥塔的悬索桥。精心构思的桥梁方案显示了悬索桥固有的美丽和优雅气质。弯曲的主缆是所有悬索桥共同的鲜明特征，而桥塔作为桥梁的重要组成部分，是真正能赋予桥梁美学身份并形成人们对桥梁印象的重要元素，无论是驾车从桥上驶过、从空中飞过还是从海上乘船经过。

两座悬索桥整体造型和独特的桥塔设计，在美学设计上相互呼应。在同一个工程中有两座悬索桥，由于悬索桥的独柱形桥塔的高度和跨径，将使得本项目在世界桥梁建设史上占有独一无二的地位。主缆的优美造型在两座悬索桥上都得到呼应和回响，是整个通道设计理念和特征的基础。

主跨悬索桥的各个构件都经过精心设计，锚碇、桥墩和主梁共享一个非常紧密关联的美学设计理念。过渡墩和非通航孔桥墩较为相似，与锚碇分离，使得锚碇显得较为轻巧。考虑第一阶段专家对方案的评审意见，将锚碇做得尽可能细长，以避免增大阻水效应，这点在中山大桥上尤为突出。

驱车经过整个通道将是一个震撼的经历。弯曲的线形设计将给驾驶员一个独特的视角来欣赏整个通道的面貌，并且能从高低不同的视角来欣赏主航道桥。伶仃洋大桥效果见图5.1-1。

a)

b)

图5.1-1　伶仃洋大桥效果图

2）隧道及入口

经过对尺寸进行优化和考虑安全措施后，隧道横截面将变得简单而有效。在隧道内，在路面上方3.8m铺设带折角的装饰板，两侧设置LED灯，使得隧道内的行车变得舒适。LED灯可由程序控制，在保证足够亮度以确保行车安全的基础上，设置不同的视觉效果。隧道照明将成为最显著的景观元素，确保隧道内的安全通行。

在隧道进出口，设置了能透光的过渡段，使驾驶员能舒适地从隧道内照明光线过渡到自然光线。隧道装饰照明效果见图5.1-2。

3）人工岛

在第一阶段工作的基础上，进一步优化了西人工岛和岛上建筑的设计。各项需求都在设计中得到体现，外圈的岛上建筑都将承担各种功能需求。如此，将岛上建筑的面积减小了约20%。

简约的设计和两座悬索桥融合成一体，使整个通道成为一个独特的具有地标象征的工程。通道鸟瞰效果见图5.1-3。

图 5.1-2　隧道装饰照明效果图

图 5.1-3　通道鸟瞰图

5.1.2　桥梁

5.1.2.1　伶仃洋大桥

1)跨径布置

从造价的角度出发,大跨径悬索桥总是趋向于选择一个可能的最小跨径。如果跨径过大,项目将会增加额外造价。对于跨越伶仃航道的大跨径悬索桥,跨径的大小是由通航净宽要求和一定的安全距离来确定的。

对于伶仃洋大桥,主跨要求净宽为(698 + 2 × 120 + 2 × 300)m = 1538m,加上塔中心两侧各 25m 承台尺寸及一定的富余,最小的跨度要求是 1588m。

在方案设计第一阶段,推荐的跨径组合为(688 + 1658 + 688)m = 3034m。在第二阶段,提出稍小的跨径组合,(658 +1588 +658)m =2904m,比第一阶段短130m。两种跨径主桥工程量比较见表5.1-1。

两种跨径主桥工程量比较　　表5.1-1

项　目	材　料	(688 +1658 +688)m	(658 +1588 +658)m
上部结构			
主梁	结构钢(t)	66750	63890
主缆	高强钢丝(t)	26850	24840
吊杆	高强钢丝(t)	750	750
下部结构			
主塔	钢筋混凝土(m^3)	42700	41540
塔基础	钢筋混凝土(m^3)	22400	20160
锚碇	钢筋混凝土及填砂(m^3)	152400	146860
边墩	钢筋混凝土(m^3)	3000	3000
边墩基础	钢筋混凝土(m^3)	6500	6500

基于上述的工程量,1658m主跨方案将比1588m主跨方案增加造价约5%,将引桥增加的造价一并计入,1588m主跨方案预计节省费用1.41亿元。悬索桥更小的主跨跨径会引起总造价的微量减少。

2)整体箱与分体箱的比选

(1)结构比选。

伶仃洋大桥主梁采用分体双箱梁结构,这被证实是一种抗风性能很好的梁型,并已在昂船洲大桥等得到了应用。对应于独柱塔的选择,分体双箱梁就是一个很自然的选择。

整体箱梁在很多悬索桥中使用,但它需要一个双肢塔柱,比如H形塔或A形塔。

建立独柱塔分体箱梁(图5.1-4)、H形塔整体箱梁(图5.1-5)空间模型,并对其力学、美学、造价等做了一个全面的比较。

图5.1-4　独柱塔分体箱梁计算模型

图5.1-5　H形塔整体箱梁计算模型

分体式箱梁和独柱塔方案具有自然形成抵抗颤振的稳定性。当桥面在扭矩作用下扭曲时,H形塔将同时扭曲;而独柱塔则不会扭曲。因此扭转特征频率和竖向弯曲特征频率的差异将会更大,这将提高桥梁的颤振极限风速。

在满足结构受力情况下,对两个模型结构特性和材料数量进行了比较。单箱与双箱工程量比较见表5.1-2。

单箱与双箱工程量比较 表5.1-2

项　　目	材　　料	数量—分离式箱	数量—整体箱
上部结构			
主梁	结构钢(t)	64890	52270
主缆	缆索钢丝(t)	25780	21640
吊杆	缆索钢丝(t)	680	610
下部结构			
主塔	钢筋混凝土(m^3)	36600	35460
塔基础	钢筋混凝土(m^3)	23750	38000
锚碇	钢筋混凝土及填砂(m^3)	240000	220700
边墩	钢筋混凝土(m^3)	4930	4930
边墩基础	钢筋混凝土(m^3)	9160	9160

基于类似大跨径索支承桥梁的经验,比如 Hålogaland 桥(挪威)、Izmit 海湾桥(土耳其)和香港昂船洲大桥(中国)真实的单位造价,采用分体双箱梁独柱塔方案要比标准的整体箱 H 形塔方案造价高约8%。伶仃洋大桥工可造价估算为42.64亿元,占了项目总造价的13.7%,故分体箱方案比整体箱方案仅增加了项目总造价约1.1%。

尽管独柱塔和 H 形塔的材料数量大致相同,但考虑到 H 形塔的模板工程、横梁施工和钢筋布置更为复杂,因此独柱塔的施工费用更低。单箱与双箱综合比较见表5.1-3。

单箱与双箱综合比较 表5.1-3

综 合 比 选	分体式双箱主梁和独柱桥塔	单箱主梁和 H 形桥塔
极端风荷载	抗风稳定性提高	颤振要求不能满足
施工方法	桥塔施工简化	缆索施工简化
桥塔	造型独特,方便施工	造型普通,施工更为复杂
上部结构	抗风稳定性提高	抗风稳定性降低
美学	独一无二的地标性	传统和标准的
总造价	造价指数108	造价指数100

伶仃洋大桥连同中山大桥一起,将提升整个通道的形象,使深中通道成为一个独特的高辨识度的地标。

(2)颤振稳定性。

大跨桥梁抗风稳定性必须依据国家规范要求或针对现场特定条件的评估进行验算,以验证所建议的方案具备足够的空气动力稳定性。

桥面最大高程处的设计风速是 $U_d = 49.6\text{m/s}$,故颤振检验风速为 $v_{cr} = 70.2\text{m/s}$。

基于参赛方具有的大跨桥梁的风洞试验信息，对伶仃洋大桥的单箱主梁方案和双箱主梁方案进行了比较。

从表5.1-4的结果可以看出，在不考虑辅助措施的情况下只有分体式双箱主梁方案能够满足临界风速要求。分体式双箱主梁提高了抗风稳定性，是更安全可靠的结构。

单箱与双箱颤振稳定性的比较　　表5.1-4

类　型	临界风速(m/s)		
	风攻角(°)		
	-3	0	+3
分体式双箱	75	79	71
整体式单箱	66	70	63
检验风速	70.2	70.2	70.2

(3)桥面涡振。

对于分体式主梁，由于在迎风面箱梁的尾部会周期性地形成大的连续的漩涡，更容易在相对较低风速下产生涡激振动。这些涡流作用在背风向的箱梁上，产生振动力，这些力通过横梁传递到整个桥面主梁结构。

迎风面箱梁尾部靠近箱梁区域的涡流的形成和脱落，能够通过对靠近两箱中间间隔的箱梁边角进行仔细设计并结合在腹板和底板之间的折角处安装导流板来减轻，这样可以避免迎风面箱梁面附近漩涡的形成。但是，所做的设计必须要使得在桥面主梁上下面的风平均流速大致相等。为了保证桥面主梁上下面的风流速相同，在箱梁外形细部设计的时候必须考虑在栏杆、中间隔离结构和其他桥面设施处的压力损失。

昂船洲大桥设计中通过大比例节段风洞试验进行了研究(图5.1-6)，这样的试验可以对导风板内和栏杆周围的风流动进行高雷诺数的精确模拟。对昂船洲大桥的监测表明，经过仔细的设计得到的是一个桥面主梁没有涡振产生的大跨分体式双箱桥梁。

图5.1-6　昂船洲大桥风洞实验

3）主塔

桥塔是一个非常简约的结构，基本上是一个柱子固定在地基上并承担整个桥的重量，其结构性能更像一个悬臂梁，因为其轴向荷载远不会使柱产生屈曲失稳。

坚固性不意味着臃肿与低矮的结构。长且纤细的构件会使荷载集中，结构变得更加紧凑，局部强度与耐久性得以提高。长且纤细的结构意味着构件更少，构件更少则意味着施工周期更短、施工风险更低、施工方案更稳健。

4）垂跨比

选择的垂跨比与第一阶段相同，为1∶9.26。

5）锚碇

（1）锚体。

相比于第一阶段的方案，第二阶段对锚碇的可见部分总体布置进行了优化，改变了锚室的形状，使得主缆可以在桥梁横向进行散索（图5.1-7）。

图5.1-7　伶仃洋大桥锚碇效果图

通过在边墩处设置转索鞍座使得锚碇露出水面的部分最小化。尽管如此，散索鞍仍然有足够高度，以确保主缆不会被大型船只撞击，而且散索舱室在高水位以上。

（2）锚碇基础。

第一阶段锚碇基础采用大型预制重力式沉箱，挖去上部的软土层，坐落于砾石垫层上。

第二阶段提出了一个替代方案，主要的设计思路来自Izmit海湾大桥，该桥施工了基于两个相交圆环的地连墙（半径46m，深15m），两个圆环之间布置的支撑将是永久锚碇结构的一部分，该桥锚碇的施工取得了极大成功（图5.1-8）。

本次推出的基础方案是一个直径105m的圆形基坑，围护采用1.2m厚的地下连续墙，见图5.1-9。在混凝土垫块下需要先浇筑5m厚的水下混凝土进行封底，以便进行基坑的抽水和垫块混凝土的浇筑；封底上浇筑厚10m的垫块。对于西锚碇，由于存在软黏土，采用桩基支承到岩层，并通过土压力和连续墙将主缆力传递给地层。西锚碇估计需采用125根直径2.5m钻孔灌注桩，嵌入岩层约5m。西锚碇立面构造见图5.1-10。而对于东锚碇，基础下为密砂，主缆力能通过地基摩擦力和连续墙土压力进行传递。

图 5.1-8　Izmit 海湾大桥东锚碇施工

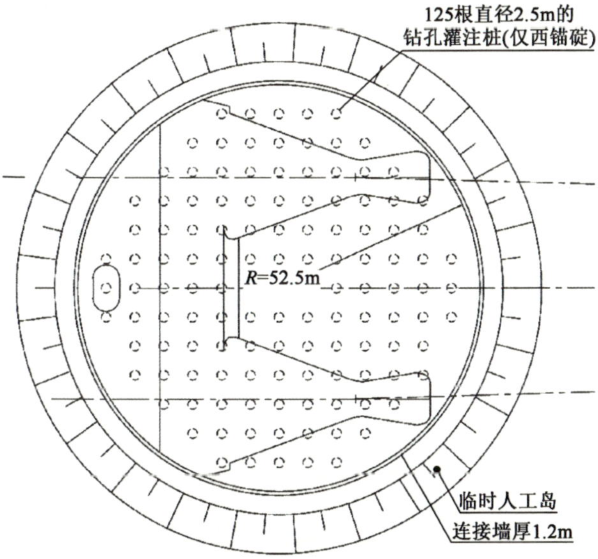

图 5.1-9　锚碇平面布置图

与第一阶段提出的基础方案相比有以下优点：

①不需要干坞。

②不需要为浮运沉箱而开挖航道。

③避免了沉箱的海上下沉作业。

④不需要在桥位处进行大量开挖和铺放砾石基床。

⑤不需要基底注浆。

⑥桩与垫块的连接是成熟工艺。

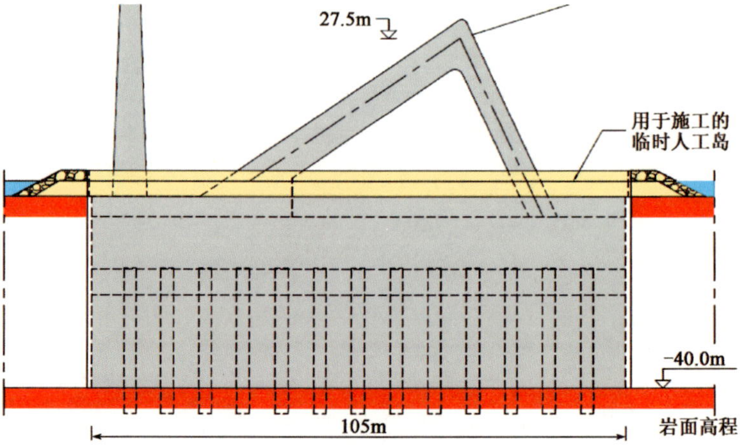

图 5.1-10　西锚碇立面

⑦连续墙能承受水平力。

基于实际的地质条件，桩基长度需 25 ~ 30m。设置桩基的西锚碇比不设桩基的东锚碇预计增加费用 10% ~15%。

可在锚碇施工完成后清除施工临时岛及河床以上的部分连续墙，以尽可能减小阻水影响。

第二阶段伶仃洋大桥效果图见图 5.1-11。

图 5.1-11　伶仃洋大桥效果图

5.1.2.2　中山大桥

1)悬索桥方案

悬索桥方案主要设计理念与伶仃洋悬索桥相同，只是将规模缩小以适合小跨径。主跨长 632m，边跨长 288m。跨径及桥型与第一阶段相同。总体布置见图 5.1-12。

2)其他可行方案

地锚式悬索桥，主要的特点是其与伶仃洋大桥的和谐性，其缺点主要是造价高。悬索桥通常会比斜拉桥造价高，对于本项目斜拉桥是一个很自然的选择。

图 5.1-12　中山大桥总体布置图

(1)斜拉桥方案。

斜拉桥方案有如下优势:

①造价稍低。

②较差的地质条件,对地锚式悬索桥不利。

③阻水效应小。

采用主跨 632m,保留与悬索桥一样的分体式箱梁和独柱桥塔。这样的斜拉桥会与昂船洲大桥相似,但斜拉索像悬索桥一样连接在行车道的内侧。与悬索桥桥面主梁相比,斜拉桥的桥面主梁需要加强,桥塔大约需要增高 40m 以便斜拉索有足够的角度。斜拉桥方案见图 5.1-13。

图 5.1-13　斜拉桥方案效果图

(2)自锚式悬索桥方案。

从阻水效应考虑,自锚式悬索桥是很有利的,而且能保持与伶仃主航道桥的景观和谐,此外,其技术也是可行的。自锚式悬索桥方案见图 5.1-14。

图 5.1-14　自锚式悬索桥方案效果图

自锚式悬索桥的缺点是其施工方法造成的造价的增加远超过由于增加锚碇而产生的造价的降低。

通常自锚式悬索桥考虑两种施工方法：

①采用临时墩：施工中将桥面主梁支撑在临时墩上。

②斜拉法：将桥面主梁支撑在从塔顶设置的临时拉索上。

(3)综合比选。

对中山大桥可采用的桥型进行了综合比选，详见表 5.1-5。

中山大桥桥型综合比较　　表 5.1-5

比较项目	悬索桥	斜拉桥	自锚式悬索桥
施工方法	浮吊	平衡悬臂法	临时墩或斜拉法
上部结构	抗风稳定性提高	主梁重量增加	造价高和主缆锚固复杂
下部结构	有锚碇	没有锚碇	没有锚碇
美学	独特，与伶仃桥和谐	传统和标准的	独特，与伶仃桥和谐
总造价	造价指数 100	造价指数 79	造价指数 117

自锚式悬索桥比地锚式悬索桥造价高 15% ~20%，不具备竞争性。节省的锚碇不足以平衡上部结构以及非常复杂的施工工序等导致的造价增加。

斜拉桥造价约是悬索桥的 79%，悬索桥方案的造价约 10.5 亿元，斜拉桥方案造价降低约 2.2 亿元，仅占通道总造价的 0.7%。相对于整个通道来讲，造价增加是很有限的；但是从视觉上，悬索桥方案与伶仃主航道桥构成了通道的主要景观特征。

从珠江的东岸和西岸都可以同时看到这两座主桥，如果中山大桥选择斜拉桥方案，通道总体的景观印象会有很大的改变。因此，建议维持中山大桥地锚式悬索桥方案，从而得到一条独特的、有和谐造型的通道。地锚式悬索桥方案见图 5.1-15。

图 5.1-15 地锚式悬索桥方案效果图

3)锚碇基础

与伶仃洋大桥类似,第二阶段提出了一个地连墙替代方案,由于主缆索力较小,因此对地连墙上部可见部分的几何形状和尺寸做了调整,变成两个内半径 24m 相交的圆(图 5.1-16)。

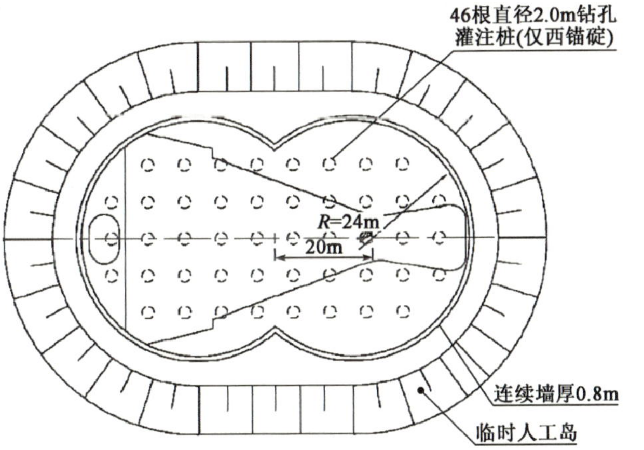

图 5.1-16 中山大桥锚碇基础平面图

西锚碇位置处下方有一软土层,一直延续到 -35m,这样西锚碇需要做桩基,采用 46 根直径 2.0m 的钻孔灌注桩。西锚碇基础立面构造见图 5.1-17。

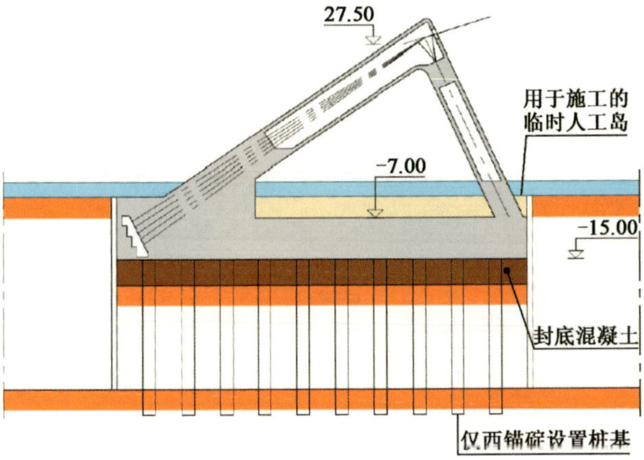

图 5.1-17 西锚碇基础立面图(高程单位:m)

但是在东锚碇位置处，在底板下方有一层密实砂层延续到 -20m，也就是说主缆索力可以一部分通过底板下的摩擦力传递，一部分可以通过地连墙前方土体的被动土力来传递。

5.1.2.3 非通航孔引桥

非通航孔桥里程长度占桥梁总长度的 70% 以上，其设计对于整个跨海大桥的经济性、施工工期、施工安全性都十分重要。

目标是找到与本通道两座主桥梁景观和谐、同时性价比高的方案。

引桥与主桥的桥面主梁布置相同，采用两个独立桥主梁结构，两者间距为 5.0m。

1）主梁梁型比选

根据类似工程的经验，非通航孔桥梁推荐采用行车性能好、造型简洁的等高度连续梁结构，备选方案主要有预应力混凝土梁、钢—混凝土组合梁和钢箱梁方案，以上三种结构综合比较见表 5.1-6。

非通航孔桥上部结构梁型综合比较 表 5.1-6

梁型	预应力混凝土梁	钢—混凝土组合梁	钢 箱 梁
设计技术	成熟	成熟	成熟
施工要求	单梁吊重大，设备要求高；大跨径需采用节段悬臂拼装，现场作业多	单梁吊重适中，现有设备易满足	单梁吊重轻，设备要求低
下部及基础设计要求	采用单墩形式较困难，基础规模大	采用单墩形式较容易，基础规模适中	采用单墩形式容易，基础规模较小
结构性能	可靠的材料和方案	可靠的材料和方案	须特别关注正交异性桥面板的设计使用寿命
抗震性能	自重大，抗震性能弱	自重适中，抗震性能较优	自重轻，抗震性能优
经济性	在较小跨径时有一定优势，在跨径超过 100m 后基本不占优势	在 100 ~ 150m 跨径有经济优势	造价较高，后期的维养成本也较高

综合上表的比选，推荐钢—混凝土组合梁方案，通过优化材料使用和施工方法，确定经济跨径，使之成为性价比高、美观协调的方案。

2）经济跨径比选

结合自然条件、施工条件以及技术合理性，在泄洪区拟定 110m、120m、130m、140m 和 150m 方案进行综合技术经济比选；在浅滩区拟定 70m、80m 和 90m 方案进行综合技术经济比选。各跨度方案主梁均等高，施工方法按整孔吊装考虑。

结合类似工程经验，从经济、设计与施工成熟性、技术先进性、减小建桥对海势的影响、减小水上吊装难度、缩短作业时间、加快施工进度出发，与第一阶段相同，泄洪区采用跨度较大的 130m 跨连续组合梁，浅滩区采用 80m 跨连续组合梁。

主梁、桥墩外形均与第一阶段相同。

5.1.3 人工岛

考虑了岛形的合理性，进行了一些优化。

东人工岛在不改变阻水率的前提下从美学的角度设计为水滴形。东人工岛岛形演变过程见图5.1-18。

图5.1-18　东人工岛岛形演变过程

考虑到西人工岛外形比较尖锐,东人工岛采用柔和的圆形,和西人工岛互补,以保持整个深中通道的和谐(图5.1-19)。

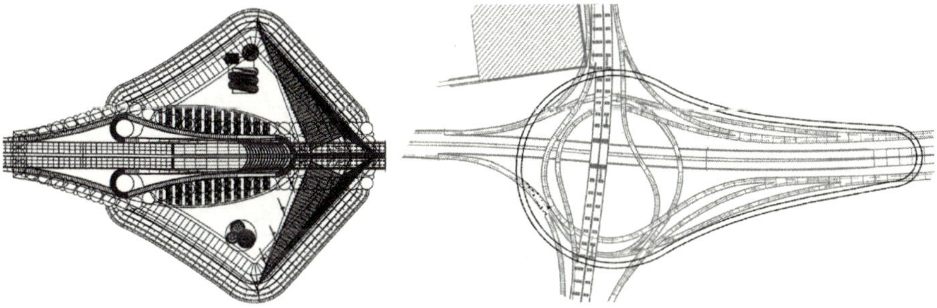

图5.1-19　西、东人工岛岛形对比

设计竞赛第二阶段西人工岛风筝外形不变,在岛四周都引入混凝土块台阶,通过混凝土块的使用,为风筝外形赋予了尖锐棱角。从空中俯瞰,这将强化岛的独特外形,从而使深中通道成为辨识度极高的地标性建筑。

在岛的北侧用混凝土块建设救援码头,码头线条稍微弯曲紧随岛壁。西人工岛效果图见图5.1-20。

图5.1-20　西人工岛效果图

将水位线以下的缓坡护岸设计为毛石护岸并结合扭工字块保护，岛壁水面以上布置混凝土块台阶。除增强视觉效果外，混凝土块台阶的引入还具有另外两重意义：一方面减少波浪爬高与越浪；另一方面在天气好的时候作为公众休闲散步的场所。

5.1.4 隧道

5.1.4.1 隧道结构选型

1）结构方案比选

采用欧洲规范作为主要依据，按照回淤荷载很大情况下的深埋隧道横截面，考虑隧道结构各种荷载、荷载组合，对横向（后张）预应力节段式隧道与钢壳混凝土整体式隧道进行了详细分析与论证。

根据分析，两种隧道方案都是可行的，也都是比较成熟的方案。挪威 Bjørvika 公路隧道横截面较宽，采用的是横向预应力节段式隧道方案。日本采用了钢壳混凝土整体式方案建成了一系列沉管隧道。

对于预应力混凝土隧道，设计重点为耐久性及预应力钢束防火性能。

（1）预应力混凝土隧道耐久性设计。

对于预应力解决方案，钢束在生产时张拉的应力远低于钢束的屈服应力。在永久阶段，预应力钢束中心周围至少留有 200mm 的受压区。

由于预应力钢束布置在混凝土永久受压区，预应力锚固端（张拉后）埋于混凝土中防止生锈，其耐久性是可以保证的。

（2）预应力混凝土隧道防火设计。

隧道的防火设计须满足以下条件：

①防火材料（板）与混凝土的界面温度 <380℃。

②普通钢筋温度 <250℃。

普通钢筋大概位于混凝土表面以下 70mm 处。保守假设温度随深度线性降低，在距离混凝土表面 200mm 左右的预应力钢束处将是 20℃左右，如图 5.1-21 所示。

根据欧洲规范 Fib Model Code 2010，受力钢筋在 150℃以上温度时将会受到临时性削弱；当温度超过 300℃，受力钢筋会受到永久性削弱，如图 5.1-22 所示。

混凝土与防火材料界面以及普通钢筋的温度限制要求将确保预应力钢束不会达到降低其强度的温度。

就耐久性与坚固性而言，两种类型的隧道方案都可满足要求。

（3）造价比选。

对两种类型隧道进行了造价比较，图 5.1-23 中灰色代表隧道管节成本；橙色代表生产设施、浮运与沉放成本；蓝色代表开挖、地基基础、土体加固与回填等成本。

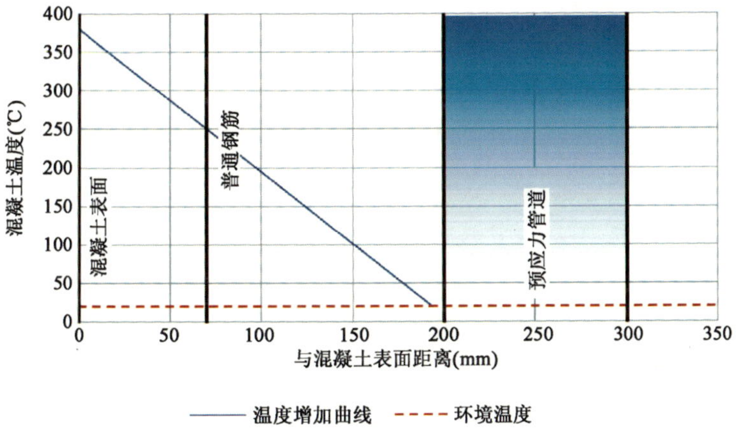

图 5.1-21　混凝土温度与深度的关系

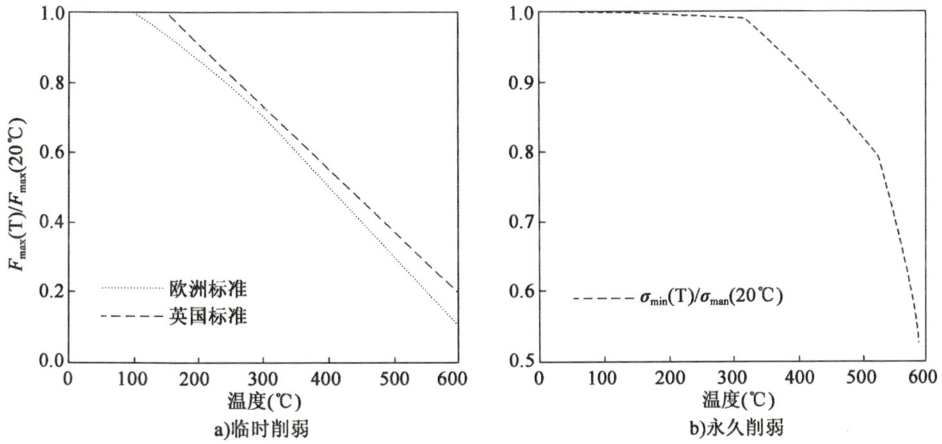

图 5.1-22　钢筋在火中相对强度与屈服应力曲线

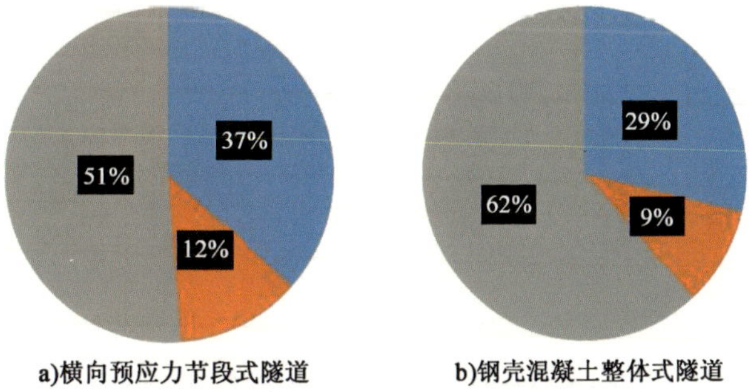

图 5.1-23　总成本分布图

钢壳混凝土整体式隧道的总成本比横向预应力节段式隧道高 30%。生产隧道管节的成本占了钢壳混凝土整体式隧道成本的大部分。这是因为这种隧道的生产需要耗费大量钢材以及安装成本。

从造价考虑,推荐采用横向预应力节段式隧道。

2)结构体系

节段式体系与整体式体系,相比产生贯穿裂缝的风险更小。整体式管节通常要求采用外部防水薄层以确保隧道不进水,还需要增加额外纵向钢筋以限制贯穿裂缝的产生及裂缝宽度。

节段式隧道由于管节较短,温度变化时收缩与蠕变不会在混凝土内产生明显的拉应力。因此,隧道纵向不需要防水薄层与分散裂缝钢筋。

推荐采用类似于厄勒海峡通道与韩国釜山—巨济通道所采用的节段式隧道体系。

基于对管节与管段长度带来影响的详细研究,设计竞赛第二阶段将管节数目降到31个以减少沉放作业次数,建议采用的管节、管段如下:总共31个管节,其中4个为宽节段,每个管节长138m,由6个管段组成,安装在隧道的东面;27个为标准管节,每个管节长185.4m,由8个管段组成。隧道横断面如图5.1-24所示。

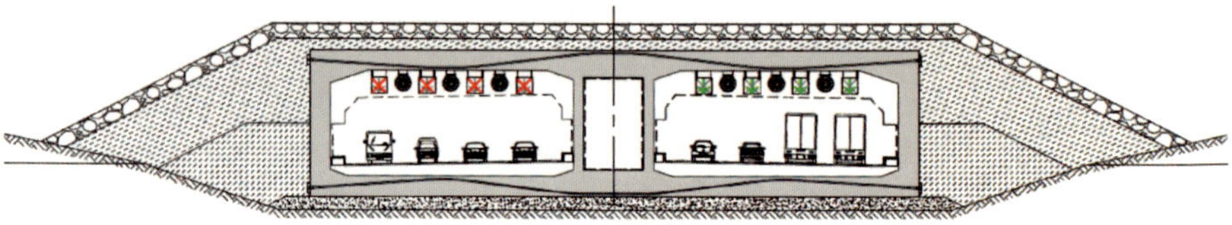

图5.1-24 隧道横断面

5.1.4.2 消防安全

对半横向、全横向以及纵向(包含与不包含中央排烟风道)通风系统进行了比较。

单独横向排风系统通常只能处理火灾荷载上限是50MW的排烟。由于隧道内货车比例较高,火灾荷载可能会超过100MW,因此不推荐采用单独横向通风系统。

推荐采用纵向通风结合中央排烟风道的通风方式。此方式在深中隧道可行性研究阶段也被推荐使用,并且釜山与港珠澳大桥隧道也都采用了此方式。此通风系统有诸多优点:在火灾初期,排烟系统能加速烟气分层,有助于快速撤离;随着火灾的发展,排烟可通过纵向通风系统实现。

上述通风系统还将用于东人工岛上机场互通高速的进出口隧道,为进出口隧道提供相应的排烟风道,并与东人工岛明挖暗埋隧道上方的轴流风机相连。东人工岛上每间隔至少100m会设置逃生通道,逃生通道通过竖井连接进出口隧道与地面,救援人员也可以使用这些竖井。

5.1.5 最终效果

经过一系列优化之后,通道景观效果如图5.1-25所示。

5.1.6 评委会总体评价

设计理念先进,通道整体设计大气、优雅、简洁,主桥、引桥与人工岛设计一气呵成,整体感、标志性及珠江口门户形象突出,与区域整体环境和谐,引桥Y形桥墩造型韵律感强。总体上讲,这个方案在结构、力学和美学上是统一的、连续协调的。

图5.1-25　第二阶段效果图(鸟瞰)

伶仃洋大桥总体设计和结构设计延续了第一阶段的设计思路,采用独柱式桥塔、分体钢箱梁、空间主缆设计,非通航孔引桥采用了Y形桥墩,结构体系合理,造型简练。从通道美学整体性角度,推荐中山大桥采用悬索桥方案。在水中增加两个锚碇,造价也有增加,值得商榷。

结合最新的勘察资料,矾石水道隧道基础形式分析及比选深入;主要从经济性及耐久性角度推荐横向预应力节段式沉管结构形式及体系,思路新颖。但沉管隧道的结构受力特点决定了横向预应力张拉需要采用较复杂的临时措施,同时受制于中国规范对于混凝土压应力的要求,预应力方案的优越性可能受限,在初步设计阶段需进一步加以研究。

人工岛菱形布置,简洁,满足功能需求,有利于防洪及降低岛体两端的冲刷。

按竞赛文件要求,该方案的建筑设计和总体设计将作为设计阶段的基础参考方案,需要在设计阶段深入研究如下内容:

(1)对空间主缆的施工工艺及措施进行深入研究。

(2)对Y形桥墩的施工工艺及技术要求进行深入研究。

(3)对钢筋混凝土结构、预应力混凝土结构、钢壳结构隧道的结构选型进一步深入比选,注重结构的可靠性、施工可实施性,兼顾经济性。

(4)中山大桥如采用悬索桥方案,建议与单吊杆方案进行比选。

5.2　第二名方案(荷兰TEC公司联合体)

5.2.1　美学设计

5.2.1.1　几何物的象征意义

设计深化中,致力于在桥梁、人工岛及隧道之间用笔直的线条或折叠的面生成的光影效果营造一个具有强烈美感的纽带。正如第一阶段所介绍的，在桥墩上应用光影的想法与中国传统书法、绘画相关。

硬朗的线条和渐隐消失的表面，这两种元素反映两种相互对比的性格——阴与阳。而扭转的曲面与它渐消的光影效果则代表着价值观评判系统中对立的另一面，它歌颂人性中柔软与感性的一面。

硬朗笔直的线条和弯曲的难以描述的曲面一起构成了书法艺术的两面，这也构成了对美的事物及绘画艺术的理解，将这些元素成对应用在项目的每个部分（图 5.2-1）：

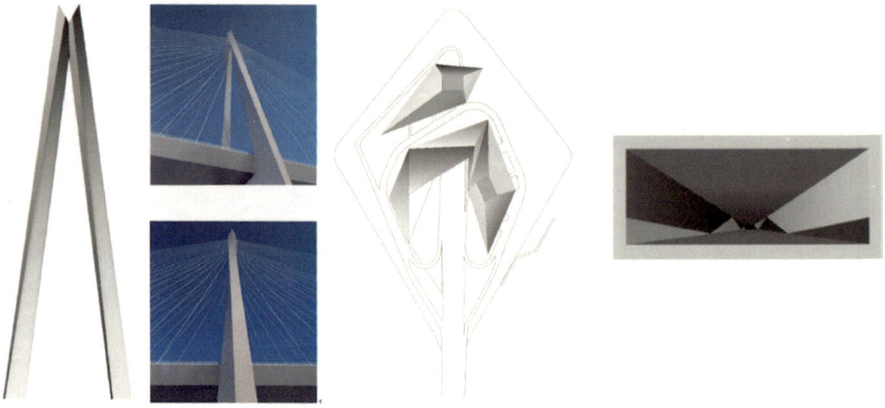

图 5.2-1　桥塔、人工岛、隧道美学呈现

（1）桥墩上尖锐硬朗的折叠造型与变幻渐消的阴影。

（2）西人工岛上的两座山也是由尖锐硬朗的折叠面及渐消阴影的曲面构成。

（3）动态变化的三角形和平面形成对比，加强了隧道的透视感。

桥梁、隧道、人工岛有着和谐而锐利的几何线型，散发着迷人的光影，将深中通道描绘成一幅隽美的图画，展现了珠三角和谐发展、生动繁荣的景象。

5.2.1.2　西人工岛的象征意义

西人工岛从一无所有中创建，人类在其中扮演了大自然的角色，执行着大自然的职责：创建土地、营造土地、给人工岛与海洋及河流之间带来生态平衡。人类也是自然的维护者，应该用大自然的方式来思考，与自然和谐共处，这也是在西人工岛的设计中所强调的。

通过对构成三角形表面的几何线条的强调来突出其设计。西人工岛的设计与前文所述的双向性再次相关。她的几何形式代表着人工构造、高科技、先进性，代表着珠三角的最前沿的图景。综合的元素反映了对自然的尊重。

岛形采用导流效果好的钻石菱形（图 5.2-2），展现出一个平面对称、坚固、稳定、安全的岛屿，营造出一个充满动感的周边环境。

钻石菱形平面仿佛构成一张画布，可以采用水墨技法在这个人工绿洲上描绘出传统的山水画作。将西人工岛变成人造绿洲，并以此展示我们再一次创造了沧海桑田的奇迹。

图 5.2-2　西人工岛效果图

5.2.1.3　隧道的透视效果

过长的隧道容易引发隧道视觉错误，驾驶员长时间内反复不停地看同一种图案，会让他们疲惫且麻木，使他们无法集中精神甚至陷入昏睡中。因此，在隧道中创造一种具备多样性的视觉效果十分重要。为了把隧道视觉错觉发生的概率降到最低，为隧道设计了一种视觉模块，为驾驶员提供足够的视觉多样性以确保他们沿途保持清醒。这种模块是由白色和深灰色的多个平面构成的（图 5.2-3）。

白色和灰色两个平面由分界线分开，这是一条连续不断的线条，从隧道起点的低角开始，在隧道中不断地沿着隧道墙壁上升或下降，在整个隧道中陪伴着驾驶员。隧道两侧的线条和谐地上下移动，然后突然间改变方向，用这样的方法构成隧道中多样的视觉效果。驾驶员会被带入一种特别的节奏，这种节奏可以帮助驾驶员避免视觉麻木或陷入睡眠。

图 5.2-3　隧道的透视效果图

5.2.2　桥梁

5.2.2.1　伶仃洋大桥

桥梁跨径组合、主塔造型等与第一阶段设计基本相同，对主塔基础（图 5.2-4）、锚碇设计进行了优化。

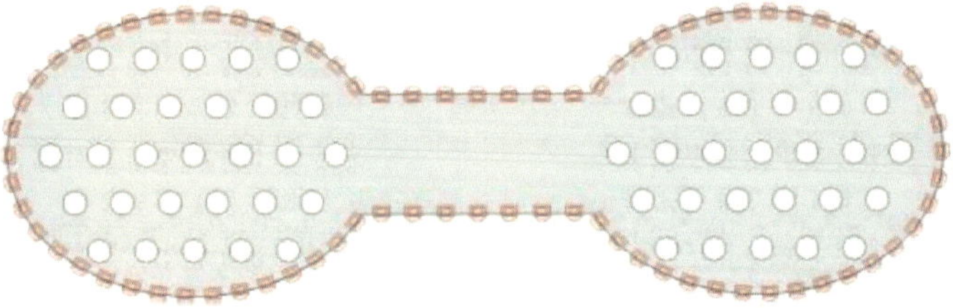

图 5.2-4　主塔基础平面图

1)主塔基础

东、西塔处岩层起伏较大,尤其是东塔,最大起伏达14m,沉井基础下沉困难,且下沉过程中极易发生倾斜,施工难度较大因此推荐采用大直径群桩基础。

采用58根直径3m钻孔灌注桩,承台基础外形采用椭圆形。流线型设计的索塔沉井基础,一方面可大大减小索塔基础的阻水效应,另一方面可拨转撞击船舶的航向,减小船舶撞击力,并减少对船体的损伤。

2)锚体

锚体采用结构通透的三角形刚架,锚体及支墩可以选择六边形断面与菱形断面。倒V形菱形断面锚体,在横向融合成倒V形布置,以减少基础体量,增强立体感,并与桥塔相呼应。推荐采用倒V形菱形断面锚体(图5.2-5)。

3)锚碇基础

东、西锚处岩层有一定起伏,沉井基础下沉困难,推荐采用椭圆形沉井桩基复合基础方案。锚碇基础示意见图5.2-6。

图5.2-5 倒V形菱形断面锚体效果图

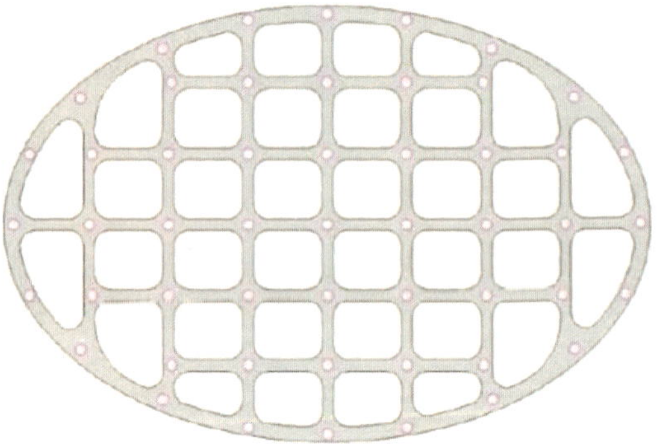

图5.2-6 锚碇基础示意图

椭圆形沉井井身平面尺寸为110m×65m,承台顶高程3.8m,高出常水位1m左右,保证在常水位下,船只可以识别承台的范围。

景观优化后伶仃洋大桥效果图见图5.2-7。

5.2.2.2 中山大桥

采用与第一阶段相同桥型及跨径的A字形桥塔整体钢箱斜拉桥(图5.2-8)。

5.2.2.3 非通航孔引桥

引桥桥墩的设计也是采用几何概念,与隧道里面的透视效果以及大桥主塔的几何形体互相呼应。上部采用三角形造型,顺桥向单肢。桥墩采用空心结构,桥墩造型生动活泼,多个桥墩节奏韵律感强,并与主桥桥塔相呼应。

图 5.2-7　伶仃洋大桥效果图

图 5.2-8　中山大桥效果图

5.2.3　人工岛

5.2.3.1　东人工岛

东人工岛各方面都比较复杂,从交通功能看,东人工岛连接珠江东岸交通,将交通引入深中通道,驶往珠江西岸;同时,必须为运营和应急设施提供足够的空间,并且作为通往中山方向的标志性入口。将这些不同的功能以简洁的方式整合到非常具有吸引力的方案中是设计的难点。

方案中设置了大面积的位于海平面之下的空间,用于提升交通安全、形成通往中山方向的地标性隧道入口。通过设计成开放式的入口,极大地增强了总体交通功能和提高了道路安全水平,特别是驾驶员可以清晰地提前看到汇入的车流。

对人工岛可能的布局、东人工岛和桥梁的美学特点以及景观设计进行了构想。在这个开放式引道中,道路基础设施都布置为露天环境。设施建筑物建造在主隧道入口上方。各种安装设备坐落在设施建筑物中及隧道入口的两侧。东人工岛效果图见图 5.2-9。

图 5.2-9　东人工岛效果图

在永久位于海平面之下的敞开式空间,建造混凝土地下连续墙,作为永久性的竖向岛壁结构。地下连续墙必须能够将渗透到基坑中的水量降低到最小,故地下连续墙必须深入到不透水的花岗岩层之下。任何的漏水将会对所需的水泵排水能力有影响。

其他处岛壁结构采用混凝土竖墙作为永久性岛壁结构,将人工岛的面积降到最小,同时也防止在珠江治导线范围内对珠江流量造成干扰。

5.2.3.2 西人工岛

西人工岛位于珠江三角洲的中心地带,处于世界上最繁忙的航运河口之一的珠江口的中间位置,四周被众多充满生机的城市天际线环绕,拥有最好的视野。

人工岛线形对河流泄洪与河口环境特征非常重要。对河流的任何实质性的干预,可能影响到河流的泄洪和相关的流态、水位和河床形态。

人工岛岛形必须具有一定的流线型,把人工岛对局部水动力的影响降低到最小,同时限制局部冲刷和回淤。因此,岛头部分设计成顺畅的圆角形,该形状避免了波浪和水流荷载峰值的聚集,也更加稳定。

对主要水动力过程的深入分析和理解,给出了预期容易受到冲刷和回淤影响的区域(图 5.2-10)。精确的回淤或者冲刷量和位置取决于季节变化、波浪与水流力之间的准确比例以及河床的稳定性。冲刷影响可以通过冲刷防护措施加以限制和降低。不管怎样,在施工过程中和施工后的阶段,都必须对这些冲刷和回淤过程进行监控,确保人工岛的稳定。

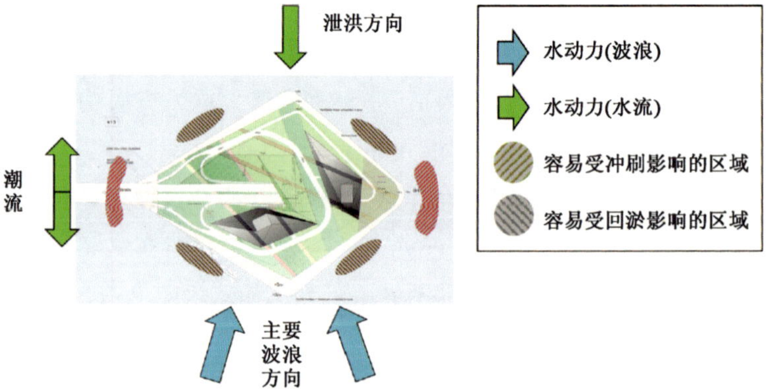

图 5.2-10 冲淤预期图

推荐采用有景观美学和观光功能的人工岛设计方案,利用钢圆筒施工人工岛主体结构,加宽区域用于保护、休闲以及环保目的。

在西人工岛上设计了两座建筑物,各自具有独立的功能。其中一座建筑用作高端旅游设施,另一栋用于通道运营和维护相关的服务,例如安装设备和设施(隧道通风、水泵房供电、维护和应急设施)。西人工岛效果图见图 5.2-11。

5.2.4 隧道

5.2.4.1 隧道结构选型

经过第二阶段的深入研究,沉管隧道只选择钢结构或者只选择混凝土结构,都将带来不希望的限制条件而使该方案难以成为在设计质量、造价和工期上达到最优平衡的设计方案。

a)

b)

图 5.2-11　西人工岛效果图

第二阶段进行了方案的慎重优化：

(1)考虑到隧道的长度超长，单一的钢结构或者钢筋混凝土隧道结构都给最优设计方案带来不期望的限制条件。

(2)通过将逃生管廊上部横隔板作为结构构件，优化顶板和中隔墙的节点部位，从而进步对横断面进行优化。

(3)通过对施工成本的研究发现，尽管目前钢材价格很低，但全部采用钢结构隧道仍然要比混凝土隧道贵很多。

5.2.4.2　推荐方案

推荐半刚性钢筋混凝土结构和全三明治钢壳混凝土结构的组合方案，理由如下：

1)半刚性钢筋混凝土结构

按照隧道内部净空要求，对提供的断面进行了优化，将逃生管廊上部横隔板作为结构构件，从而优化受力和钢筋布置；将节段式管节优化为半刚性管节，可以进一步优化造价。优化后方案特别适合本项目浅埋段和下卧地层条件变化小的地段，共包括 24 个 150m 长的管节，总长 3600m。钢筋混凝土隧道断面构造如图 5.2-12 所示。

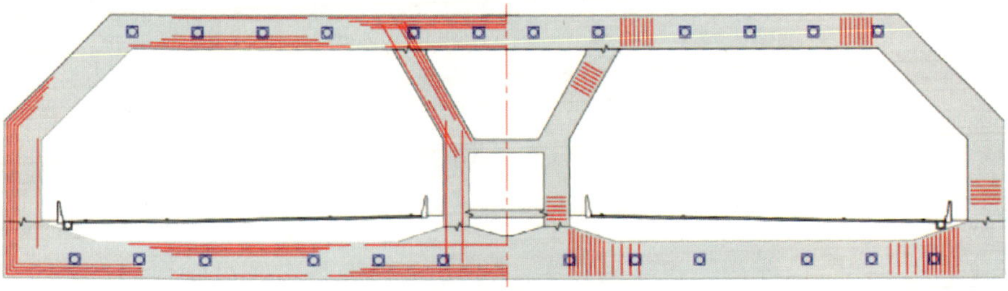

图 5.2-12　钢筋混凝土隧道断面

2)钢壳混凝土结构

钢壳混凝土结构可以适应普通钢筋混凝土结构选用的经济断面形状。计算显示，采用这种断面的钢壳混凝土结构,可以降低钢板厚度,从而降低造价。整体式钢壳混凝土结构可以设计得非常强大,以适应深埋段和下卧地层条件变化大的地段,而且不会给设计和施工带来任何更多的复杂性。钢壳混凝土隧道断面见图5.2-13。

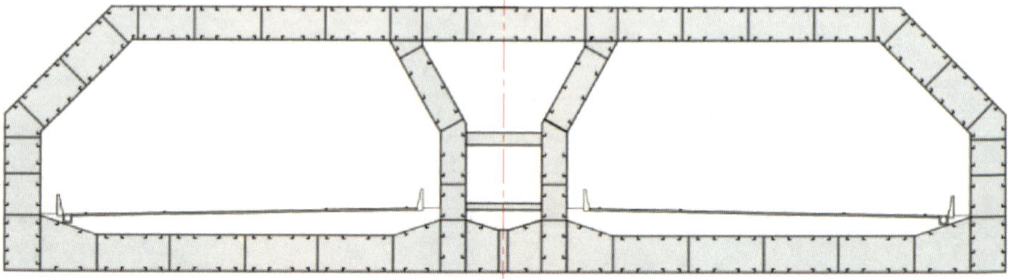

图5.2-13 钢壳混凝土隧道断面

钢壳混凝土结构和混凝土结构(钢筋混凝土或者加横向预应力)的主要区别在于当配筋量加大或预应力数量增加时,后者的施工条件比前者要复杂更多;在深埋段采用混凝土方案甚至需要配置不太实际的钢筋量,从而给设计质量带来风险。虽然钢壳混凝土结构比混凝土结构造价更高,但是可施工性、耐久性、工期等方面的便利已经远远超过费用带来的影响。

钢壳混凝土结构建议用在深埋段、超大荷载段以及下卧地层条件变化大的地段。目前阶段共设计11个150m长、2个125m长的钢壳管节,共1900m,包括靠近东人工岛加宽段的管节(虽然这个位置也适合采用横向预应力,但是仅为了几个管节引入第三种结构形式对项目并非是最有利的)。隧道纵断面布置如图5.2-14所示。

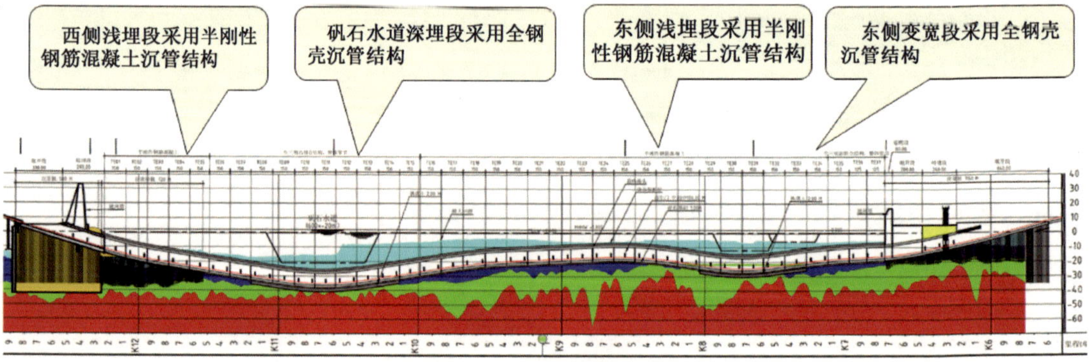

图5.2-14 隧道纵断面布置图

钢壳混凝土隧道结构在中国尚无先例(同样对除了日本以外的世界其他国家),需要进行大量的试验研究来熟悉这种特殊的施工技术,尤其是高流态自密实混凝土的浇筑。

5.2.5 最终效果

经过一系列优化之后,通道景观效果如图5.2-15所示。

图 5.2-15　工程效果图(鸟瞰)

5.2.6　评委会总体评价

伶仃洋大桥设计整体大气,主桥塔、主缆、桥面设计手法较统一。引桥采用大 V 形桥墩,设计较为烦琐、不够纤细;中山大桥采用 A 形桥塔,桥面较宽,外形欠协调;人工岛采用钻石平面,具有一定的力学美,但岛上建筑布置较为凌乱。

伶仃洋大桥采用 A 形桥塔、整体箱梁、空间主缆设计,结构体系合理可行,主塔为实现美学效果扭转 90°,有一定特色,但构造复杂,功能上无必要,值得商榷;在本桥位处采用整体式钢箱梁断面,需要对其抗风适宜性进一步研究论证;非通航孔桥墩采用烦琐大 V 形,从美学、力学及经济性角度均无必要。中山大桥采用 A 形桥塔也需要优化。

矾石水道隧道:结合水深情况、隧道跨度,隧道结构推荐钢壳混凝土及钢筋混凝土结构方案,方案比选全面,思路清晰;但同一隧道需要采用两种不同工法,需要两个预制场,给施工带来不便,建议在初步设计阶段设计单位进一步深入比选。

人工岛菱形布置,满足功能需求,有利于防洪及减轻岛体两端的冲刷。

5.3　第三名方案(中铁大桥勘测设计院集团有限公司联合体)

5.3.1　桥梁

5.3.1.1　伶仃洋大桥

1) 总体布置

优化锚碇结构,采用了锚碇和边墩分离的设计方案。设置单独的边墩后,降低锚碇基础的顶面高程,减小锚碇在水面以上的体积和阻水面积。

锚碇采用三角形构造,视线上锚碇体为主缆的连续延伸,从视觉效果上减轻锚碇的体量感。锚碇基础顶高程设置在+0.00m处,较方案竞赛第一阶段降低了5m,减小了锚碇和基础外露面积。锚室结构均位于常水位以上,有利于增加锚固构造的耐久性。立面布置见图5.3-1。

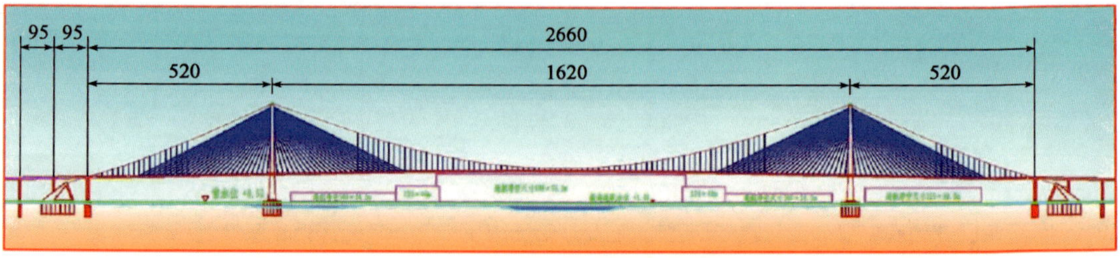

图5.3-1　伶仃洋大桥总体布置(尺寸单位:m)

2)主塔

对主塔断面进行了简化,主塔断面由花瓣形改为圆形构造(图5.3-2),造型简化,便于施工和养护。

图5.3-2　伶仃洋大桥主塔效果图

3)动力分析

对成桥状态进行了动力分析,成桥状态的动力特性见表5.3-1。

成桥状态动力特性表　　表5.3-1

模态号	振　型	频　率	周　期
1	主梁一阶对称横弯	0.0755	13.2531
2	主梁一阶反对称竖弯+纵向振动	0.0859	11.6376
3	主梁一阶对称竖弯	0.1092	9.1607
4	主梁一阶反对称横弯	0.1549	6.4557
5	主梁反对称竖弯	0.1568	6.3781

续上表

模态号	振　型	频　率	周　期
6	主梁横弯	0.1623	6.1602
7	主梁对称竖弯	0.1854	5.3927
8	主缆横弯	0.1978	5.0547
9	主梁对称扭转	0.2128	4.6989
10	主梁一阶反对称扭转	0.2178	4.5911
扭弯频率比		$\varepsilon_s=\frac{f_{11}}{f_3}=1.95$　$\varepsilon_a=\frac{f_{12}}{f_2}=2.54$	

对常规的悬索桥方案和斜拉悬索组合结构方案进行了抗风稳定性对比分析。常规悬索桥方案采用平行主缆和空间主缆对抗风性能基本没有改变。第二阶段将主缆改为空间构造，主缆跨中间距由5m增大到58.4m，斜拉索主梁锚点从外侧移至主梁内侧，提高了主梁的抗风性能。各个桥型临界风速见表5.3-2。

临界风速比较表　　表5.3-2

桥　型	工　况	v_{cr1}(m/s)	v_{cr2}(m/s)	$[v_{cr}]$(m/s)
斜拉悬吊体系(平行主缆)	对称振型耦合	60.6	83.2	70.8
	反对称振型耦合	77.0	106	70.8
斜拉悬吊体系(空间主缆)	对称振型耦合	73.6	101	70.8
	反对称振型耦合	75.2	104	70.8
空间缆悬索桥	对称振型耦合	68.3	94	70.8
	反对称振型耦合	57.3	79	70.8
平行缆悬索桥	对称振型耦合	69.0	95	70.8
	反对称振型耦合	71.6	99	70.8

斜拉悬索组合结构空间主缆设计方案与悬索桥方案相比，因结构总体刚度的提高，提升了主梁的抗风稳定性能。在所有设计方案中，采用空间主缆的斜拉悬吊组合体系方案的主梁弯扭耦合颤振临界风速 v_{cr1} 和分离流扭转颤振临界风速 v_{cr2} 都是最高的。

伶仃洋大桥效果图如图5.3-3所示。

5.3.1.2　中山大桥

中山大桥跨径组合及桥梁结构同第一阶段，主塔采用与伶仃洋大桥相同的圆形断面，效果图见图5.3-4。

5.3.2　人工岛

对一阶段西人工岛岛形进行了优化调整，横向最小宽度从223m调整到198.3m，最大宽度从353m调整到291.3m，优化后筑岛面积缩小，岛形线条更加简洁流畅。对人工岛上建筑进行了结构调整，增加了建筑面积，外观与岛形更为匹配。

图 5.3-3　伶仃洋大桥效果图

图 5.3-4　中山大桥效果图

造型设计灵感：通过对人工岛周边环境的认识分析，将岛上功能建筑、隧道排风口及隧道入口景观设计成一个整体，其外形美学构思来源于在大海里畅游的蝠鲼（图 5.3-5）。

西人工岛的岛上综合体建筑造型的立面曲线犹如海中蝠鲼张开的双翅。岛上的阳光草坪设计成向前划开水面的波纹状，颜色由深到浅。其效果如图 5.3-6 所示。

图 5.3-5　蝠鲼

图 5.3-6　西人工岛效果图

岛上功能建筑和隧道排风口设计：西人工岛管理大楼采用"分块组合式"方案，将各种不同功能的单体建筑统一融合成一栋建筑进行设计，既改善了在景观上原本零乱的建筑布局，又满足功能需求和节约了造价，同时也方便了运营维护期工作人员的办公和管理。

西人工岛主要为运营、管理服务。岛上除了基本设施外，还设有直升机停机坪，满足疏散救援需求。屋内设有停车场、海上观景茶座，屋外设有瞭望平台供游客休憩、远眺。人工岛的设计不仅满足交通需求，而且可供游客在此享受宏大、壮美、秀丽的海景。

5.3.3　隧道

5.3.3.1　隧道结构选择

对钢壳沉管隧道及横向预应力钢筋混凝土沉管隧道方案，在第一阶段的基础上进行了进一步比选，综合比较见表 5.3-3。

标准段横断面设计方案综合比选表 表5.3-3

设计方案比选		方案一	方案二
		钢壳混凝土结构	预应力混凝土结构
横断面尺寸	管节外包宽度(m)	46.9	46.7
	管节外包高度(m)	10.6	12.9
	车道孔内净高度(m)	7.70	9.40
	车道孔内净宽度(m)	18.80	18.80
结构厚度	顶板(m)	1.40	1.7~2.8
	底板(m)	1.50	1.8~2.5
	外侧墙(m)	1.40	1.40
变宽段断面适应性		可全线统一采用钢壳混凝土结构	可适用,但难度较大
干舷高度(mm)		228	210
管节材料用量	管节混凝土方量(m^3/m)	177.67	222.20
	压舱混凝土方量(m^3)	14.25 万	25.41 万
	结构综合含钢量(kg/m^3)	约 380	200+55(钢绞线)
材料规格		C35 自密实混凝土,Q390 钢材	C55 自防水钢筋混凝土,HRB400 钢筋,ϕ^s15.2 环氧喷涂高强度低松弛钢绞线
管节、节段接头	GINA 止水带(m)	3652	3800
	OMEGA 止水带(m)	3570	3726
	节段接头	—	节段接头采用中埋式可注浆止水带、OMEGA止水带组成防水线
防水质量		整体式管节,防水性能好	节段接头,防水风险略高
干坞		船厂制造钢壳,大铲湾舾装区浇筑混凝土	宜采用工厂法顶推工艺
基槽浚挖量(m^3)		1829 万	2082 万
方案特点		设双层钢壳,钢壳面板间布置纵横加劲肋板和抗剪键,混凝土浇筑后形成钢—混凝土复合结构,共同受力	管节顶板和底板采用预应力混凝土结构
关键技术及措施		采用自密实混凝土充填	预应力须根据管节施工工况分阶段张拉
风险	耐久性	采用增加钢壳厚度、表面涂布防腐蚀涂层、外加电流阴极保护形成综合防腐体系	按全预应力结构设计,结构无裂缝,耐久性基本有保证
	材料性能影响	钢板无性能退化,混凝土收缩徐变对结构影响小	预应力束失效工况对结构影响较大且无法更换,结构安全风险较大
工程造价比		1.0	1.01

预应力混凝土结构方案结构刚度大,长期使用情况下混凝土不开裂,用钢量经济合理,理论上能满足现行规范和结构安全要求。因受制于结构最大拉、压应力的限值和预应力束架设

空间的需求，管节顶、底板中支点范围内须对结构厚度进行加厚。为确保管节干舷高度，管节外包高度须调整至12.9m，从而使得基槽浚挖、回填覆盖、干坞规模显著增加。施工期涉及横向预应力束分批张拉、竖向预应力束张拉、纵向预应力束张拉，张拉工序复杂、烦琐，施工质量和工期不易保证。运营期火灾工况对预应力束的影响较大，预应力束失效工况对结构影响较大且无法更换，不可预知因素多，风险较高。

相对而言，钢壳混凝土结构方案虽用钢量较大，焊接工艺要求高，但其整体施工质量和施工工期易控制，运营阶段钢壳可作为管节永久防水，施工阶段钢壳可作为浇捣内部钢筋混凝土的外模，混凝土浇筑后形成钢—混凝土的复合结构共同受力，减小了结构厚度，减轻了自身重量，能较为有效地降低横断面高度、减少基槽开挖土方量及结构混凝土用量。

综上所述，推荐采用钢壳混凝土结构方案（图5.3-7）。

图5.3-7 钢壳混凝土沉管标准横断面效果图

5.3.3.2 管节长度

结合管节自重，考虑施工设备、工期以及接头数目增加引起的造价升高和风险，根据工程场地现有水文资料和地质资料，经初步分析，管节长度180m时能满足强度、刚度要求，故标准管节长度按180m考虑是可行的。

结合路线总体布置，考虑施工经济和便捷性，与第一阶段相同，将沉管段自东往西分成7节非标准段（变宽段：126.5m + 6 × 140m）和26节标准段（180m），总共33节。

5.3.3.3 管节接头

通过计算比较，在岸边段与管节之间如采用刚性接头，会在管节与岸边结构相接处产生很大的支座弯矩和剪力，若采用全部柔性接头，与岸边段相邻的管节内力仅约为刚性接头方案的42.6% ~55.9%。岸边段与管节之间采用柔性接头，从结构受力角度来看，具有明显的优势。故本次设计管节与管节之间、管节与岸边段之间全部采用柔性接头，接头间主要由吉娜（GINA）橡胶止水带和Ω形橡胶止水带形成两道防水线。吉娜（GINA）橡胶止水带同时又是实现管节水力压接的关键部件。

5.3.4 最终效果

经过一系列优化之后，通道景观效果如图5.3-8所示。

图5.3-8 工程效果图(鸟瞰)

5.3.5 评委会总体评价

设计较上一阶段进行了较多的改进,整体上显得大气、庄重。主塔取消了多瓣的截面形式,但竖向保留了分节的节线,对于大型结构而言,不如整体光滑的塔身表面视觉效果好。塔身竖向采用线条分节的韵律感不够,稍显突兀。

伶仃洋大桥依然采用斜拉—悬索协作体系,美学效果不突出,在结构方面推荐理由也不充分。中山大桥采用独柱式桥塔斜拉桥方案具有一定的适宜性。非通航孔桥的桥墩显得过于普通,没有新意。

矾石水道隧道:根据第一阶段方案竞赛评审意见,结合最新地质资料等,对钢筋混凝土折板拱结构、钢壳复合结构和预应力混凝土结构三种结构形式进行了比选,推荐采用双层钢壳混凝土沉管结构形式。隧道结构设计较深入,方案比选充分。值得初步设计阶段借鉴。

西人工岛依然模拟芭蕉扇形,但较上一阶段有改进,整体形象较简洁,有一定动感。人工岛设计满足交通功能、运营维护功能和观光旅游等需求,岛形简洁。芭蕉扇形岛形导流和防冲刷效果稍差。

参 考 文 献

[1] 广东交通集团，深圳至中山跨江通道项目前期工作办公室. 深圳至中山跨江通道项目方案设计国际竞赛文件[Z]. 2015.

[2] International Association for Bridge and Structural Engineering. Guidelines for design competitions for bridges [Z]. 2013.

[3] 香港特别行政区政府路政署，ARUP. Stonecutters 大桥设计竞选条件和简述[Z]. 2001.

[4] 上海市市政工程管理局. 崇明越江通道工程设计方案征集文件[Z]. 2001.

[5] COWI. 深圳至中山跨江通道项目方案设计国际竞赛：方案设计(第一阶段)[Z]. 2016.

[6] COWI. 深圳至中山跨江通道项目方案设计国际竞赛：方案设计(第二阶段)[Z]. 2016.

[7] 荷兰隧道工程有限公司，广东省交通规划设计研究院股份有限公司. 深圳至中山跨江通道项目方案设计国际竞赛：设计报告(第一阶段)[Z]. 2016.

[8] 荷兰隧道工程有限公司，广东省交通规划设计研究院股份有限公司. 深圳至中山跨江通道项目方案设计国际竞赛：隧道与人工岛调研报告[Z]. 2016.

[9] 荷兰隧道工程有限公司，广东省交通规划设计研究院股份有限公司. 深圳至中山跨江通道项目方案设计国际竞赛：设计报告(第二阶段)[Z]. 2016.

[10] 中铁大桥勘测设计院集团有限公司，上海市隧道工程轨道交通设计研究院，中交第一航务工程勘察设计院有限公司. 深圳至中山跨江通道项目方案设计国际竞赛：参赛文件(第一阶段)[Z]. 2016.

[11] 中铁大桥勘测设计院集团有限公司，上海市隧道工程轨道交通设计研究院，中交第一航务工程勘察设计院有限公司. 深圳至中山跨江通道项目方案设计国际竞赛：参赛文件(第二阶段)[Z]. 2016.

[12] 江苏省交通规划设计院股份有限公司，Parsons Brinckerhoff (ASIA) Limited，上海高格工程设计咨询有限公司. 深圳至中山跨江通道项目方案设计国际竞赛：参赛文件(第一阶段)[Z]. 2016.

[13] 安徽省交通规划设计研究总院股份有限公司，中铁二院工程集团有限责任公司，Hyder Consulting Limited. 深圳至中山跨江通道项目方案设计国际竞赛：参赛文件(第一阶段)[Z]. 2016.

[14] 中国公路工程咨询集团有限公司，中交公路规划设计院有限公司. 深圳至中山跨江通道工程可行性研究报告[Z]. 2015.

后　记

为将深中通道建设成世界一流的跨海通道，特举办方案设计国际竞赛，打破国内先选设计单位再选设计方案的惯例，集思广益、博采众长，将竞赛优胜方案作为设计基础参考方案，再由正式设计单位来细化、完善设计基础方案。

设置方案竞赛相当于增加概念设计阶段，着重解决总体设计、建筑景观设计、可持续性设计及总体合理构造设计问题。竞赛吸引了大批国内外知名设计公司组成联合体参加，提交的设计方案均是经过慎重思考的原创性方案，为后续的设计工作提供了有益的参考。

设计单位进场后对优胜方案进行了充分的吸收和采纳，项目先行工程（西人工岛）的岛形设计基本承袭竞赛优胜方案，采用了菱形（风筝造型）方案，是集防洪、交通转化、施工和景观美学四重优势于一体的岛形方案。由于造价、施工便利性等原因，伶仃洋大桥最终采用了传统的悬索桥桥型方案（即整体钢箱、门式塔、平行缆悬索桥），优胜方案推荐的分体钢箱、独柱塔、空间缆悬索桥方案未被采纳，但优胜方案所确立的建筑美学框架被延续下来，桥梁施工图设计所采用的主引桥桥跨组合、引桥整幅式桥墩、悬索桥锚碇 IP 点下移及晶体切面构件外观均是对优胜方案的继承。秉持“建筑＋结构”的设计理念，深中通道管理中心在项目初步设计批复后委托国际知名建筑师事务所 DISSING + WEITLING architecture（简称“DW 公司”）对批复桥型方案开展建筑专项设计，通过建筑师和结构设计单位的反复切磋来敲定最终的桥梁建筑外观，使得整个通道呈现出平衡和谐景象。项目全线的景观照明美学方案亦是由 DW 公司完成的。西人工岛的岛上建筑是由我国著名建筑师何镜堂院士的工作室完成的，何院士对设计方案倾注了大量的心血。尽管对竞赛优胜方案的岛上建筑赞不绝口，但何院士并不满足于此，他带领团队结合项目房建工程的功能需求及所处的自然地理环境对岛上建筑进行了优化，将岭南建筑风格融入其中，如将封闭的玻璃幕墙优化成棕榈叶形的镂空顶棚，使得建筑内部通风、采光更优，同时外观上呈现出亚热带建筑特色；将功能性不强的风力发电机略去，代之以隧道通风塔，放眼望去建筑景观效果近似，但功能性更强。通过上述种种努力，完善后的岛上建筑更加适应所处环境、外观更加出彩，为项目的整体美学锦上添花。

项目桥型景观优化及全线建筑设计将另出专著阐述，敬请期待本书姊妹篇——《深中通道建筑设计》。